1

Lettre à M. Louis Andrieux

C. l'assurance

avec ses meilleurs souvenirs

LOUIS ANDRIEUX

son ancien collègue

A cette lettre par laquelle M. Louis Andrieux me demandait mon suffrage pour les élections de 1902 dans la circonscription d'Auteuil, j'ai répondu :

Paris le 1er février 1902

83 rue de l'Assomption – 16e arrt

Mon cher ancien Collègue

Je vous remercie de votre cher souvenir du solitaire qui est devenu votre ancien Collègue ; mais j'ai le regret de vous dire que je ne puis marcher avec vous, et que ma voix et mon influence sont promises à M. Bobelin.

J'avais appelé le Boulangisme « parti républicain national ». Mais le vocable n'avait pas pour moi le sens qu'il a pour les nationalistes actuels. Il signifiait simplement que j'espérais, par une Constitution revisée et plébiscitée, rallier

tous les partis autour du drapeau républicain — hors ceux dont vous savez bien, vos amis actuels. Mais j'étais alors, comme je le suis encore aujourd'hui, profondément internationaliste, tout en aimant la France autant que ceux qui le font un tremplin de son drapeau, peut-être mieux qu'eux, et, je le crois du moins, avec une plus réelle intelligence de ses intérêts.

Je suis demeuré ennemi du régime de Cabinet et partisan d'un régime politique rapproché du système admirable adopté par le peuple suisse. Je crois notre Constitution actuelle un mauvais instrument de travail, un instrument qui donne le minimum d'effet avec le maximum d'efforts. Mais depuis que la nation ne réclame pas ce changement, les guerres et toute la haine des religions et des nationalités, j'ai cessé de la désirer, préférant, ne voulant pas augmenter leur puissance, un gouvernement peu efficace, mais bien intentionné, à un gouvernement puissant placé entre les mains de nos éternels ennemis, — c'est à dire puissant pour le mal.

Sous le ministère Waldeck-Rousseau, je l'ai appuyé comme un moindre mal ; et je serais profondément ministériel si j'étais encore à la Chambre — où d'ailleurs aucun désir ne me sollicite.

Vous le voyez, il n'y a rien de commun entre nous, que le souvenir d'une heure déjà lointaine où nous nous sommes trouvés à peu près dans les mêmes rangs par suite d'unma coalition, et quoique – je le vois aujourd'hui – nos aspirations fussent fort différentes.

Mais les vues politiques, vous apprécierez qu'elles, [illegible] n'altèrent en rien nos bons rapports individuels, et je suis heureux de la circonstance qui, en dépit de nos divergences, me permet de vous envoyer une poignée de main.

A. Waguet

Réponse d'Andrieux

Paris 1er février 1902

Mon Cher Ancien Collègue,

Je vous remercie de votre aimable réponse. Je connaissais votre état d'esprit par Laguerre qui m'en parlait récemment, et je n'ai pas eu un instant la pensée de détourner à mon profit votre bulletin de vote qui appartient légitimement à M. Nobel. Si j'ai appelé votre attention sur mes projets électoraux, c'est uniquement parce qu'il m'était agréable d'avoir cette occasion de renouer de ~~[illegible]~~ rapports avec vous ancien collègue dont j'ai souvent apprécié la liberté d'esprit, même quand la politique creusait des fossés entre nous.

Croyez, mon cher ancien collègue, à mes souvenirs sympathiques.

Thiers

ne coalition, et quoique — je le vois aujourd'hui — nos aspirations fussent fort différentes.

Mais les vues politiques, pour opposées qu'elles fussent, n'entraînaient rien dans leurs rapports individuels, et je suis heureux de la circonstance qui, en dépit de nos divergences, me permet de vous envoyer une poignée de main.

A. Naquet

Réponse d'Andrieux

Monsieur Naquet
ancien Sénateur
83 rue de l'Assomption
E.V.

- 4 -

La petite République du 7 février 1902 — 27e année - n° 9429 —

SCIENCE ET RELIGION

Pour Anatole France.

La *Petite République*, dans son numéro du 29 janvier dernier, publiait un extrait de la préface des *Noces corinthiennes* qui viennent d'être représentées à l'Odéon avec tant de succès.

J'ai, comme tout le monde, savouré cette prose d'un goût si pur, dont Anatole France a fait précéder ses admirables vers.

Anatole France est un grand maître de la pensée et de la langue. Il y a dans tout ce qu'il écrit un tel parfum d'art, que le lecteur en est ravi ; et le plaisir d'ordre esthétique qu'il éprouve est si intense, qu'il amoindrit chez lui le sens critique, s'il ne le supprime tout à fait.

On est presque tenté de dire de cet admirable écrivain ce que Victor Hugo disait de Shakespeare : « J'admire tout comme une brute. »

J'ai subi, moi aussi, cette influence captivante de la forme ; mais à la réflexion, quand je n'ai plus été sous le charme, le raisonnement a repris ses droits, et il m'est apparu que sur certains points, Anatole France se trompait.

> Je sais, dit-il, qu'il n'est point de certitude hors de la science. Mais je sais aussi que les vérités scientifiques ne valent que par les méthodes qui y conduisent...

On ne saurait mieux dire. Ces quelques lignes constituent à elles seules tout un discours sur la méthode. Mais Anatole France poursuit :

> ... et que ces méthodes sont inaccessibles au commun des hommes.

Voilà qui me semble fort contestable.

Que tout homme ne puisse devenir un savant, c'est-à-dire ne puisse embrasser la masse des connaissances scientifiques ; que même aucun savant ne puisse être universel, je le veux bien. Mais la méthode positive, les règles de la recherche, les conditions de la certitude, le rôle de l'expérience et de l'observation, la notion des limites exactes dans lesquelles les hypothèses sont légitimes, sont choses accessibles à tout cerveau normalement développé. Il n'est pas nécessaire pour les comprendre d'avoir consacré des années à l'étude analytique des mathématiques, de l'astronomie, de la physique et de la chimie.

Et c'est parce que nous croyons tous les hommes aptes à s'assimiler les principes de la philosophie solide qui est née du développement des sciences, c'est parce que nous les considérons comme capables de régler leurs jugements sur les lois de la certitude, que nous sommes socialistes.

Si, à tout jamais dans l'humanité, quelques hommes d'élite devaient seuls être en possession de la méthode scientifique, tandis que le reste formerait un troupeau, « *plebs*, la tourbe, la foule », incapable d'en rien connaître et forcée de régler sa vie sur l'hallucination et le rêve, nous serions, nous-mêmes qui nous croyons savants, des hallucinés et des rêveurs, en affirmant l'égalité humaine et le socialisme.

> Il rêvera, dit encore Anatole France, et qu'importe que le rêve mente ! s'il est beau. N'est-ce pas le destin des hommes d'être plongés dans une illusion perpétuelle ? Et cette illusion n'est-elle pas la condition même de la vie ?

Eh bien ! si l'illusion est la condition de la vie, je demande au maître que j'ai pris la liberté grande de discuter, de ne pas nous ôter celle qui, bien supérieure aux conceptions religieuses, nous donne la force de combattre pour la justice, et qui a fait de nous, de lui, des socialistes. Si même il était illusoire de penser que la méthode scientifique puisse élire domicile dans l'entendement de tous nos semblables, lorsqu'ils seront suffisamment affranchis des fatalités matérielles que la société actuelle fait peser sur eux, je demanderais à conserver cette illusion, qui seule fait ma foi au progrès et me donne l'énergie de lutter pour le conquérir.

C'est une pensée peu scientifique, continue-t-il, que de croire que la science puisse un jour remplacer la religion.

Que veut-il dire exactement par là ?

Au début, toute religion a été bien plus un essai de synthèse scientifique qu'une œuvre de sentiment.

Essais de synthèses scientifiques, le brahmanisme et le bouddhisme.

Essais de synthèses scientifiques, le paganisme — et aussi le mosaïsme, avec sa bible et son exégèse.

Essai de synthèse scientifique, enfin, le christianisme.

Seulement la science évoluant sans cesse, découvrant chaque jour des vérités nouvelles qui la conduisent à des généralisations plus vastes, a fini par substituer les résultats certains de l'observation et de l'expérience aux produits de l'imagination pure, et a rejeté comme dénuées de valeur ces hypothèses des premiers âges.

Il est improbable, dès lors, que ce qui est déjà chose faite pour les esprits supérieurs ne s'étende pas à tous, et que chez tous notre synthèse actuelle ne parvienne pas à évincer les religions, — ces synthèses provisoires du passé, — comme les religions elles-mêmes se sont évincées les unes les autres.

A moins que ces mots : « C'est une pensée peu scientifique, etc. » n'aient un sens spécial, et ne signifient que l'étude de l'humanité conduite d'après les règles de la méthode positive exclut l'idée de la disparition possible des religions.

Mais alors, il y aurait là une affirmation hasardée, la méthode scientifique ne nous permettant pas, faute d'éléments suffisants en ce qui concerne le genre humain, de déduire, autrement que par des suppositions vagues, l'avenir du passé.

Qu'on ne l'oublie pas : les lois ne sont que des généralisations, et toute généralisation suppose un nombre considérable de faits. Lorsqu'un enfant naît, nous savons que si rien n'entrave son développement, il grandira, vieillira et mourra. Mais c'est parce que des milliards de milliards d'hommes, d'animaux et même de végétaux ont passé sur notre planète, que tous ont traversé les mêmes phases pour arriver au même résultat. Et cette loi constante, ininterrompue, qui n'a jamais rencontré une seule exception, nous permet de prévoir l'avenir d'un être vivant, et d'affirmer qu'il est destiné à périr.

Mais si j'étais le seul être vivant sur la terre, si aucun être semblable à moi n'y avait vécu à ma connaissance, j'ignorerais que je suis mortel, et je pourrais tout aussi bien supposer un retour de la vieillesse à la jeunesse par un chemin inverse de celui que j'ai parcouru.

Or, il n'existe qu'une seule humanité ; elle est encore très jeune, quoi qu'en pensent quelques pessimistes ; et la vie, telle que nous la présentent le temps présent et l'histoire, ne nous permet d'affirmer ni qu'un progrès quelconque soit impossible, ni qu'il soit certain.

Anatole France fait a[illegible] le sais, au sentiment qui, chez chacun de nous, coexiste avec la raison ; et sur ce point, je ne le chicanerai pas. A la limite du connu, il y aura toujours un infini inconnu sur lequel l'imagination des métaphysiciens pourra se donner carrière. Je n'y vois pas d'inconvénient. Mais la métaphysique n'est pas la religion : c'en est presque le contraire. Or, ce dont Anatole France proclame la pérennité ce n'est pas la métaphysique, c'est la religion.

Tant que l'homme sucera le lait de la femme, il sera consacré dans le temple et initié à quelque divin mystère.

Le temple, le divin mystère, c'est bien là le culte, le dogme, ce qui a tenu la place de notre synthèse scientifique dans les époques primitives.

Que l'impeccable artiste, que le penseur délicat et courageux qui a rendu à la démocratie d'inoubliables services me permette de le lui dire : sur ce point encore, son assertion me semble pouvoir être contestée.

Ce n'est pas que je nie rien : en dehors d'une démonstration rigoureuse, la méthode scientifique interdit la négation aussi bien que l'affirmation.

Il est cependant un point sur lequel je crois avoir le droit d'affirmer, parce qu'ici la démonstration me paraît faite: c'est qu'entre le socialisme et la religion, il existe une opposition absolue.

Ou la religion sera remplacée par la science, ou le socialisme ne sera pas.

Voilà pourquoi j'ai tenu à combattre, avec toute la déférence due à l'un des plus rares et des plus charmants esprits de ce temps, quelques idées qui m'ont paru erronées, malgré la forme impérissable qui les recouvre, et cela en raison même du sentiment d'admiration qu'inspire à tout homme qui pense l'auteur des *Noces corinthiennes*, celui que M. Catulle Mendès appelle « l'un des maîtres les plus parfaits de la prose contemporaine ».

ALFRED NAQUET.

L'Éclair du 6 février 1902 (15me année – n° 4820)

L'ARTICLE 298

L'AVIS DU PÈRE DE LA LOI DU DIVORCE SUR L'ARTICLE 298

Chez M. Alfred Naquet. — La discussion de 1884 Une prohibition immorale. — Pour arrêter les célibataires. — Vengeances de mari. — A la recherche d'un complice. — Pour tourner la loi

La loi du divorce passe un mauvais moment ; la faute en est à la *Passerelle*, la pièce de rentrée de Mme Réjane, qui soulève à nouveau la question de l'article 298. C'est celui qui interdit le mariage entre les deux complices de l'adultère ; déjà, les commissions du Sénat et de la Chambre se sont prononcées contre lui ; l'opinion publique unanimement les approuve, et la suppression de l'article 298 n'est plus sans doute qu'une question de semaines.

Que pense de cette modification M. Alfred Naquet, le père de la loi du divorce ? Nous avons été le lui demander dans l'appartement très simple qu'il occupe au fond de Passy, et où il vit désormais à l'écart de la politique militante. La physionomie n'a pas sensiblement changé : si les cheveux, sous la calotte de drap bleu, sont maintenant entièrement blancs, ainsi que la barbe, de belle longueur, les yeux à fleur de tête conservent, au-dessus du nez busqué, leur extraordinaire éclat, le timbre clair de la voix ne s'est point assourdi. Si quelque chose marquait l'âge, ce seraient sans doute les précautions minutieuses prises contre le froid, l'atmosphère surchauffée du cabinet de travail, la couverture de laine dans laquelle M. Naquet s'enveloppe tout entier. L'ancien député, fort aimablement, interrompt son travail pour répondre à nos questions.

— Les bruits du dehors m'arrivent à peine, nous dit-il, et je ne sais pas ce qu'on prépare. On veut abroger l'article 298, on a raison, et ce n'est pas moi qui y contredirai.

En 1884, j'avais le souci, afin de faire accepter plus facilement le principe, de modifier le moins possible le titre 6 du code civil ; aussi n'avais-je pas voulu toucher à l'article 298. Mais M. Lockroy proposa un amendement supprimant cette disposition, il fut repoussé. Il fallait bien se contenter du résultat obtenu, déjà si appréciable.

Le grand argument donné en faveur de ce fameux article était l'argument de moralité. On prétendait que ce serait donner une prime à l'adultère que de permettre le mariage des deux complices. J'intervins dans la discussion pour donner l'exemple de l'Angleterre, où le divorce existait déjà ; là, il est de règle, au contraire, que le complice de l'adultère « répare » en donnant son nom à la femme qui, à cause de lui, vient de perdre son mari. Eh bien, l'adultère n'est pas plus répandu là-bas qu'en France.

On pourrait même peut-être soutenir la thèse opposée. Il est bien certain que l'on fait plus la cour aux femmes mariées qu'aux jeunes filles; avec celles-ci, en effet, le mariage est la conclusion nécessaire d'un flirt un peu accentué. Avec la femme mariée, on ne risque rien, bien au contraire, puisque, l'adultère constaté, on ne peut épouser sa partenaire. Supprimez l'article 298, et cela changera certainement; croyez bien qu'on y regardera à deux fois avant de s'engager dans une aventure qui pourrait se terminer par un mariage.

Voyez-vous d'ailleurs ces moralistes; ils reprochent à une femme d'avoir aimé deux hommes, et ils la forcent, si elle veut rentrer dans la vie régulière, à en choisir un troisième.

Et puis, c'est un peu remettre la punition entre les mains du mari. Car le mariage n'est prohibé que si le complice est nommé dans le jugement de divorce. De sorte que, si le mari voulait s'y prêter et ne pas exiger que le nom de l'amant figurât au jugement, le mariage serait possible.

Je me rappelle à ce sujet une amusante anecdote. C'était il y a six ou sept ans; un mari surprit sa jeune femme et fit constater le délit. Il ne voulut point témoigner trop de mauvaise grâce, et, lorsque l'épouse infidèle lui demanda la faveur qui lui permettrait d'épouser celui qu'elle aimait, il ne la refusa pas. Mais il fallait un nouveau constat. La jeune femme s'adressa à une agence de faux adultères qui se chargea de fournir moyennant finances le complice dont le nom serait seul publié. Plusieurs hommes furent présentés, mais ils étaient tous ou si laids ou si bêtes que la jeune femme ne put se décider, déclarant qu'elle serait déshonorée si l'on pouvait supposer qu'elle eût eu pour l'un d'eux une heure de faiblesse. Un an s'était écoulé dans ces hésitations, et le mari, perdant patience, se servit finalement du premier constat.

Il y a d'ailleurs un moyen de tourner la loi; j'y avais pensé voici longtemps, et je sais que Me Coulon l'indique à ses clientes. L'empêchement au mariage, provenant de la complicité d'adultère constatée dans le jugement de divorce, n'est pas un empêchement dirimant, et on n'en peut tirer argument pour l'annulation d'un mariage. Si donc un maire consent à légitimer l'union de deux personnes qui se trouvent dans ce cas, le mariage est parfaitement valable. Or, vous savez que le carnet de mariage n'existe pas; la proposition faite par M. Michelin à ce sujet n'a pas été adoptée. Il est donc impossible, lorsqu'il ne s'agit pas de personnes très connues, de savoir si la femme qui présente son acte de naissance à l'officier d'état-civil a déjà été mariée; aussi le mariage est-il très facile. C'est d'ailleurs ce qui explique les cas de bigamie. C'est aussi de cette manière que devait procéder jadis le prêtre qui voulait se marier; la loi interdisait le mariage du prêtre, mais n'en permettait pas l'annulation, au cas où les formalités nécessaires étaient intervenues.

Voilà donc l'état de la question ; l'article 298 était inutile, on pouvait le taxer d'immoralité ; il va disparaître, et il n'y aura pas grand'chose de changé.

Tel est l'avis de l'homme le plus autorisé en matière de divorce. Dans sa retraite, il se réjouit de voir debout, toujours plus solide, l'œuvre à laquelle il consacra tant d'efforts, et il salue d'avance l'abrogation de l'article 298, par où se restreignait quelque peu la portée de la loi du divorce, la loi Naquet.

L'Aurore du 11 février 1902 – 6me année – Numéro 1670 –

LA CAMPAGNE DU LAIT

Un concours sans portée. — Déclarations de M. Alfred Naquet

La *Ligue de Défense de la Vie humaine* est fondée. Les statuts en ont été déposés, conformément à la loi sur les associations, à la Préfecture de la Seine.

Elle va donc bientôt s'attaquer aux falsificateurs du lait, d'abord, des autres denrées alimentaires ensuite.

Personne plus que nous ni plus sincèrement n'applaudira aux heureux résultats qu'elle ne peut manquer d'obtenir.

Nous pourrions cependant nous montrer sceptique. Ne voit-on pas comme président d'honneur de la nouvelle Ligue Ripolin, ce prince du maquillage, du frelaté ?

Et cela d'autant plus que deux de nos confrères qui ont mené eux aussi la « campagne du lait » ne semblent point croire que l'action de la Ligue doive être bien efficace.

L'un d'eux ne lui fait pas l'aumône d'une ligne d'annonce. Il accorde, au contraire, la plus large publicité à des farines lactées, laits maternisés, aliments parfaits auxquels ses lecteurs *doivent* recourir sous peine, s'ils continuent à ingurgiter le lait des laitiers parisiens, de devenir tuberculeux ou dyspeptiques à bref délai.

L'autre, loin d'avoir foi en la vertu de l'initiative privée (il insère lui aussi d'ailleurs les mêmes copieuses réclames, est d'avis que, sans empêcher la falsification du lait, il pourrait suffire d'augmenter les moyens d'action du Laboratoire municipal et d'obliger le parquet à se montrer plus sévère de la répression.

D'ailleurs, pourquoi le consommateur boit-il du mauvais lait ? C'est qu'il n'a pas à sa disposition un moyen commode et instantané de reconnaître que son lait est fraudé.

Donnez-lui ce moyen, et il se chargera lui-même ou d'avertir son fournisseur, ou de prévenir le Laboratoire municipal. L'action publique mise en mouvement, il n'aura plus qu'à attendre le châtiment du coupable.

Si donc on trouvait un appareil tel que, par son aide, le consommateur pût reconnaître rapidement que le lait qu'il boit est falsifié, quelle que soit, du reste, la falsification, le problème serait résolu.

Notre confrère s'est dit qu'un tel appareil n'était pas impossible à combiner. Il a fait appel aux inventeurs, et il a institué un concours.

Les personnalités scientifiques qui patronnent ce concours font également partie de la Ligue de Défense de la Vie humaine. Sans doute ne croient-elles pas qu'il puisse donner des résultats pratiques. Et, en effet, déjà une difficulté s'est élevée. Les inventeurs craignent, à juste titre, qu'on ne démarque leurs projets avant qu'ils aient pu les faire breveter.

Et puis surtout, chose assez grave, le programme proposé est irréalisable.

C'est du moins l'avis de M. Alfred Naquet, qu'on trouvera formulé plus loin, de M. Naquet, qui est non seulement le père de la loi du divorce, mais aussi l'un des plus grands chimistes de notre époque, une autorité en la matière.

Toutefois, avant de céder la parole à l'illustre savant, qu'on nous permette de le redire, en manière de conclusion : Tout falsificateur doit être dénoncé, poursuivi, et sévèrement puni. C'est notre avis. C'est l'avis unanime.

Donc, Sus au Falsificateur ! Mais c'est

tout.

Albéric Darthèze.

Déclarations de M. Naquet

— Il faut convenir, a dit M. Alfred Naquet à l'un de nos amis, que les inventeurs qui cherchent un appareil simple, permettant de découvrir instantanément toutes les fraudes qu'un lait donné a subies, ont plus de bonne volonté que de clairvoyance.

C'est scientifiquement impossible.

En effet, la fraude d'une substance peut être reconnue, soit par l'examen des propriétés inhérentes à cette substance, soit par la recherche des propriétés de substances étrangères, dont la présence se trouve ainsi décelée.

Exemple : Le sucre dévie le plan de polarisation de la lumière d'un certain nombre de degrés. Si on l'examine au polarimètre et si l'on reconnaît que la déviation est autre qu'elle ne doit être, l'impureté est démontrée.

Supposons du vin dans lequel on aurait introduit de l'eau. Comme toute eau de source renferme des nitrates, sels absents dans le vin, on recherchera si le vin incriminé en renferme, et s'il en renferme ce sera la preuve qu'il aura été coupé avec de l'eau.

C'est ici, en déterminant les propriétés de l'eau et non en se basant sur les propriétés du vin, comme dans le cas du sucre, que la fraude se trouve démontrée.

Quand une substance est *chimiquement définie*, comme le sucre, l'alcool, l'acide acétique pur, ses propriétés étant constantes, il est toujours facile de déterminer si elle est pure. Il suffit pour cela (comme dans le cas du sucre) de rechercher si elle possède bien intégralement toutes les propriétés qui la caractérisent. Mais le lait (comme le vin, l'huile, etc.), n'est pas une substance chimiquement définie, c'est un mélange de substances diverses (subst-adipeuses, eau, caséine, sels, lactose, albumine) et comme celles-ci ne sont *pas constantes dans leurs proportions, leur mélange n'est pas non plus constant dans ses propriétés* : Comptez avec cela que les diverses manières dont les vaches laitières sont nourries, différencieront par exemple les proportions des matières grasses, etc. On ne peut donc pas, dans ce cas, déceler la fraude en prouvant que ledit mélange n'a pas les propriétés qu'il doit avoir, mais bien (au moins le plus souvent) en déterminant les propriétés spéciales aux substances qui y ont été frauduleusement introduites.

Il en résulte qu'il faudrait autant d'appareits qu'il y a de substances introduites par fraude.

On le voit, il y a loin de la coupe aux lèvres, ou, si l'on aime mieux, de la mamelle à la tasse. S.

Il Secolo XIX (di Genova) 14-15 febbraio 1902 (anno XVII - n° 45

La questione del divorzio

Intervista con Naquet

Alfredo Naquet, l'illustre chimico che, perseguitato dal secondo impero, riparò nel 1854 in Italia, ove accolto fraternamente dal professore Cannizzaro, insegnò scienze dalla cattedra di Palermo è, come è noto, l'autore della legge del divorzio in Francia, passata nella giurisdizione civile col suo nome. Nessuno, quindi, più del vecchio parlamentare repubblicano, che ha lottato per il trionfo della sua riforma durante più di venti anni, è in grado di parlare della questione del divorzio, che ora si agita in Italia, con maggior competenza ed equanimità.

E' a lui, quindi che mi sono rivolto per avere un suo parere sulla importante questione.

L'onorevole Naquet, da pochi anni ritirato completamente dalla vita politica nella quale ha passato circa mezzo secolo, vive ora, in un appartamentino che è una splendida biblioteca. In essa egli lavora più di dieci ore al giorno producendo, con un'attività prodigiosa e fenomenale, per la sua età, libri di filosofia morale e di storia che la critica, spesso, registra quali capi-lavori. Così l'ultimo suo volume *Umanità e Patriottismo* edito dallo Stock ebbe un successo veramente meraviglioso.

★

Come al solito trovo il filosofo circondato da amici fedeli, che reputano un vero godimento spirituale il conversare con lui.

C'è tra gli altri Albin Valabregue, il conosciutissimo autore drammatico che — al momento in cui io entro — discute con la più obiettiva calma i difetti dell'ultima sua commedia *Sainte Gallette;* c'è l'on. Lockroy, l'ex ministro della marina compagno di Garibaldi amicissimo dell'Italia.

— Avete letto - mi dice subito l'onorevole Naquet - il discorso del Papa, tendente a incoraggiare gli italiani alla resistenza al progetto di legge sul divorzio presentato dall'on. Berenini?

— Si - rispondo - e venivo proprio per conoscere il vostro pensiero sulla lotta che va ad impegnarsi in Italia.

— Il mio pensiero? Ve lo dico subito.

La lotta che si combatterà in Italia per far naufragare la legge sul divorzio non sarà sostenuta in nome della coscienza dei fedeli che tutto il mondo rispetta, ma in quello dello spirito di dominazione di un partito.

Avverrà da voi, quanto è avvenuto nel 1883 in Ungheria, a proposito della legge sul matrimonio civile, e quanto è successo in Francia durante i lunghi anni di lotta per far trionfare il mio progetto.

Si cercherà in tutti i modi di impedirne l'introduzione nel vostro codice servendosi delle grandi frasi di libertà di coscienza, che producono sempre un enorme effetto sulle anime dei credenti e dei timidi, malgrado che l'invocata libertà di coscienza non abbia nulla a che vedere col divorzio.

Perchè se veramente il divorzio costituisce un'offesa alla religione cattolica la Chiesa non fa cessare tale scandalo nel Belgio, ove non solo tutto il paese è cattolico ma dove i clericali sono al potere?

Perchè la Chiesa condanna là, ove le circostanze non le comandano d'accettarla, la medesima legge che approva e ammette altrove?

Nel Belgio paese, come sapete, eminentemente cattolico, ove il divorzio è ormai radicato nei costumi, i cattolici si guardano bene dal domandarne l'abolizione, pur essendo al governo; da voi invece, ove il divorzio non esiste e dove essi sperano di impedirlo tengono l'attitudine che usano del resto in Spagna, ove fan credere che il matrimonio civile - vedete il matrimonio civile solamente - sarebbe la perdita del cattolicismo.

Del resto è mai venuto in mente ai cattolici francesi di protestare contro il matrimonio civile per impedire il quale invece trovano che tutti i mezzi debbono essere impiegati in Spagna?

E' strano, molto strano, che la Chiesa la quale s'accomoda e s'adatta a tale stato di legislazione nel Belgio o nella Francia e nella Svizzera cattolica si ribelli poi allor quando la medesima legislazione dovrebbe essere introdotta in Italia. Per quanto strano però ciò è conforme ai principii di lotta clericali.

Vedendo i Vescovi, i Cardinali, il Papa stesso scagliarsi con tanta violenza contro un principio del quale la nostra società vive senza che i cattolici abbiano avuto a soffrirne sia nella loro fede, sia nelle loro aspirazioni, quelli che da voi temono di colpire col divorzio le coscienze dei fedeli, debbono dirsi, — perchè i loro scrupoli svaniscano. — che per i clericali è sempre la stessa questione; e che non si tratta, no, di libertà di coscienza, ma di dominazione della chiesa nel campo civile.

I cattolici italiani — insiste l'onorevole Naquel — comprenderanno una buona volta che una legge la quale non opprime i loro fratelli belgi, svizzeri o francesi, non potrebbe diventare oppressiva passando la frontiera.

Io sono certo che se l'Italia in cui predomina lo spirito moderno saprà combattere e resistere a tutti gli ostacoli trionferà alla fine.

Allorchè si ha la verità dal proprio lato, allorchè non si hanno per avversarii che degli uomini ostinati per partito preso, convinti magari, ma convinti alla maniera onde lo sono i credenti d'un dogma religioso, e che non oppongono che luoghi comuni agli argomenti irrefutabili si ha diritto di vincere.

Rispondere alla dimostrazione scientifica con la fede è possibile sul terreno religioso ma non saprebbe bastare allorchè si tratta d'una questione tutta umana, come quella delle leggi che governano il matrimonio. Qua alle ragioni bisognerebbe opporre delle ragioni e siccome i nemici del divorzio non ne hanno, malgrado gli uomini di valore che lo combattono, la legge, una volta o l'altra, trionferà.

I più grandi avvocati sono impotenti a difendere un pessimo processo.

Il genio può trovare dei bei momenti oratorii, ma non degli argomenti ove non ne esistono.

Io non saprei ripetervelo abbastanza: è la dominazione cattolica, che impedì alla Francia ed impedisce, ora, all'Italia, e alla Spagna, di godere del divorzio come in Germania, in Russia, nel Belgio, in Svizzera, in America, in Inghilterra.

L'insegnamento cattolico agendo sulle intelligenzé dei popoli latini durante una lunga serie di secoli vi ha radicato questa idea che il divorzio è un male. Ci si credette da principio perchè la Chiesa l'insegnava: poi ci si credette perchè tale credenza era trasmessa ereditariamente.

Io credo — concluse Naquet — che voi riuscirete a convertire i vostri lettori a favore del divorzio se dimostrerete loro ch'esso non arreca torto nè alla libertà di coscienza, nè all'istituzione del matrimonio, nè all'interesse dei figli nè a quello degli sposi, e in fine a quello della società.

B. Cimino.

La petite République du 20 février 1902 (27e année – n° 9442)

Enseignement classique

J'ai lu le discours qu'a prononcé Viviani sur l'enseignement classique. Il est beau; et comme le beau exerce un attrait par lui-même, indépendamment de la réalité qu'il recouvre, je l'ai apprécié du point de vue esthétique. Je n'en suis pas moins très hostile à la thèse qu'a soutenue le député du cinquième, thèse que j'estime opposée à la direction naturelle de l'évolution sociale.

Non que je n'aie applaudi sur le fond même à certaines parties de l'argumentation de l'orateur! Quand il s'est élevé contre la barrière qui sépare aujourd'hui, sous le rapport de la culture intellectuelle, les fils de la bourgeoisie de ceux du peuple, il a été l'interprète fidèle de la pensée socialiste. Ce serait faire nettement machine arrière que de maintenir dans nos lycées deux programmes, l'un pour les aristocrates et l'autre pour les travailleurs.

Seulement, il est une chose qui paraît avoir échappé à Viviani. Les études classiques sont nécessairement aristocratiques. Pratiquement inutiles, puisant leur principal intérêt, au dire de leurs plus chauds partisans, dans cette inutilité même qui en rehausse la valeur par la nature désintéressée de l'effort qu'elles exigent, elles peuvent charmer les loisirs d'une classe riche, oisive, privilégiée; elles ne sauraient en aucun cas convenir à qui doit se créer une position par le travail. Supposer qu'on puisse jamais faire des latinistes et des hellénistes de tous les citoyens, me paraît quant à présent, et dans l'acception étymologique du mot, une pure utopie.

C'est même le caractère aristocratique des humanités qui a éloigné Viviani de la réforme proposée. Il y a vu comme une tentative de les réserver sans contestation aux hautes classes, alors que l'enseignement secondaire deviendrait celui de la démocratie, et c'est contre cette idée qu'à juste titre il s'est révolté. Malheureusement, au lieu de chercher l'égalité dans la généralisation de l'enseignement moderne, qui est possible, il a cru la trouver dans la généralisation de l'enseignement classique, qui ne l'est pas.

Je ne sais si le but qu'il a attribué aux auteurs de la réforme est ou non dans leur pensée. Je ne crois pas qu'il y soit. En tout cas, je ne m'en préoccupe en aucune façon. Si, dans leur tentative, ils poursuivaient une pareille chimère, le résultat serait l'inverse de celui qu'ils en attendent: la nouvelle organisation ne sera qu'une transition entre l'état actuel et la suppression de l'enseignement classique pour tous; j'en ai la conviction profonde, et cela me suffit.

La vérité serait, en effet, dans cette suppression totale. Le latin et le grec devraient être relégués au rôle actuellement réservé au sanscrit, à l'arabe, au persan, au chinois, aux idiomes de l'Assyrie ou de l'Egypte, langues que de savants philologues étudient, sans que personne cependant essaie d'en faire la base de l'éducation.

Seulement, quoi qu'en pensent les catastrophistes — pour parler le langage de l'école — qui croient pouvoir transformer les sociétés par la violence, en sautant, pour passer d'un degré de civilisation à un autre, par-dessus les échelons intermédiaires, ceux-ci sont impossibles à négliger, et la nécessité d'avancer par étapes successives domine aussi bien les modifications morales et intellectuelles que les transformations économiques.

On se heurterait aujourd'hui à un obstacle infranchissable, si l'on voulait supprimer brusquement l'étude du grec et du latin dans nos lycées. Tout ce qu'on peut désirer, c'est que l'enseignement moderne soit placé sur le même rang que l'ancien, qu'il ouvre la porte à toutes les carrières, qu'il ne se heurte plus, comme ç'a été le cas jusqu'ici, à ce point de vue, à une infériorité qui en paralyse l'essor. La nature fera le reste. L'enseignement classique sera chaque jour de plus en plus délaissé, et un moment arrivera, plus vite peut-être qu'on ne pense, où il disparaîtra complètement.

L'idéal de Viviani, en matière d'éducation publique, se trouvera dès lors atteint. Il n'existera plus qu'un seul enseignement général pour tous les Français, les divergences ne se manifestant désormais que dans les spécialisations. Il ne reste qu'un point à élucider. Cet enseignement général unique donnera-t-il, au point de vue de la culture de l'esprit, ce qu'on est en droit de lui demander?

Non, répond Viviani, parce que si l'enseignement primaire est la révélation de l'humanité, et l'enseignement supérieur la révélation de la vérité, l'enseignement secondaire est la révélation de la beauté, laquelle n'est pas moins nécessaire aux hommes que la vérité.

On ne saurait mieux dire.

Mais l'enseignement de la beauté peut-il être confondu avec celui du grec et du latin?

Oui, il y a quelques siècles, lorsque les langues modernes n'étaient pas encore complètement formées, lorsque pour affiner le goût des hommes par une littérature parfaite, il fallait remonter à Athènes et à Rome.

Non, à l'heure actuelle.

Les langues modernes se sont constituées, des chefs-d'œuvre y ont été produits qui ne le cèdent en rien à ceux des anciens, et nos enfants peuvent y trouver tout ce qui est nécessaire au développement de leurs instincts artistiques. Shakespeare vaut Eschyle; Gœthe — pour ne pas remonter jusqu'à Dante — vaut Homère ou Virgile; pour le pessimisme et la tristesse, aucun poète n'approche de Léopardi, et comme lyrique, Victor Hugo ne rencontre son pareil dans aucun des siècles qui nous ont précédés.

Et puis, à l'exception d'une élite de normaliens, de licenciés ès lettres, d'agrégés et de professeurs, que reste-t-il au commun des hommes de leurs études gréco-latines? Après leur sortie du collège, seront-ils du moins à même de lire Euripide ou Térence dans le texte? Appelés à d'autres occupations par les nécessités de la vie, ils oublieront le peu des langues anciennes qu'ils ont appris. Que deviendra alors leur culte de la beauté?

Il n'en va pas de même de l'homme qui a appris l'anglais, l'allemand, l'espagnol ou l'italien. Ayant l'occasion fréquente de lire ou de parler ces langues, loin de les oublier, il se familiarise chaque jour davantage avec elles. Cela lui permet de vivre dans le commerce constant des grands esprits de tous les peuples, et il puise ainsi, pour se perfectionner dans la pratique du beau et du vrai, dans un capital autrement abondant que celui que représente, pour le véritable humaniste lui-même, l'ensemble des auteurs de l'antiquité.

Le citoyen du vingtième siècle doit, il est vrai, connaître les civilisations du passé. S'il n'y trouve pas, ainsi qu'on le prétend parfois, des règles de conduite, les sentiments de ces époques étant le plus souvent opposés aux nôtres, il y trouvera du moins des faits qui lui permettront de se rendre compte de la marche ascensionnelle de l'humanité.

Mais de même que nous n'avons nul besoin de connaître le turc, l'arabe, le persan ou le sanscrit pour étudier l'histoire de la Turquie, des khalifats, de la Perse ou de l'Inde, de même nous pouvons nous passer des langues anciennes pour étudier le monde gréco-romain. Nous le connaîtrons même d'autant mieux que nous l'étudierons dans notre langue, au lieu de le faire dans une littérature qui, malgré sept années passées sur les bancs des lycées, nous demeure difficilement accessible.

Réfuterai-je le dernier argument des humanistes, celui d'après lequel il est impossible de savoir le français sans savoir le latin?

S'il était exact qu'on ne pût devenir styliste dans une langue qu'à la condition d'avoir appris celles qui l'ont précédée, et dans lesquelles elle puise ses origines, les Grecs — ces maîtres de l'art — n'auraient jamais su écrire, puisqu'ils ignoraient le sanscrit.

Certes, je professe un grand respect pour les travaux d'exégèse, et je me plais autant que quiconque aux recherches étymologiques, où l'on retrouve les lois du développement du langage. Mais c'est affaire de spécialistes, ou d'enseignement synthétique; et il n'est nullement nécessaire de savoir quelles sont les origines d'un mot pour en connaître la véritable signification.

Souvent même, à ce point de vue, l'étymologie fausse les idées. Les mots sont des êtres vivants qui naissent, évoluent et meurent. Au cours de leurs évolutions, ils changent souvent de signification, et c'est les considérer comme immuables que les ramener toujours à leur acception première, au risque de se mettre en opposition avec leur sens actuel. On pourrait, si l'espace ne manquait, en donner de nombreux exemples. Je me bornerai à deux.

Emeritus, en latin, signifiait « honoraire ». *Emerito*, en italien, a conservé cette signification. Et « émérite » l'avait également conservée en français. Mais un changement s'est opéré depuis. Emérite est pris aujourd'hui chez nous dans le sens de « très distingué », et l'on ne sera compris de personne à cette heure, en dehors des lettrés, si l'on emploie ce mot dans son acception première. Comme on parle pour être compris, c'est donc dans l'acception nouvelle qu'il convient de s'en servir, sans s'arrêter à l'étymologie.

Autre exemple :

Du latin *simulare* sont dérivés deux mots : le mot savant « simuler », et le mot vulgaire « sembler ». Si l'on s'en rapportait à l'étymologie, il faudrait donc les considérer comme absolument synonymes, et cependant il n'existe entre eux presque aucun rapport.

La connaissance de l'étymologie ne s'impose donc pas à qui se pique de bien écrire. Je serais presque tenté de dire : au contraire. Pour bien écrire, en effet, il faut éviter de tenir compte de l'étymologie et employer chaque vocable avec la valeur que lui a faite l'évolution normale de la langue à laquelle il appartient.

Il reste donc bien peu de chose des objections des humanistes. Par contre, je leur soumets ceci.

M. Berthelot se demandait récemment si le développement intellectuel de l'humanité n'était pas menacé d'arrêt. Il émettait la crainte que l'étendue de nos connaissances n'étouffât l'esprit de généralisation, à cause de l'impossibilité pour un savant de les embrasser toutes, et avec l'esprit de généralisation, l'essor des découvertes et du progrès.

Sans aller aussi loin, et en attendant de l'avenir des simplifications qui faciliteront la tâche de nos descendants et leur permettront de parcourir de nouvelles étapes, il est évident, étant donnée la brièveté de la vie, que des éliminations s'imposent.

Or, comme aucune étude, aucune connaissance ne manque absolument d'utilité, on ne se résoudrait jamais à aucun sacrifice, si l'on ne se reconnaissait le droit de sacrifier que ce qui est complètement dénué d'intérêt. Ici, comme partout ailleurs, l'absolu doit céder le pas au relatif, et si deux études ne peuvent pas se superposer faute de temps, la logique exige que la moins utile soit abandonnée.

sauf à être cultivée par quelques spécialistes.

C'est le cas du latin et du grec. Pendant les longues heures que nous perdons ou à peu près à ne pas les connaître, nous apprendrions à bien savoir l'allemand, l'anglais, l'italien, l'espagnol, ou à nous assimiler les hautes théories scientifiques qui, mieux que tout, forment la saine mentalité humaine et sont aptes à déraciner les superstitions religieuses.

Que notre ami Viviani fasse donc son acte de contrition ! Par amour de l'égalité, il a défendu une doctrine aristocratique, et par passion du beau, il a sacrifié la vraie beauté.

La véritable thèse socialiste, en matière d'enseignement, est celle de la substitution complète de l'enseignement moderne au classique ; et la politique socialiste, si nous ne pouvons atteindre au but d'un seul coup, doit consister à accepter ce qui nous rapproche le plus de cette solution absolue.

ALFRED NAQUET.

La petite République du 24 février 1902 — 27me année — n° 9446 —

Le Grec et le Latin

Réponse de Naquet

Je ne voudrais pas éterniser le débat sur cette question ; mais le dernier article de Rouanet m'oblige à y consacrer quelques mots encore.

Rouanet ne paraît pas m'avoir bien compris.

Pas plus que lui je ne prétends que les générations modernes doivent ignorer les civilisations antiques. Je me borne à penser que pour apprendre de l'antiquité, en matière de droit, de science, de politique, de littérature et d'art, tout ce qu'il convient d'en savoir : il est inutile de connaître le latin et le grec ; les excellentes traductions que nous avons des auteurs anciens suffisant largement à l'étude de leurs œuvres.

L'article auquel il répond renfermait textuellement le passage suivant :

> Le citoyen du vingtième siècle doit, il est vrai, connaître les civilisations du passé. S'il n'y trouve pas, ainsi qu'on le prétend, des règles de conduite, les sentiments de ces époques étant le plus souvent opposés aux nôtres, il y trouvera du moins des faits qui lui permettront de se rendre compte de la marche ascensionnelle de l'humanité.
>
> Mais de même que nous n'avons nul besoin de connaître le turc, l'arabe, le persan ou le sanscrit pour étudier l'histoire de la Turquie des khalifats, de la Perse ou de l'Inde, de même nous pouvons nous passer des langues anciennes pour étudier le monde gréco-romain. *Nous le connaîtrons même d'autant mieux que nous l'étudierons dans notre langue, au lieu de le faire dans une littérature qui, malgré sept années passées sur les bancs des lycées, nous demeure difficilement accessible.*

Voici, maintenant, comment s'exprime le député de Montmartre :

> Je ne saurais dire qui a tort ou raison, des partisans ou des adversaires de la langue latine et de la langue grecque. Je suis un ancien élève de l'école primaire, et s'il m'est arrivé quelquefois de bâiller sur les règles de Lhomond, je n'ai jamais

eu l'occasion de me casser la tête à composer des thèmes latins. Plus tard, arrivé à l'âge d'homme, j'ai essayé, tout seul, de percer les mystères de la syntaxe latine; mais les exigences de la vie ne m'ont pas permis de pousser bien loin mes tentatives. C'est dans les traductions que j'ai lu les poètes, les orateurs, les historiens et les philosophes de l'antiquité gréco-romaine, la seule qui soit en jeu dans la polémique ouverte. Je ne saurais donc me prononcer sur le degré d'utilité réelle que présente l'enseignement des langues mortes proprement dit.

Parfait! Rouanet prouve l'exactitude de mon affirmation par l'exemple. Il n'a étudié les civilisations anciennes que dans des traductions; et il les connaît certainement mieux que moi, qui les ai étudiées dans les textes.

S'il avait fait des études de grec et de latin, il serait sorti du lycée avec un bagage très imparfait, relativement aux auteurs de l'antiquité. De plus, il en serait sorti avec le dégoût des études inutiles de langues mortes, avec lesquelles il aurait été tenté de confondre l'histoire de la cité antique — j'entends par le mot aussi bien la connaissance de la littérature que celle des faits politiques; — et il y a fort à parier qu'il n'aurait pas complété son érudition par les travaux auxquels il s'est livré depuis. S'il a une connaissance approfondie du monde païen, c'est peut-être parce qu'il n'a pas passé sept années à mal apprendre le latin et le grec.

Rouanet continue :

> Mais quiconque a réfléchi et médité un peu sur l'évolution des sociétés occidentales, dont le berceau se trouve placé à l'origine sur les rives de la Méditerranée, quiconque a étudié les débuts et l'épanouissement de cette civilisation dans ses sources, je veux dire dans les poètes, les orateurs et les philosophes dont les œuvres reflètent ses aspirations et ses tendances et nous transmettent à distance l'écho des luttes politiques et sociales dont ils furent les témoins ou les acteurs, peut porter, je crois, un jugement sur le caractère d'utilité morale et sociale qu'offre l'enseignement, ou si l'on veut la connaissance approfondie de cette époque.
>
> *Dans la polémique à laquelle l'étude de la civilisation gréco-latine a donné lieu ces temps derniers, il y a deux questions parfaitement distinctes et qu'on mêle à tort : celle des langues, et celle qui a trait à l'influence bonne ou mauvaise de la pensée antique.*

Rouanet veut qu'on étudie la littérature antique, et je ne m'y oppose nullement. Mais pourquoi nous traite-t-il un peu plus loin d'aristocrates, Téry et moi, et nous accuse-t-il de vouloir substituer Bossuet à Démosthène?

Je ne demande aucune substitution de ce genre, et je ne vois aucun motif de supprimer à nos contemporains une source de jouissance en les privant de tout commerce avec les grands hommes du passé. En tout cas si, par défaut de temps, une telle substitution s'imposait, ce n'est pas Bossuet que je substituerais à Démosthène, c'est Mirabeau ou Danton.

Seulement, je continue à affirmer que pour admirer Démosthène, il n'est pas indispensable de savoir le grec ; sans quoi le chiffre de ses admirateurs serait vraiment trop restreint ! Comme sur ce point Rouanet, sans se prononcer, me donne raison par son exemple, à la manière du philosophe antique qui démontrait le mouvement en marchant, le problème me paraît résolu.

Qu'on fasse connaître l'antiquité gréco-romaine à nos enfants; mais qu'on ne se croie pas plus obligé pour cela de leur apprendre le grec et le latin, qu'on ne leur enseigne le cophte pour leur faire comprendre la civilisation égyptienne ! Qu'on ne leur fasse pas perdre dans l'étude de ces idiomes morts, et relativement inutiles, un temps précieux qui serait mieux employé à l'acquisition d'autres connaissances plus fécondes dans la lutte pour la vie !

A. Naquet.

La petite République du 24 février 1902 (27e année – n° 9446)
– même n° que l'article précédent –

Réponse de Gustave Téry

Si je n'avais pris la précaution de reconnaître « la valeur et l'intérêt des études classiques » et si je poussais le modernisme jusqu'à prétendre exiler Cicéron de nos collèges en le couvrant de toutes ses fleurs de rhétorique, je ne balancerais point, pour répondre à notre ami Rouanet, à me servir d'un argument *ad hominem*, que tous ses lecteurs jugeraient sans réplique.

Les humanistes ont accoutumé de nous dire, en effet, qu'apprendre le latin, c'est apprendre à penser. « Tous ceux d'entre nous qui ont pensé un peu fortement, déclarait naguère Anatole France, avaient appris à penser dans le latin. En ignorant le latin, on ignore la souveraine clarté du discours. » Il me paraît que ce n'est pas exact : l'autre jour encore, Gustave Rouanet nous offrait la preuve du contraire. Et si sa modestie lui défend d'en convenir, il m'oblige à mettre en cause Eugène Fournière : ce n'est pas au *Conciones*, j'imagine, que l'auteur de l'*Essai sur l'individualisme* doit le plus clair de son talent...

Mais je n'ai pas besoin d'insister, car par la distinction qu'il établit entre l'étude des langues mortes et l'histoire de la pensée antique, Gustave Rouanet va me permettre de constater que nous sommes d'accord. Tout ce que soutiennent avec le citoyen Naquet les partisans de l'enseignement moderne, c'est que la disciplime classique ne convient pas à tous les esprits, et que la plupart de nos potaches perdent beaucoup de temps à essayer d'apprendre la grammaire latine et la grammaire grecque. Je dis *essayer*. Car demandez aux examinateurs du baccalauréat combien de rhétoriciens sont capables de traduire correctement la phrase la moins difficile de Lucien ou d'Hérodote !

Nous n'aurons donc pas de peine à nous entendre. Nul ne s'avisera de contester que si les nouveaux programmes ne faisaient pas à l'humanisme sa part, notre enseignement secondaire souffrirait de cette mutilation.

« Je porte aux études latines un amour désespéré, disait encore Anatole France. Je crois fermement que sans elles, c'en est fait de la

si le mot est de lui, je refuse encore de l'en croire sur parole. J'en appelle à sa cousine.

Arrêtons-nous, s'il vous plaît, au juste milieu entre ces deux opinions extrêmes. Que l'enseignement secondaire continue à former des humanistes, c'est très bien, — s'il y a des amateurs. Réservez les études classiques non pas à une élite, mais aux jeunes gens qui ont la vocation de l'archéologie; soit. Mais ce qui me paraît incontestable, quoi qu'on en puisse dire, c'est que les « humanités » ne suffisent plus à faire des hommes, c'est qu'on ne vit plus comme jadis de grec et de latin.

Il fut un temps, nous l'oublions peut-être, où la culture gréco-latine eut vraiment une valeur utilitaire. Elle embrassait tout le champ des connaissances humaines; elle fournissait l'unique moyen de les acquérir. Jamais au seizième, ni même au dix-septième siècle, on n'eût songé à dire que les études classiques étaient « désintéressées », au sens où nous l'entendons. Non, elles avaient un intérêt *pratique*.

Elles ne l'ont plus. Et l'on ne s'est mis à célébrer leur « désintéressement » que du jour où l'on s'est aperçu qu'elles devenaient pratiquement inutiles. Le grec et le latin ne représentent plus aujourd'hui qu'une part minime de nos richesses intellectuelles. Et tandis que les multiples préoccupations de la vie moderne tendent à rétrécir de plus en plus le champ de la culture classique, voici que les sciences se développent, se multiplient, se subdivisent à l'infini. Dans les conditions actuelles, n'est-il pas impossible de continuer à maintenir la balance égale entre les deux genres d'études que l'on a coutume d'opposer?

Résignons-nous donc à ne plus voir dans la connaissance du grec et du latin qu'une spécialité comme une autre; elle ne saurait plus être la condition première et comme le principe organique de tout notre enseignement. Ce serait méconnaître les exigences du réel et commettre une dangereuse erreur que de maintenir artificiellement aux études classiques, je ne sais quelle supériorité aristocratique, par une sorte de protectionnisme pédagogique.

C'est à cet absurde et fâcheux protectionnisme que l'on vient de mettre fin en proclamant l'égalité des sanctions pour les divers baccalauréats. Cette juste réforme ne porte pas, comme on a semblé le craindre, un coup mortel à l'enseignement classique; elle abolit seulement le privilège que lui conférait l'ancien système, et elle établit le régime de la libre concurrence entre les deux méthodes d'instruction secondaire. Nous verrons, par la suite, si le grec et le latin sont capables de soutenir cette lutte à armes égales, et dans quelle mesure ils répondent à nos besoins spirituels.

Voilà tout ce que j'ai dit. Et il va de soi que, même si les études classiques perdent leur prestige, même s'il ne se trouve plus personne pour apprendre les langues mortes, l'histoire de la pensée antique gardera nécessairement la place qui lui revient dans l'histoire de l'humanité.

Mais pour apprendre l'histoire ancienne, est-il indispensable de savoir le grec! Combien y a-t-il de nos contemporains qui sachent le grec? Et combien de ceux qui l'ont appris *continuent à le savoir?* Ne peut-on, quand on ignore le sanscrit, entendre la doctrine bouddhique?

Non, l'on peut fort bien connaître la civilisation grecque ou latine, on peut en parler très congrument, sans avoir « fait ses études ». Si vous en doutez encore, je vous invite à la prochaine conférence que Rouanet voudra bien nous faire à Montmartre sur le « Rôle de l'argent dans la vie antique ». Et ça me dispensera de vous en dire plus long...

Gustave Téry.

El País (édition de Paris du 22 février 1902 — 1re année — n° 2

Lettre de M. Naquet

Mon cher Ami,

La décision que vos amis et vous avez prise de publier à Paris, une édition hebdomadaire de la vaillante feuille madrilène El País et la lecture de votre premier numéro, m'ont comblé de joie. J'y vois la preuve d'un sérieux renouveau d'activité du Parti républicain en Espagne, et j'y puise l'espérance d'un prochain triomphe de la République dans votre noble pays, dans le pays jadis si grand qui a tant souffert de la monarchie cléricale, et qui — je le sais, moi, qui l'ai habité et qui ai appris à l'aimer en apprenant à le connaître — mérite à un si haut degré de reprendre dans le monde, grâce à la démocratie, la place digne de lui que des Gouvernements de réaction lui ont fait perdre.

L'heure actuelle est solennelle. Le passé mourant tente de se ressaisir par un suprême effort, et, pendant que le progrès irrésistible pousse les peuples vers une Fédération générale pacifique et fraternelle, nous voyons les chauvins, les impérialistes, les jingoes, faire rage en Angleterre comme en France, en Amérique comme en Angleterre, au point de masquer, par leur agitation stérile quoique non inoffensive, l'horizon du progrès.

Tout ce qui peut contribuer à nous débarrasser de cette sarabande macabre ; tout ce qui peut éloigner l'idée de guerre, rapprocher les nations, préparer la grande République des Etats-Unis d'Europe en attendant celle des Etats-Unis du Monde ; tout ce qui agrandit et purifie l'idée de Patrie en élargissant les limites, au point de la confondre avec l'idée humai[illegible], ne peut que réjouir quiconque a pour unique religion le culte de l'humanité.

Or, les Etats-Unis d'Europe, prélude de la Fédération mondiale, ne peuvent se constituer que sous la forme démocratique.

L'éradication de la monarchie sous toutes ses formes est donc la première étape de la grande évolution qui réalisera ce sublime idéal. A ce point de vue, il semble que c'est encore des races latines, de ces races auxquelles le genre humain est déjà redevable de tant de services, que doit partir l'exemple et l'impulsion.

La France a commencé. L'Espagne qui une première fois déjà a su secouer le joug monarchique, va bientôt, je l'espère, marcher sur ses traces, suivie elle-même à peu de distance par le Portugal ; et l'Italie qui, étouffée sous un régime monarchique tyrannique et corrupteur, n'aspire qu'à le secouer, l'Italie brisant elle aussi les liens qui l'étreignent, ne tardera pas à rejoindre ses sœurs latines dans le mouvement d'émancipation.

Ce jour-là, l'union latine sera faite, appuyée sur le socialisme allemand, servie par les aspirations généreuses de ces héroïques Anglais qui, en Angleterre même, luttent contre le flot impérialiste et chauvin par lequel, s'il pouvait durer, serait déshonoré ce grand peuple, ayant pour elle le ferment révolutionnaire, qui partout, même en Russie, agite et transforme les masses laborieuses, cette union latine devenue une grande nation confédérée, ne tardera pas à avoir raison des empereurs et des rois.

« Les tyrans s'éteindront comme des météores », ainsi que l'écrivait, il y a cinquante ans, le grand poète français — un peu espagnol par son éducation première — dont Paris va d'ici quel[illegible] jours fêter le glorieux centenaire ; et l[illegible] humain définitivement affranchi de [illegible]es servitudes naturelles et sociales se lèvera enfin, comme un soleil radieux, chassant à jamais les brumes malsaines qui nous enveloppent [illegible]ncore, les haines nationales, les guerres qu'elles engendrent et les superstitions par lesquelles elles sont engendrées.

L'établissement de la République en

France a été le premier acte du grand drame qui se joue à ce moment et dont le dénouement sera l'humanité meilleure. La proclamation de la République en Espagne sera le second, et les autres ne se feront pas attendre longtemps.

Vous accomplissez donc un grand œuvre par votre combat de chaque heure; vous préparez les événements qui, demain, réagiront sur la politique universelle, et vous méritez ainsi les encouragements de tous ceux dont, en France et ailleurs, les cœurs battent pour la liberté humaine et pour la justice sociale: les socialistes et les républicains de tous les pays.

Comme tel, je vous envoie un salut fraternel et mes vœux les plus chers pour votre prochaine victoire, ce sera également notre victoire à nous et celle des citoyens de tous les pays.

Alfred NAQUET.

Lettre de M. A. NAQUET

MI QUERIDO AMIGO:

La decisión que usted y sus amigos han tomado de publicar en Paris una edición semanal de su valiente hoja madrileña EL PAIS y la lectura de su primer número me han colmado de júbilo: veo en ello la prueba de un serio renacimiento de actividad en el partido republicano de España y ello inspírame también la esperanza de un próximo triunfo de la República en su noble país, tan grande en otro tiempo, que tanto ha sufrido á causa de la monarquía clerical y que merece — y lo sé muy bien yo, que he habitado en él y que al conocerlo he aprendido á amarlo — y que merece, digo, en tan alto grado, recuperar en el mundo y gracias á la democracia el puesto que le han hecho perder sus gobiernos de reacción.

Solemne es la hora actual. El pasado, que muere, trata de renacer por un supremo esfuezo. Y mientras el irresistible progreso empuja á los pueblos hacia una federación general, fraternal y pacífica, vemos á los patrioteros, los imperialistas, y los *gingoes* causar estragos en Inglaterra como en Francia, en América como en Inglaterra, hasta el punto de ocultarnos con su agitación estéril aunque no inofensiva, el horizonte del progreso.

Todo lo que puede contribuir á desembarazarnos de esta zarabanda macabra, todo lo que puede alejar la idea de guerra, crear vínculos entre las naciones, preparar la gran república de los Estados Unidos de Europa, en espera de los Estados Unidos del Mundo; todo lo que engrandece y purifica la idea de patria ensanchando sus límites hasta llegar á confundirla con la idea humana, no puede menos de regocijar á quien por única religión tiene el culto de la humanidad!

Mas, los Estados Unidos de Europa, preludio de la federación mondial, no se pueden constituir más que bajo la forma democrática. El desarraigo de la monarquía bajo todas sus formas es, por consiguiente, la primera de las etapas en esa grande evolución que realizará el sublime ideal. Colocados en este punto de vista, parece que también las razas latinas, esas razas á las que el género humano debe ya tan innumerables servicios, son las llamadas á dar el ejemplo y el impulso.

Francia ha empezado. España, que ya supo sacudir una vez el yugo monárquico, entrará pronto — así lo espero — por el camino que ha trazado Francia. A poca distancia de España seguirá Portugal. Italia que sofocada por un régimen monárquico, corruptor y tiránico, no aspira más que á libertarse, romperá también las ligaduras que la oprimen y no tardará en reunirse á sus hermanas en el movimiento emancipador.

Ese día quedará hecha la unión latina, y apoyada ésta en el socialismo alemán, auxiliada por las aspiraciones generosas de esos heróicos ingleses que dentro de la misma

Inglaterra luchan contra la ola imperialista y patriotera que, si fuera posible que durase, deshonraría á ese gran pueblo; teniendo aquella unión de su parte al fervor revolucionario que en todas partes, hasta en Rusia, agita y [illegible]sforma á las masas laboriosas, no tard[illegible] dar cuenta de emperadores y de reyes. «Extinguiránse los tiranos como los meteoros,» según escribió hace medio siglo el gran poeta francés — algo español por su educación primera — cuyo glorioso centenario se va á festejar dentro de breves días. Definitivamente liberado de todas las servidumbres naturales y sociales, el género humano se levantará al fin, como un radiante sol expulsando para siempre las insanas brumas que nos envuelven todavía: los odios nacionales, las guerras engendradas por ellos y las supersticiones de las cuales nacen esos mismos odios.

El establecimiento de la República en Francia ha sido el primer acto del gran drama que se representa en estos momentos y cuyo desenlace consistirá en una humanidad mejor. La proclamación de la República en España será el segundo acto y los otros no se harán esperar mucho tiempo.

Por tanto, cumplen ustedes una gran obra con su combate de todas las horas: preparan los acontecimientos que mañana aclonarán sobre la política Universal. Así, ustedes merecen el aplauso animoso de cuantos sienten latir su corazón por la libertad humana y por la justicia social: los socialistas y los republicanos de todos los países.

En este concepto envío á [illegible] les un fraternal saludo y hago los más sinceros votos por su victoria próxima: que será al mismo tiempo nuestra y de los ciudadanos de todos los países.

Lettre de protestation contre l'interdiction du meeting Républicain franco-Espagnol et contre la suppression de l'édition parisienne du journal Espagnol « El país. »

Paris le 25 mars 1908
83 rue de l'Assomption – 16e arrt.

A Messieurs Lerroux, Soriano, Blasco Ibanez, Junoy, députés à Madrid.

Messieurs et chers coreligionnaires,

J'apprends seulement aujourd'hui la mesure que, sous la pression du vôtre, notre Gouvernement a prise pour empêcher la publication en France du journal Espagnol El païs, et pour s'opposer au meeting républicain franco-Espagnol auquel vous vous proposiez d'assister.

J'en éprouve une peine mêlée de honte pour mon pays ; mais je mentirais si je vous disais que j'en suis étonné.

Il fut un temps — une grande époque — où, par la voix de ses représentants, notre peuple prenait pour devise : « Le peuple français est debout contre les tyrans ! »

Ce temps est loin de nous ; et de nos jours, nos gouvernements républicains, loin de travailler à l'affranchissement des peuples, ne font effort que pour les rapprocher des monarchies qui nous entourent et pour se faire absoudre par elles, de notre forme républicaine. Comment d'ailleurs en serait-il autrement ? Qu'en dirait l'autocrate de toutes les Russies ! Et comment M. Loubet serait-il reçu à Saint-Pétersbourg s'il se préoccupait des intérêts du monde au lieu de s'occuper des intérêts russes à Pékin !

Tant pis pour nos Gouvernements qui le déshonorent ! Malheureusement ils déshonoreraient aussi le pays s'ils étaient suivis. Mais le pays ne les suivra pas. Malgré toutes les compromissions, malgré la diminution que des politiciens sans principes ont, depuis trente années, infligée à l'âme républicaine, tous les souvenirs de la Grande Révolution ne sont pas effacés. Il est encore des Français qui ne reconnaissent pas le Czar pour maître, qui aspirent à la Constitution des États unis d'Europe, dont les cœurs battent à l'unisson de ceux de quiconque lutte pour la République, et particulièrement de nos frères latins, les nobles fils de l'Espagne que notre devoir comme notre intérêt serait d'aider.

Ces Français là peuvent savoir gré à M. Waldeck-Rousseau d'avoir fait reculer un moment l'odieuse mascarade nationaliste ; mais ce n'est point pour eux une raison d'approuver le président du conseil et ses ministres, dans des actes antirépublicains, comme celui qui est dirigé contre les républicains Espagnols.

Ils le diront, ces Français ; ils affirmeront leurs sympathies pour l'Espagne, leurs vœux pour la Révolution Espagnole, et leurs espoirs de voir bientôt une alliance conforme à nos traditions et à notre esprit national, une alliance avec les libres républiques, se substituer à l'alliance balourde si chère à M. Delcassé, et qui est une menace pour la liberté et pour la paix du monde.

Permettez-moi pour ma part de vous adresser ma plus vive protestation, en même temps que l'expression de mes sentiments de profonde sympathie pour cette démocratie espagnole, au milieu de laquelle j'ai combattu autrefois le bon combat, et dont, comme le doit tout français digne de ce nom, je me sens solidaire.

Alfred Naquet

ancien sénateur — ancien député

Préface de la pièce de théâtre de Jean Jacques Magne

Les Terrien de père en fils

63, rue de l'Assomption, XVIe arrondissement

Mon cher ami Magne,

Vous me demandez une préface pour votre nouvelle pièce de théâtre *Les Terrien, de père en fils*, et je voudrais bien pouvoir répondre à la preuve de sympathie que vous me donnez. Joindre mon nom au vôtre serait un plaisir pour moi. Mais, hélas ! la chose m'est tout à fait impossible.

Je suis vieux, mon cher ami ; je suis malade ; le temps de vie qui m'est imparti ne sera probablement pas considérable ; et les instants qui s'écoulent deviennent par suite pour moi une marchandise rare.

Or, j'ai beaucoup de travaux que j'aurais le plus vif désir d'achever avant de quitter ce monde. Je ne le pourrai sans doute pas. Du moins, veux-je en terminer le plus possible ; et pour cela l'obligation s'impose à moi de ne rien distraire des heures dont je puis disposer, d'autant que le mauvais état de ma santé ne me permet jamais un labeur prolongé.

Lire une pièce de théâtre comme celle dont vous m'avez fait tenir le manuscrit me prendrait au moins une journée ; rédiger la préface m'en prendrait deux, et je n'ai pas le droit de disposer de trois journées.

Mais je le regrette, et ce regret, croyez-le bien, est profond et sincère.

Il y a maintenant trente-deux ans que je vous connais ; j'ai suivi votre carrière ; j'ai applaudi à vos premiers succès, et j'aurais aimé à prendre ma part de celui qui vous attend en faisant à votre pièce une présentation dont elle n'a d'ailleurs nul besoin, j'en suis convaincu.

Vous êtes un cœur chaud, une âme généreuse ; vous aimez l'humanité, et les vilenies de chaque jour vous attristent sans vous décourager. Pas d'idée juste qui ne trouve un écho dans votre âme, et je ne suis pas surpris que l'admirable campagne du bon juge Magnaud ait rencontré chez vous un enthousiaste. J'en suis un, moi aussi, et c'est ce qui fait, en dehors de l'amitié que je vous porte, qu'il m'eût été agréable d'associer mon enthousiasme au vôtre, et d'affirmer à côté des pages, éloquentes je n'en doute pas, que vous venez d'écrire, les sentiments que m'inspire le principe si fécond de la loi de pardon. L'âge, les occupations, la maladie en ont décidé autrement. Du moins ne sera-t-il pas dit que je me dérobe complètement. Publiez cette lettre en guise de préface. J'ai déjà eu l'occasion, dans mon livre récent, *l'Humanité et la Patrie*, d'exprimer mon opinion sur la grande transformation que la science de l'homme doit apporter à cette redoutable fonction sociale qui consiste à édicter des peines et à les appliquer. Ce me sera une occasion de les exprimer de nouveau, et je vous serai reconnaissant de me l'avoir fournie. C'est en ces matières surtout qu'il convient de redire le vieil adage latin : *bis repetita placent*.

Merci, mon bien cher ami, de votre bon et affectueux souvenir. Croyez bien qu'il m'est cher et recevez, avec mes vœux pour que votre prochain succès soit un triomphe, l'assurance de mon amitié cordiale.

A. NAQUET.

— 28 —

La Revue socialiste du 15 avril 1902 - 18e année
t. 35 - n° 208 - p. 411
sur le livre de M. Leven « La vie, l'âme & la maladie

SOCIALISTE SANS LE SAVOIR

Ce qui me suggère cet article, c'est la lecture que je viens de faire du beau livre du docteur Leven : *la Vie, l'Ame et la Maladie* (1).

Le docteur Leven, dont la carrière déjà longue a été tout entière consacrée à la médecine comprise dans le sens à la fois le plus scientifique et le plus humain, vient de couronner son œuvre par cette belle synthèse de tous ses travaux antérieurs.

Le docteur Leven est peu connu du grand public, parce que c'est un savant modeste qui n'a jamais fait de réclame autour de son nom. Il n'en a pas moins accompli une œuvre considérable.

L'ancienne doctrine métaphysique du vitalisme de Montpellier avait, aux débuts du dix-neuvième siècle, fait surgir comme réaction positive celle de l'organicisme de l'École de Paris.

Celle-ci voulait trouver à chaque trouble fonctionnel une altération concomitante de l'organisme ; et comme conséquence de cette théorie, qu'en fait, personnellement, je crois juste à la condition de donner à l'expression *altération organique* un sens très large, elle en était arrivée à créer un cadre nosologique extrêmement étendu. Chaque maladie devenait ainsi une entité, et les spécialités chaque jour plus nombreuses faisaient perdre aux médecins les vues d'ensemble.

Il y avait des maladies d'estomac, des maladies de foie, des maladies de cœur, des maladies de poitrine, des maladies nerveuses, des maladies des reins et de la vessie ; et chacune d'elles était, aux yeux

(1) Doin, éditeur, 8, place de l'Odéon.

des savants qui les étudiaient avec un luxe extrême de détails, à peu près complètement indépendante des autres.

Cette manière d'envisager les faits pouvait être juste relativement aux maladies parvenues au dernier stade de leur développement. Il est évident que quand un phthisique a d'énormes cavernes qui ont détruit les poumons, il a une maladie de poitrine parfaitement distincte d'un anévrisme de l'aorte ou d'un ramollissement du cerveau.

Mais ces cavernes, cet anévrisme, ce ramollissement du cerveau ne sont pas survenues brusquement. Ces lésions ne se sont pas abattues sur l'homme comme un bolide qui tombe sur le sol. Elles ont été préparées par une longue période de souffrances prémonitoires dont elles sont issues, dont elles représentent le terme final; et de cette origine, malgré sa prétention d'étudier les causes de chaque entité morbide dans un sous-chapitre consacré à l'étiologie, l'école organiciste ne se doutait pas. Si elle s'y était arrêtée, elle se serait aperçue que la complication presque infinie de son cadre nosologique faisait place à une remarquable unité. C'est cette constatation qu'a faite le docteur Leven et qui, bien qu'encore incomprise de ceux-là même qui ont adopté son système thérapeutique, a déjà opéré en médecine une véritable révolution.

J'ajoute que cette révolution était nécessaire.

Si l'on veut que la médecine ne soit plus simplement l'histoire naturelle de la santé et de la maladie, mais devienne vraiment l'art de guérir, ce n'est point sur les lésions organiques réalisées qu'elle doit faire porter ses recherches et ses efforts — car à ce moment-là il ne reste plus rien à faire pour elle. C'est sur les troubles fonctionnels qui les ont préparés.

Lorsqu'un poumon est farci de tubercules ulcérés; lorsque le cœur est entravé dans son fonctionnement par le rétrécissement ou l'insuffisance de ses orifices; lorsque le rein est devenu imperméable ou que la cellule cérébrale est altérée dans sa constitution sur une grande étendue, le mal est sans remède. On ne refait pas les organes.

Mais tant que les troubles sont fonctionnels; tant que les malaises observés ne s'accompagnent pas d'une lésion organique ; ou plutôt — car on concevrait difficilement une altération de la fonction sans une altération correspondante de l'organe — tant que la lésion est légère, fugace, protéique; qu'elle porte sur des éléments anatomiques éphémères et non sur l'ensemble d'un viscère; tant que ce n'est pas ce qu'on me permettra d'appeler, en transportant un mot de la langue économique dans la langue médicale, une lésion *consolidée*, la guérison est possible, facile même, et c'est à ce moment-là que doit agir le médecin digne de ce nom.

Aux yeux de M. Leven, il n'existe pas plusieurs maladies, il n'y en a qu'une à l'origine, dont seules, par suite des circonstances, les terminaisons varient.

Pour que l'organisme, qui s'est créé après la fécondation de la cellule ovarique pendant les neuf mois de la gestation, continue à vivre en bonne santé pendant la durée qui lui est impartie, il faut qu'il puise dans le monde ambiant matière et mouvement. Il doit recevoir du dehors des substances à affinités non satisfaites, qui servent à la fois à renouveler les milliards de cellules dont se compose l'être humain, et à produire, en se détruisant ensuite, et en passant à l'état de substances à affinités satisfaites, la somme d'énergie dépensée chaque jour sous forme de chaleur, de mouvement musculaire, d'émotion, de pensée.

L'organisme des animaux et de l'homme est, ainsi que je l'ai exposé dans l'introduction de mon dernier livre *l'Humanité et la Patrie* (1), une véritable machine thermique, avec cette différence cependant que, dans nos machines, l'organe créateur de l'énergie — chaudière ou turbine — se distingue nettement de ceux où l'énergie se transforme en travail, tandis que, dans la machine animale, les deux systèmes se confondent. Tout élément anatomique, consommateur de force, en est en même temps le producteur. Pour agir il n'emploie pas l'énergie obtenue par un combustible extérieur; il brûle lui-même; il est son propre combustible; et comme en brûlant il se détruit, il faut qu'il soit remplacé par d'autres éléments identiques à lui-même et éphémères comme lui. D'où cette nécessité pour la matière venue du dehors d'alimenter et de brûler, tandis que dans les machines thermiques le charbon brûle mais n'alimente pas.

En d'autres termes, dans l'organisme la combustion ne peut être que la conséquence de la nutrition, ce qui dans les machines industrielles n'est pas le cas.

Mais une fois cette différence constatée et cette réserve faite, nous pouvons comparer la vie au mouvement des machines à vapeur. Dans les deux cas, en effet, le mouvement obéit à une loi commune : il résulte de l'énergie libérée par une action chimique.

Partant de là faisons une comparaison.

Construisons un moteur à vapeur aussi parfait que possible de la force de vingt chevaux. Il devra consommer une quantité déterminée de houille et donner une somme non moins déterminée de travail.

Si on ne lui demande jamais que la dépense dont il est capable, et que, par suite, on ne dépasse pas le poids de combustible que son foyer est apte à consommer, il durera,... non pas éternellement — rien

(1) Stock, éditeur.

n'est éternel ici bas, — mais pendant un laps de temps maximum que l'expérience fera connaître.

Mais supposons qu'après avoir construit cette machine pour vingt chevaux, on en exige un rendement de trente. Il faudra augmenter dans la même proportion la quantité de houille; et, comme ni le foyer n'est fait pour brûler tout ce charbon, ni les organes proprement dits pour donner un travail effectif supérieur à celui en vue duquel ils ont été construits, l'instrument se détériorera et ne tardera pas à se trouver hors d'usage.

Il en est de même de l'être humain. Il existe certainement de grandes différences entre nous tous, mais chaque homme est apte à produire une somme donnée de pensée, d'activité, de mouvement, d'émotions, et doit absorber pour y faire face une quantité correspondante d'aliments.

Qu'on lui demande un effort supérieur à celui qu'il peut normalement donner, il faudra, comme dans la machine, surélever la quantité de combustible, c'est-à-dire suralimenter l'individu. Cette infraction aux lois de l'organisme ne saurait avoir lieu sans danger.

Ainsi que le docteur Leven l'explique admirablement dans son livre, la nature nous a dotés pendant la période de neuf mois, d'un grand réservoir, le sang, où toutes les cellules puisent les matériaux de leur formation, et dans lequel elles déversent tous les déchets de leur combustion. Ce liquide nourricier doit recevoir constamment du dehors l'oxygène, et la matière azotée ou hydro-carbonée qui remplacera la partie de ces corps absorbée pour la formation et la destruction des cellules. C'est l'appareil digestif et l'appareil respiratoire qui les lui fourniront.

Mais il doit en même temps, sous peine de devenir toxique, rejeter au dehors les matériaux complètement brûlés, résidus des opérations de la vie, et c'est tout un appareil excréteur formé par les poumons, les reins, le foie, l'intestin, la peau, les différentes glandes qui sera chargé de cette élimination.

Travaillez trop, dépensez-vous trop, mangez trop et le double travail de digestion et d'excrétion étant disproportionné aux conditions de l'organisme, la maladie s'en suivra.

Que l'homme prenne une trop grande quantité de matière, dit le docteur Leven, le sang rejettera une plus grande quantité, mais, à la longue, l'excès altère les fonctions, altère la structure du sang, altère la nutrition, l'individu devient goutteux, diabétique, albuminurique, devient obèse ou amaigri. — (P. 173.)

Et plus loin, page 336 :

Le sang pourra recevoir l'excès d'aliment; mais il doit garder la même structure. Les centres et les viscères éliminateurs donneront à l'élimination l'activité nécessaire; le sang gardera un certain temps sa structure; bientôt ils seront surmenés et insuffisants à leur fonction; alors le sang restera altéré et la vie faisant la nutrition, éliminera des produits tels que de l'albumine ou du sucre, de l'urée en quantité insuffisante, des phosphates en quantité excessive.

. . . .

La conservation de la santé exige donc que la somme de dépense organique soit contenue dans des limites normales, et que la proportion des aliments ne tombe pas au-dessous, et ne s'élève pas au-dessus de ce qui est nécessaire. Dès qu'elle descend au-dessous ou qu'elle s'élève au-dessus, l'équilibre des centres nerveux est troublé, le sang s'altère et la maladie prend naissance.

On conçoit dès lors quel intérêt supérieur présente pour l'hygiéniste la détermination de la somme indispensable de chaque espèce d'aliments.

Jusqu'ici les biologistes s'étaient fondés sur les *excreta* pour faire cette détermination.

Toute substance introduite dans l'économie en ressort sous forme d'excreta après avoir subi le cycle normal de ses transformations. Ils en avaient conclu, tout ce qui sort de l'organisme ayant dû primitivement y entrer, que de la proportion des substances éliminées on pouvait déduire celle des substances qu'il est nécessaire d'ingérer.

Le docteur Leven s'élève avec vigueur (p. 76) contre cette doctrine, et il a pleinement raison de le faire. Si je mange trop, j'excrète en proportion de ce que j'ai mangé, c'est-à-dire en excès; et si de ces excreta excessifs je cherche à déduire la quantité d'aliments qui normalement m'est nécessaire, je suis amené à conseiller une alimentation excessive elle-même; je commets une erreur.

Ce n'est donc pas sur l'observation chimique mais sur l'observation physiologique que doit se fonder le médecin pour fixer les conditions de l'alimentation.

C'est ce qu'a fait M. Leven. Il a observé des milliers de cas; et il a reconnu qu'avec trois litres de lait ou leur équivalent l'homme est suffisamment nourri. Généralement nous mangeons tous beaucoup trop; et cet excès de nourriture, comme toutes les dépenses de force sous forme de travail ou de plaisir qui en sont la cause ou la conséquence, engendre la plupart de nos maladies. — N'était les traumatismes et les empoisonnements, on pourrait même dire toutes.

L'alimentation d'ailleurs ne demande pas à être surveillée

seulement au point de vue quantitatif, mais aussi au point de vue qualitatif. L'usage des alcools, du vin, des boissons fermentées en général, l'abus de la viande et des graisses sont également l'origine d'un grand nombre de nos affections. Il y a à cet égard dans le livre du docteur Leven une page qui mérite d'être citée et méditée de tous.

On entend, journellement, dire que le vin donne des forces, on entend journellement dire que la viande donne des forces, et que le manœuvre doit faire usage, journellement, de quantités de vin et de quantités de viande. Erreur qui est présente à l'esprit de l'homme depuis qu'il est en ce monde. Le sauvage lui-même dans le centre de l'Afrique fait usage des boissons fermentées. La plupart des religions, faisant intervenir le vin dans leur rite, ont fortifié l'erreur dans l'esprit de l'homme, et on entend répéter journellement que, réellement, l'homme ne peut se dépenser que si dans son régime quotidien vin et viande occupent une grande place. Ce qui a entraîné l'homme à l'erreur, c'est la sensation que toute boisson fermentée donne immédiatement aux nerfs du goût. La boisson fermentée excite les nerfs et excite l'âme à la suite. La boisson fermentée excite le plexus solaire et tous les plexus du tube digestif. L'âme étant excitée est portée à la joie, au mouvement. Le plexus solaire étant excité, l'individu est porté à manger beaucoup. Cette excitation générale des centres nerveux ne dure qu'un temps très court, puis est suivie de dépression. Il y a là augmentation apparente des forces ; mais non augmentation réelle, et cette augmentation est suivie d'un affaissement des forces. L'homme se sent affaibli et est poussé, malgré lui, à reprendre de la boisson fermentée, et de la viande qui l'excite également. Les mêmes phénomènes se reproduiront ; force augmentée d'une façon apparente, ce n'est pas là une augmentation réelle ; l'affaiblissement est toujours consécutif à l'augmentation momentanée des forces (page 257).

Ce tableau est saisissant. Il se passe là, quoique à un degré moindre, ce qui se passe chez les morphinomanes. Le morphinomane est affaissé, incapable de mouvement, d'activité intellectuelle... on dirait que la vie l'abandonne. Une piqûre du terrible poison, et la vie renaît : les mouvements redeviennent faciles ; le cerveau se remet à penser. Mais une heure est à peine écoulée que la dépression recommence et qu'une nouvelle dose de morphine est nécessaire pour la combattre. Et l'accoutumance de l'économie est cause qu'à chaque fois la dose de l'excitant doit être augmentée, jusqu'au jour où l'organisme est atteint profondément dans toutes ses fonctions. Ce jour là la mort survient.

Avec la morphine pas d'erreur possible ; les résultats sont si prompts, si rapides, si funestes que ceux-là même qui s'y adonnent sous l'empire d'une passion qu'ils n'ont plus la force de réprimer, savent fort bien vers quel abîme cette passion les entraîne.

Avec les alcools, quoique les phénomènes soient au fond les mêmes, les effets sont moins immédiatement apparents. Ils sont néanmoins encore tangibles.

Avec le vin et la viande, ils cessent de l'être. Il faut ici la rigueur d'analyse du médecin pour les mettre en lumière Le public ne s'en rend pas compte. Lorsqu'on lui supprime la viande et le vin, l'homme éprouve une dépression momentanée analogue à celle du morphinomane qu'on démorphinise : cédant à l'impression qu'il ressent et à l'erreur que les siècles ont accumulée par atavisme dans son cerveau, il s'imagine que son médecin le tue, revient à ses habitudes invétérées et altère ainsi de plus en plus sa santé. C'est même dans cette résistance que l'art de guérir rencontre les difficultés les plus grandes.

Nul n'a mieux vu cela que le docteur Leven ; et nul n'a plus contribué à faire passer ces vérités dans le corps médical en attendant qu'elles puissent s'imposer aux masses.

Et maintenant quand l'organisme est affaibli par les émotions, par le travail intellectuel, par le mouvement musculaire excessif ; ou lorsqu'il est altéré soit par l'abstinence, soit par l'excès de nourriture, soit par les excès vénériens, que se passe-t-il ?

Ici M. Leven a encore soulevé un des voiles qui bornaient la vue du biologiste.

Il y a chez nous deux systèmes nerveux distincts. A l'un sont dévolues les fonctions de relation, le mouvement conscient et volontaire. L'autre préside aux mouvements involontaires et inconscients des fonctions de la vie végétative : digestion, absorption, respiration, circulation, excrétion.

Le premier a son siège dans le cerveau. Les nerfs périphériques ne sont en somme que des annexes de l'encéphale. Ils apportent les impressions du dehors à l'organe central qui les élabore en sensations, en idées, et ultérieurement en mouvements.

Le second est divisé en une quantité de plexus disposés par la nature auprès de chaque viscère, à raison de deux pour chacun. Ces plexus, reliés par des filets nerveux au viscère dont ils dirigent la fonction, le sont aussi entre eux, et tous ensemble au cerveau par l'intermédiaire de la moelle et du grand sympathique. Il en résulte qu'en dernière analyse, le système nerveux dans son ensemble constitue une admirable unité.

Parmi les plexus nerveux de la vie organique, celui qui a sous son contrôle les fonctions de l'estomac porte le nom de plexus solaire. Il joue par rapport à l'ensemble du système du grand sympathique un rôle prédominant analogue à celui que joue le cerveau dans la vie de relation.

D'où le rôle considérable de l'estomac.

Au point de vue chimique cet organe ne présente qu'une importance secondaire. Les aliments y sont peu modifiés, et, tout au plus, sert-il de réservoir permettant de les emmagasiner et de manger moins souvent.

Aussi les chirurgiens se sont-ils imaginé qu'on pouvait sans grand danger enlever l'estomac à un malade.

Mais c'est là qu'apparait l'absence de synthèse qu'on observe dans le corps médical. On juge sur un détail au lieu de juger sur l'ensemble.

Au point de vue chimique l'estomac n'exerce qu'une fonction peu importante. Soit ! Mais il est en relation directe avec le plexus solaire qui agit sur lui et sur lequel il réagit. Et comme le plexus solaire est en relation avec tous les autres plexus, que celui-ci étant atteint, tous les autres le sont consécutivement, la suppression de l'estomac, comme celle de tout viscère, et plus peut-être que celle des autres viscères, entraine un trouble général de l'organisme.

Ces principes posés, le mécanisme de la maladie devient aisé à comprendre. Les excès divers d'alimentation, de plaisirs sexuels, de dépense musculaire ou intellectuelle; les émotions violentes de joie ou de douleur ; les chagrins prolongés entrainent une excitation des centres nerveux. Le plexus solaire est atteint et les autres plexus à sa suite. Comme ils sont en rapport avec leurs viscères respectifs, ceux-ci reçoivent le contre-coup de cette excitation. L'estomac, le foie, le pancréas sécrètent mal les sucs dont la sécrétion leur est dévolue, et ces sucs sont modifiés dans leur composition. De même l'appareil génital est troublé dans son fonctionnement. Toute action engendrant une réaction, l'organe troublé réagit sur le plexus qui transmet ce surcroit d'irritation au cerveau, après quoi le cycle recommence et la maladie va continuellement en s'aggravant.

Les médecins interviennent alors. Trouvant de l'anémie, ils ordonnent à leurs malades du fer, de la viande, des vins généreux ; et, comme ce régime ne fait qu'accroitre l'excitation dont l'anémie est la conséquence, la maladie prend un caractère de plus en plus alarmant. Une fois à ce point, le mauvais état de la nutrition entraine à sa suite la formation de tissus morbides tels que cancers et tumeurs fibreuses; ou bien l'épuisement général ouvre la porte à tous les microbes envahisseurs, qui déterminent la phthisie ou les maladies infectieuses, avec la mort au bout.

La maladie cependant avant de se fixer organiquement sur un viscère subit des alternatives. Aujourd'hui l'estomac est atteint et le malade souffre de dyspepsie. Demain la souffrance gastrique s'apaise. Mais bientôt après, on observe des troubles fonctionnels du côté du poumon ou du cœur; puis, ceux-ci apaisés à leur tour, du rhumatisme articulaire et d'autres manifestations morbides apparaissent. Ce n'est qu'après une série de va et vient de ce genre que le mal finit par se fixer et par amener la perte de l'organisme.

Il résulte de tout ce que nous venons de dire qu'il n'existe pas, ainsi qu'on l'enseigne à la Faculté, des masses de maladies différentes, mais que, en dehors des intoxications telles que la syphilis, il existe une seule maladie, la *névrose*, laquelle peut occasionner la mort sans même être parvenue à la période où se produisent les dégénérescences organiques.

Le traitement se déduit rationnellement de ces prémisses.

La nature tend à ramener l'organisme à l'équilibre lorsqu'il en a été écarté, et il suffit presque pour cela que les causes par lesquels il a été troublé cessent d'agir.

Lors donc qu'une femme ou un homme est atteint d'une affection chronique sans dégénérescence, c'est-à-dire d'une affection curable, il importe de lui prescrire un régime alimentaire approprié à son état et un repos relatif de corps et d'esprit; de combattre par des palliatifs, en attendant la cure absolue, certains symptômes de nature à maintenir ou à aggraver l'irritation nerveuse tels que l'insomnie, les douleurs aiguës, la constipati ..; de dériver certains états congestifs des plexus et des organes par des révulsifs légers, et d'attendre que, sur l'organisme placé dans ces conditions favorables, la nature ait opéré.

Il va de soi que la rigueur du régime doit être proportionné à l'état du malade.

Tel aliment qui n'irrite pas le plexus solaire lorsqu'on l'introduit dans un estomac sain ou médiocrement atteint, l'irrite s'il est introduit dans un estomac très malade. Telle somme de mouvement ou d'activité intellectuelle qui est supportée par un homme en santé devient une fatigue pour quiconque a le système nerveux déséquilibré. Le principe étant qu'il faut éviter la fatigue sous toutes ses formes, le médecin prescrira suivant le cas tel ou tel aliment, permettra tel ou tel degré d'activité. Ceci est affaire d'habitude, d'observation, de dosage, dirai-je. La règle demeure identique dans tous les cas.

Ainsi, quand la santé n'est pas troublée, la garantir par une sage hygiène en conservant toujours la modération dans l'usage des facultés.

Quand la maladie survient, soit parce que nous avons désobéi à cette prescription de la nature, soit parce que nos parents y ont désobéi, et nous ont transmis le mal héréditairement, il faut rentrer avec plus de rigueur encore dans l'observation de la règle naturelle pour permettre à l'économie de se rétablir. Telle est, en quelques mots, l'admirable synthèse de la science médicale, à laquelle, après quarante années de labeur, le docteur Leven est parvenu.

Mais ce n'est pas là tout ce que nous apporte l'auteur de *la Vie, l'Ame et la Maladie.* Les règles d'hygiène qu'il nous fait connaître non seulement sont capables de maintenir la santé chez l'individu, mais encore réagissent sur le corps social et portent avec elles un code de morale avec sa sanction.

> Le mécanisme cellulaire, dit M. Leven à la page 85 de son livre, ne se trouve bien que des sentiments bons, des sentiments doux, d'amour; les sentiments violents, de colère, de haine, le font vibrer à l'excès, tendent à déranger sa sensibilité, à produire mal de tête, vertige, insomnie.

Et plus loin, page 155 :

> Tout organisme individuel ne peut remplir sa carrière que si sa moralité est suffisante, ou bien il disparaît avant l'heure. Il en est de même des organismes sociaux, eux aussi ne se peuvent conserver que par leur moralité et ils disparaissent si leur moralité est insuffisante. La moralité est la base de la conservation de l'espèce humaine et la condition du progrès, de l'amélioration de la vie.

Ailleurs encore, page 365 :

> ... Chez l'adulte, la sensibilité du cerveau, la sensibilité de la moelle, ne durent que si l'âme de l'adulte a des sentiments nobles, sentiments du vrai, du beau, du juste, le sentiment du droit et du devoir. Ces sentiments s'éveilleront en l'âme si elle a hérité d'une force intellectuelle et morale suffisante. Ces sentiments sont la joie de l'âme, et ils n'impriment à la cellule cérébrale, à sa sensibilité, à sa vibratilité que les mouvements qui conviennent à la vie. Les sentiments mauvais, les sentiments de lutte, l'orgueil, l'ambition exagérée, la haine, la colère, sont pénibles à l'âme qui a hérité de ces tendances morales. Ils troublent la sensibilité de la cellule cérébrale. . . . .
> . . . .
> . . . .

Enfin, pages 381 et 382 :

> ... L'immense majorité (des âmes) sont des âmes de mercenaires qui ne sont pas arrivées à concevoir le bien en lui-même, et qui attendent une récompense pour le bien qu'elles font en ce monde. Leur récompense vraie, celle de leur moralité et de leur religiosité, est dans la conservation de leur vie, de leur vie sans maladies, dans la vie de leurs enfants, dans la vie de tout l'organisme social. Religiosité et moralité soutiennent l'unité nerveuse.
>
> L'absence de religiosité, l'absence de moralité la compromettent, compromettent âme et vie. Si les parents ont imbu l'âme des enfants du sens religieux et du sens moral, les enfants vivront et quand ils seront devenus indépendants, quand ils seront devenus adultes, ils parcourront leur carrière, faisant leur devoir, supportant les coups inhérents à la vie; ils la parcourront avec une

unité nerveuse intacte, jouissant de la santé de leur âme et de leur vie ; arrivant vers la fin de la carrière, ils jetteront un regard en arrière, reconnaîtront qu'ils ont vécu et procréé, qu'ils ont compris leur tâche, qu'ils ont compris le sens de la vie.

Le jour où la vie sera épuisée, tout le mécanisme nerveux succombera, et alors l'âme livrée à elle-même disparaîtra.

Ce beau passage par lequel se termine le livre n'a qu'un tort à mes yeux, celui de contenir à côté du mot *moralité* le mot « religiosité » que j'aimerais mieux n'y pas voir.

M. le docteur Leven dans le corps de son livre, a dit son mot aux religions actuelles qu'il a taxées de sauvagerie, de barbarie, en ce sens qu'aucune d'elles n'est susceptible de ne pas se faire oppressive des autres si elle en a la puissance.

Pourquoi, dès lors, distingue-t-il entre les religions et la religiosité? Comment, avec son intuition de savant et d'homme de bon sens, ne voit-il pas que la moralité se suffit à elle-même et que le meilleur moyen de lui donner une assise solide, consiste à la fonder sur des bases exclusivement humaines sans recourir à ce qu'il appelle la *force supérieure qui régit les mondes,* — et qu'il n'ose pas, tant la science maîtrise ici chez lui le sentiment, appeler Dieu.

Et, puisque j'en arrive à la critique, que M. Leven ne s'offusque pas si je relève dans son œuvre quelques points qui me semblent controversables. L'admiration que m'inspirent sa longue carrière et ses œuvres est assez grande pour me permettre de signaler sans le blesser les points de dissidence existant entre nous.

D'abord, M. Leven a eu le tort de ne pas se soucier du grand principe de la conservation de l'énergie. Il parle de la vie qui a construit la cellule, de l'âme qui dirige l'organisme en lui donnant la matière et le mouvement, à la manière dont les physiciens d'il y a cent ans parlaient de l'électricité, de la lumière, de la chaleur ou du magnétisme. A le lire superficiellement, on dirait que l'âme et la vie constituent à ses yeux des entités distinctes du corps, formant le corps pour leur usage, et présidant à tous les actes de son existence. Je ne le chicanerai cependant pas là-dessus. En fait, les différences qui existent entre les diverses formes sous lesquelles l'énergie se manifeste autorisent les physiciens de nos jours à maintenir comme catégories séparées les phénomènes calorifiques, lumineux, magnétiques, électriques ; et ils se servent encore des mots électricité, lumière, magnétisme ou chaleur, pour désigner la modalité particulière qu'elle affecte dans ces diverses catégories de phénomènes. Ils savent que ces modalités se peuvent transformer les unes dans les autres, qu'elles ne sont que des formes déterminées du mouvement universel ; mais en tant que formes déterminées elles méritent de conserver des noms qui les désignent, et il n'y a aucun inconvénient, tout étant bien défini, à adopter pour cela les appellations qu'on leur donnait dans le passé alors qu'on les croyait des entités distinctes.

Or, il semble bien, quoiqu'il ne le spécifie pas assez catégoriquement, que c'est ce que fait M. Leven en maintenant les mots vie et âme. Ce qui tend à le faire supposer, c'est la phrase de lui qui termine notre dernière citation : « Le jour où la vie sera épuisée, tout le mécanisme nerveux succombera, et alors *l'âme livrée à elle-même disparaîtra.* »

Comme rien ne peut se perdre dans la nature, si l'âme disparait, c'est qu'elle se transforme en quelque chose d'autre ; c'est qu'elle participe de l'énergie universelle dont elle est une modalité consciente ; c'est qu'elle n'est pas une entité distincte. Quiconque en fait une entité distincte doit croire à sa pérennité, à son immortalité, à l'au-delà.

Il me parait donc qu'entre M. Leven et moi, la contradiction est ici plus apparente que réelle, et c'est pourquoi, je le répète, je ne lui chercherai pas noise sur ce point.

Il en est un autre qui mérite de nous arrêter, et qui justifie le titre de cet article.

M. Leven pense que la femme ne doit pas travailler, qu'elle ne doit pas avoir de profession, qu'elle doit être à la charge de l'homme, à qui incombe le soin de faire vivre la famille. Quant à elle, il estime qu'elle a rempli son rôle social tout entier lorsqu'elle a porté, allaité et élevé des enfants.

Je ne suis pas éloigné de partager sa manière de voir. Seulement cette conception du rôle de la femme suppose un nouvel organisme social.

Aussi longtemps que la société sera ce qu'elle est, il est bien évident que la femme sera obligée de travailler, soit qu'elle n'ait pas trouvé de mari, soit que son mari gagne insuffisamment pour lui et les siens, soit que par le fait du veuvage toutes les charges de l'homme soient retombées sur elle.

M. Leven admet, il est vrai, que la vie est facile, et que chaque profession nourrit aisément son homme. Cela prouve que le scalpel d'anatomiste qu'il a porté sur la société n'approche pas, par son acuité, de celui qui lui a permis d'analyser avec tant de perspicacité l'organisme individuel et les facultés dont il est le siège. Les malheureuses jeunes filles, qui travaillent à trente sous par jour pour les grands magasins ou pour les ouvroirs, et qui y contractent la phthisie, si elles ne la remplacent pas par la syphilis en ajoutant la prostitution à leur métier, ne subissent pas, que je sache, cette dure nécessité par plaisir. Elles ne demanderaient pas mieux que d'avoir un mari honnête et laborieux qui leur assurerait l'existence, en les laissant à leur rôle de mère. Mais le mari leur fait défaut et il leur faut travailler ou mourir.

M. Leven dénonce aussi les vices de l'école, de l'éducation en commun, à laquelle il voudrait substituer l'éducation familiale.

Je ne demanderais rien autre pour ma part. Si chaque parent pouvait devenir un éducateur tel que M. Leven le comprend et le décrit, les choses n'en iraient certainement pas plus mal.

Mais que ne donne-t-il à chaque citoyen vingt mille francs de revenu !

Il préfère la maison paternelle à l'école. Soit! mais je préfère l'école à la rue ; et si l'on supprime l'école, c'est la rue qui attend les enfants du peuple pendant que pères et mères sont à l'atelier ou aux champs.

J'ajoute de plus que tout le monde ne peut pas lire et comprendre *la Vie, l'Ame et la Maladie*, et que ceux qui sont aptes à faire des éducateurs au sens complet du mot sont rares. Il y faut un développement intellectuel et moral que peu possèdent. M. Leven le reconnait lui-même dans le passage suivant :

> Les parents ne se peuvent acquitter de leur tâche qui doit être le souci constant de leur âme que si eux-mêmes ont une haute intellectualité, une force musculaire suffisante et une moralité d'ordre supérieur. Ils ne peuvent s'acquitter de leur tâche que s'ils savent ce que sont l'âme et la vie, s'ils savent le rôle du système nerveux pour la conservation en ce monde. (P. 379.)

Ces parents de moralité supérieure, où les trouver dans notre société en dehors de quelques rares exceptions ?

Dans la classe ouvrière ?

Courbée sous le joug d'un labeur permanent et abrutissant, elle n'a pas le temps d'étudier les grands systèmes d'éducation, d'hygiène, de morale; et si l'école ne remplace pas les parents pour préparer des enfants qui leur soient supérieurs, je ne vois guère qui élèvera ceux-ci dans les notions de dignité, de droit et de devoir.

Dans la bourgeoisie ?

Au premier abord, il semblerait que la chose fût plus facile. Ce n'est là cependant qu'une simple apparence. La lutte pour la vie sévit depuis les premiers âges de l'humanité. M. Leven en pense beaucoup de mal et nous sommes bien près de partager son opinion. Nous croyons comme lui que, dans un degré supérieur de civilisation, elle fera place à l'aide pour la vie invoquée par Kropotkine, sans oublier toutefois que c'est à cette loi brutale qu'a été dû, jusqu'à ce jour, le

[illegible]

Cela ne veut pas dire que M. Leven ait tort en principe. Cela signifie seulement que les améliorations rêvées par lui sont irréalisables sous notre régime social, et ne pourront passer dans les faits que sous un régime socialiste.

L'auteur de *la Vie, l'Ame et la Maladie* critique les gouvernements comme il a critiqué les religions. Les gouvernements sont tous barbares, puisque tous font ou préparent la guerre, et la République ne trouve pas plus grâce à ses yeux que l'Empire ou la Royauté.

Au fond, il partage l'illusion de Renan : il déteste le suffrage universel; il a la haine des foules; il souhaiterait un gouvernement d'intellectuels.

On se laisserait aller assez facilement à cette aberration en voyant comment le suffrage universel fonctionne à notre époque

Ce n'en serait pas moins une aberration, car toutes les autres solutions auxquelles on pourrait recourir seraient pires.

Les oligarchies, sous leurs diverses formes autocratique, monarchique ou républicaine, ont fait leurs preuves. Partout elles se sont montrées plus barbares, plus sauvages même que les démocraties.

Les oligarchies font et préparent la guerre bien plus délibérément que les démocraties, quoique celles-ci ne soient point encore totalement exemptes de ce défaut.

Les oligarchies gouvernent pour leurs intérêts de classe. Elles trouvent dans la science économique et dans la Bible des arguments : aux États-Unis, avant la guerre de la sécession, pour défendre l'esclavage; en Europe, pour maintenir les ouvriers dans un état de quasi-servage. L'affranchissement du prolétariat ne commence qu'avec l'établissement de la démocratie. On ne peut rien imaginer de plus épouvantable que la situation des ouvriers sous la monarchie de Juillet. A cette époque, où les coalitions étaient interdites et considérées comme des délits, on peut presque dire que la loi des salaires de Lassalle, la fameuse loi d'airain, a vraiment régné dans toute son horreur.

Si jamais l'éducation familiale devient possible, c'est que l'ouvrier aura conquis des loisirs, que le bourgeois sera affranchi des lois de la concurrence vitale, ou plutôt que prolétariat et bourgeoisie auront disparu, fusionnés dans l'unité sociale.

Or, vers cet avenir, la démocratie, et la démocratie seule, peut nous acheminer; que le suffrage universel ne soit pas dès aujourd'hui à la hauteur de sa mission, cela ne prouve rien contre la forme démocratique elle-même; le suffrage restreint le serait moins encore.

Le suffrage universel présente d'ailleurs un avantage incontestable, celui d'être par lui-même un instrument de développement des masses.

Les sociétés évoluent; s'élèvent chaque jour par la moralité et le savoir. Le problème qui s'impose à nous est celui de faciliter et de hâter cette évolution. Il ne s'agit pas de destituer le suffrage universel de ses droits, mais de l'instruire, de le moraliser, de le rendre ainsi chaque jour plus digne de la souveraineté qu'il exerce; et pour cela il faut travailler à la création d'un milieu où l'éducation intégrale soit possible, d'un milieu où l'homme ne soit plus écrasé par le travail et jouisse de loisirs suffisants pour aimer et pour penser, d'un milieu d'où soit exclue la concurrence, c'est-à-dire la lutte pour la vie; d'un milieu qui ait cessé de connaître les rivalités des religions, des races, des classes et des patries, ... pour tout dire en un mot, d'un milieu communiste.

M. Leven, en constatant les imperfections de notre état politique et social, a cru pouvoir conclure en faveur de je ne sais quelle aristocratie qu'il n'indique pas. En réalité, son livre, si savant, si nourri de faits, si profond, si honnête, si plein d'amour de l'humanité, aboutit, sans qu'il s'en soit douté, au socialisme; ce qui le rend d'autant plus intéressant que l'auteur ne peut pas être accusé de parti-pris.

A tous égards ce livre est un bon et beau livre, bon et beau par les conséquences sociologiques qui en découlent, bon et beau par les conseils qu'il renferme et dont doivent profiter la médecine, l'hygiène et nos vues sur l'éducation.

A tous ces titres il méritait plus qu'une sèche revue bibliographique; il méritait une analyse complète dans un article de doctrine. C'est cet article que je me suis efforcé de faire et dont, vu l'importance du sujet, les lecteurs de la *Revue Socialiste* me pardonneront, je l'espère, la longueur.

La Raison du 20 avril 1902 – 14ème année – n° 67

Lettre de M. A. Naquet à M. Robelin

Nous devons publier la lettre suivante :

Cher Monsieur Charbonnel,

Je vous communique pour que vous en fassiez tel usage public que vous jugerez utile, la lettre suivante que j'adresse à M. Robelin.

Avec ma sympathie,

A. NAQUET.

Paris, 80, *rue de l'Assomption-16e*, *le 12 avril 1902*

Monsieur,

Je vous avais très librement donné mon adhésion à votre candidature dans le treizième arrondissement, heureux de soutenir un candidat républicain dans notre circonscription ; et je n'ai, par suite, aucun reproche à vous adresser du fait que mon nom figure sur votre dernière affiche.

Mais depuis que j'ai adhéré à votre Comité, j'ai eu connaissance des délibérations du Conseil municipal de Longjumeau, en date des 15 février et 22 mars 1899, qui modifient du tout au tout mes sentiments à cet égard. Dans ces séances, et grâce à votre action personnelle, il a été décidé que, dans la commune administrée par vous, l'hôpital-hospice serait desservi par un personnel religieux, et non pas par un personnel laïque.

Ce fait est déjà grave, vu l'époque où il s'est produit; car, en février et mars 1899, l'affaire Dreyfus battait son plein, et alors, qui favorisait les ennemis de la République, menaçait l'existence de la République elle-même.

D'autre part, votre acte a été encore aggravé. En effet, en 1900, lorsque vous avez eu à constituer votre liste municipale, vous avez éliminé tous les conseillers républicains qui avaient voté pour un personnel laïque, et vous les avez remplacés par d'autres, partisans d'un personnel congréganiste.

Dans ces conditions, je ne juge plus qu'il me soit possible de participer à aucun degré à votre élection, et je vous prie de vouloir bien, à l'avenir, retirer ma signature de vos affiches.

Veuillez agréer, Monsieur, avec mes regrets, l'expression de ma considération distinguée.

A. NAQUET.

El païs (de Madrid du 8 mai 1902

Una visita á Naquet

(Por telégrafo)
(De nuestro corresponsal)

Lo que dice Naquet.—Consejo de otros políticos

París 7 (5 t.)—Acabo de visitar á Alfredo Naquet, quien me ha dicho que también él ha recibido bajo sobre la acusación contra Lerroux.

Naquet mantiénele á éste su sincera estimación, censurando acerbamente los procedimientos jesuíticos empleados para perjudicar el prestigio de los republicanos españoles cerca de sus colegas los republicanos franceses.

Diversos hombres políticos que he encontrado de visita en casa de Alfredo Naquet han manifestado igual criterio, exhortando la unión de los republicanos españoles para hacer frente á la reacción, que no perdona medio de desacreditarlos en el concepto público.—*Lapuya.*

La libre parole du 9 mai 1902 — 11e année — n° 3671

Guérin fut envoyé au Dépôt.
Grâce à des démarches qui furent faites par le Juif Naquet et un autre député, on le relâcha au bout de vingt-quatre heures. Huit jours plus tard, les mêmes influences aidant, Guérin bénéficia d'une ordonnance de non-lieu. Nouvel effet de cette influence occulte dont j'ai déjà parlé.

Lettre à Gustave Valabrègue sur l'élection de Carpentras (1)

Paris le 13 mai 1902
83 rue de l'Assomption
16e arrt.

Mon cher Gustave

Je suis ennuyé comme toi, et en partie à cause de toi, que —

(1) — La lettre à laquelle celle-ci répond est aux simples varia - t. II - p. 43

N'ai-je été député; mais je ne partage pas les indignations de [illegible] Pelletan, entre autres, [illegible].

Je suis l'ami de Lockroy depuis 24 ans. Nous avons vécu dans l'intimité la plus grande, et rien ne saurait plus séparer entre les souvenirs. C'est pourquoi, malgré les heures qu'il m'a fait subir [illegible] et dont je ne lui en garde aucune rancune parce que je [illegible] tout ce que nous pensions, — et malgré la triste attitude pendant l'affaire Dreyfus, je suis demeuré son ami, ce qui m'a mis dans l'impossibilité de me montrer hostile à Yguane. Mais j'oublie presque [illegible] toute la durée du ministère Dupuy et autres, [illegible], malgré toutes les sollicitations de ma femme, j'ai refusé de voir Lockroy. Et à ce moment-là la passion était trop vive, les événements trop proches, une brouille se serait certainement produite entre nous et je ne le voulais à aucun prix.

Si donc, au lieu d'être un vieil ami intime de Lockroy, j'avais été pour lui une simple connaissance, comme Pelletan et Jaurès, je le détestais politiquement; et en présence d'Yguane son alter ego, [illegible] soi-même, je me serais conduit comme l'ont fait Pelletan et Jaurès.

Jaurès avait, d'ailleurs, un excellent motif pour agir comme il l'a fait.

En 1898, plus correct qu'Yguane qui est venu me demander

des concours sur la candidature sans l'informer d'abord s'il se posait ou non la sienne, — Jaurès me demanda si j'étais candidat, et ne décida sa candidature de Bertrand que quand je lui eus nettement déclaré que je ne l'étais pas.

Bertrand se présenta dans ces conditions. Il fit une admirable campagne dreyfusarde, la seule peut-être qui ait été faite en France à cette époque. Ses amis votèrent cependant contre lui, et lui-même les en a remerciés. Il fallait alors empêcher à tout prix Bérard d'arriver premier, parce que Bérard premier c'était probablement Viviani élu et que le principal était d'assurer l'échec de Viviani.

J'avoue qu'il a dû paraître dur à Bertrand, de voir les Juifs, qui auraient dû conserver le souvenir de son attitude de 1898, lui opposer eux-mêmes un candidat, et faire porter leurs voix sur un homme qui avait sa grande part de solidarité dans la politique assez fâcheuse de [illegible] sous le cabinet Dupuy. Il est donc naturel que Jaurès et Bertrand se soient sentis blessés, que Jaurès ait prononcé à Carpentras le discours que tu sembles ne pas comprendre, et que Bertrand ait été porté à supposer que cela soit exact — avec Viviani qui ne lui avait rien fait, plutôt qu'avec Ignace, qui arrivait de Paris comme un bolide du ciel, pour lui disputer un siège que lui méritait son attitude de 1898.

[illegible] aux sénatoriales, [illegible] les [illegible] de l'époque, moins [illegible] que les autres juifs, il aurait été absolument [illegible] s'il n'avait abandonné son [illegible] d'[illegible].

Au surplus – et c'est aussi l'opinion de [illegible], directeur de [illegible] et de [illegible] [illegible] fait passer quelquefois [illegible], mais il n'était pas appelé au [illegible] suffrage à [illegible] et [illegible] en même temps aux intérêts [illegible].

Les deux qui obtinrent, l'un, l'autre [illegible] de [illegible], formaient un bloc intangible. [illegible] cette tactique était de ne pas diviser le bloc opposé, bien des adversaires alors qu'un [illegible] était dans les rangs. [illegible] [illegible] le triomphe de l'ennemi.

Au fond, ce n'est ni [illegible] ni [illegible] qui ont rendu le succès de [illegible] inévitable; c'est la longue [illegible] candidature d'[illegible].–

Il n'y avait que deux moyens de battre [illegible].

Ou bien, que je fusse candidat moi-même, candidat unique, soutenu par Bertrand avec promesse de succession dans quatre ans; ou bien que tout l'effort radical se portât sur Bertrand.

La première solution était impossible en pratique. J'aurais pu [illegible] à la condition de pouvoir faire la campagne; mais en face des attaques violentes dont j'aurais été l'objet de la part des Isnards, on aurait fallu une vigueur physique qui est hélas pour moi de l'histoire ancienne. Je ne la signale que pour être complet. Bertrand l'aurait probablement acceptée parce que, la succession étant proche, je ne l'évinçais pas. Mais moi j'aurais été physiquement au-dessous de la tâche.

Cette hypothèse écartée, il est vrai que, en possession d'état depuis 1898 comme candidat, Bertrand ne pouvait pas se désister devant un intrus, et qu'appeler Ignace c'était assurer l'élection de Violès.

Avec Bertrand seul, au contraire, tout marchait à merveille; et la majorité de 2000 voix qu'a obtenue le parti républicain, montre qu'on ne risquait pas de faire passer des Isnards.

Quant à ce qui se passera dans 4 ans, il est possible sans doute qu'Ignace recommence à refaire à cette époque ce que j'ai fait en 1893. Mais en 1893 je tenais le drapeau radical contre Guérin et tout était permis pour le battre. Il en serait tout autrement d'Ignace. Luttant contre un radical il ne saurait s'appuyer sur la réaction sans se disqualifier, et à sa place, pour un début de carrière je ne voudrais à aucun prix d'une telle alliance; elle pèserait sur la vie entière.

En résumé je ne saurais en vouloir à Ignace. Il est jeune, ambitieux, on lui a offert une candidature, il a cru réussir et il a marché. Peu lui importait d'ailleurs, ne réus-

[illegible] pas, l'espérer [illegible] succès de [illegible] projet. Ce [illegible] de Bertrand [illegible] lura-[illegible] de [illegible] tant que [illegible] [illegible] dans [illegible] tous [illegible].

[illegible] 1716 [illegible] Bertrand [illegible] de [illegible] dans [illegible].

[illegible] qui partage ton [illegible] Georges [illegible].

[illegible] mon papier [illegible] de tous mon cœur ainsi que toute ta famille.

Alfred Naquet.

Deuxième lettre à Gustave Valabrègue sur l'élection de Carpentras (1)

Paris le 16 mai 1902

73 rue de l'Assomption (16e arrt)

Mon cher Gustave

J'ai lu ta lettre avec d'autant plus d'intérêt qu'hier Isnoce est venu et m'a montré tout son dossier, ce qui fait que je suis à cette heure aussi au courant que toi de ce qui a trait à l'élection de Carpentras.

D'abord, dans ta lettre, tu reviens sur l'accord ancien de [illegible].

(1) Les deux lettres auxquelles celle-ci répond sont aux simples varia – tome IX pages 45-52 –

qui aurait existé entre Viallis et Bertrand. Je t'avais dit dans ma dernière lettre que je le trouvais naturel. Hier Ignace a convenu avec moi qu'il l'était en effet en ce sens que les deux vrais ennemis, c'étaient en somme Bertrand et lui. Si donc la loyauté avait été parfaite de part et d'autre il aurait trouvé tout simple que Bertrand favorisât Viallis à son détriment à lui Ignace. Je puis donc laisser de côté ce point de ton acte d'accusation qui ne porte pas.

Ceci dit, je conviens avec toi qu'on a fait à Ignace une guerre d'Apaches. La loyauté aurait exigé : ou qu'on ne signât pas le pacte, qu'on déclarât à Ignace qu'on ne le considérait pas comme républicain, qu'on se refusât à lier partie avec lui ; ou que, si l'on signait le pacte on en observât les stipulations, c'est-à-dire que l'on s'abstînt d'attaques personnelles.

La loyauté surtout eût voulu que, si l'on ne se conformait pas au pacte et si l'on faisait appel à Pelletan, on rendît du moins publiques toutes les accusations de ce dernier, au lieu de colporter la plus grave de ses lettres dans les cafés sans qu'Ignace fût mis au courant des accusations et pût y répondre.

Nous voilà bien d'accord. Mais ceci concédé, laisse-moi te dire que les appréciations de Pelletan sur l'attitude de Lockroy, et subsidiairement d'Ignace, dans l'affaire Dreyfus sont exactes, & que, affichées, connues de tous, elles auraient fait à ton candidat un mal supérieur à celui qu'elles lui ont fait. Mercier a été un brigand en montrant des pièces écrites fausses. Si les pièces avaient été vraies, il aurait été absolument incorrect mais il n'aurait plus été un scélérat et, en ces pièces — Si l'on écarte certains termes exagérés conformément à la langue électorale — tout vrais. L'incorrection demeure; mais le brigandage disparaît.

Et puis, vous savez bien que tous [illegible] les élections depuis 30 ans. Le traiter de voleur, de vendu, de corrompu, de faussaire est devenu monnaie courante. Les électeurs y sont habitués et ne s'y laissent plus prendre.

Reste l'acte de Lecilletan. Lecilletan a vengé une querelle personnelle. Il a antérieurement à l'élection attaqué Lockroy avec violence. Lockroy le lui a rendu. Je ne serais pas étonné qu'ils eussent raison tous deux, que Lockroy eût caché les [illegible] et que Lecilletan eût essayé de gagner de l'argent [illegible] la veille du scrutin.

Bertrand, lui, a profité de cette intervention provoquée par Vivien, comme certainement vous l'auriez fait à sa place si elle se fut produite à son détriment au lieu de se produire au vôtre.

Vous n'étiez en somme pas plus corrects lorsque, causant avec des maires qui vous déclaraient ne pas devoir se rallier à Bertrand s'il arrivait le premier, vous les laissiez dire avec complaisance. C'était aussi une violation de pacte.

Voilà donc à quoi se réduit le débat. Moi, je regrette —

l'insuccès d'Ygnace à cause de mes intérêts propres. Ygnace élu, j'aurais pu, un siège devenant vacant, devenir sénateur. Viabi élu, — et demain Michel — c'est ma chute. Mais cela ne m'aveugle pas et je continue à penser qu'avec Bertrand seul vous auriez triomphé, et que tu as commis une faute.

Je ne parlerai pas de ta lettre à Bertrand. Ne montre pas les miennes à Ygnace. Entre nous nous pouvons nous dire notre sentiment, mais il faut le garder pour nous.

Je t'embrasse.

A. Naquet

P. S. — Je n'ai pas grand chose à ajouter à cette lettre terminée lorsque ta lettre du 15 m'arrive.

Sur la lettre secrète je t'ai dit mon opinion.

Le fait de dénier à Ygnace le titre de Républicain est excessif mais chose courante en matière d'élection. En 1875, à Apt et à Pertuis les partisans de Delord me présentaient comme Bonapartiste, et je dus me faire donner un certificat de Républicanisme par Victor Hugo pour combattre cette calomnie. — De plus, Polain, préludant à ce que tu appelles la pièce secrète, fit répandre le samedi soir veille de l'élection, dans toutes les chambrées de l'arrondissement, une lettre manifeste violente contre moi, à laquelle je ne pouvais pas répondre sinon dans la commune où je me trouvais ce soir là (1 sur 50). Je vois que rien n'est nouveau sous le soleil, et je n'ai pas crié alors au brigandage.

Ce qui m'étonne, le dimanche, c'est tous les partis n'étaient pas unanimes. L'avocat de Jouvenat m'abordait en me disant : « Eh bien ! C'est donc vrai que vous ne voulez plus vous présenter ? » Je répondis : « Non ! » et on parla d'autre chose. Ce n'est pas de la sorte que l'on fait une démarche sérieuse.

Quant à Yguace et à Rochroy, ils ne m'ont même pas posé la question, et pour cause : lui ne m'a exposé les vues d'Yguace était déjà venu me voir et tout était engagé. J'ai pu le croire un brin d'incommodité mais non un lâcheté.

Enfin je persiste à ne pas croire que les amis de Yeux ou d'Yguace se fussent résolus à voter pour Bertrand arrivé premier.

J'ai été extrêmement surpris par cette défection de ... mais bien plus, d'inquiéter leurs républicains, qui n'ont pu se joindre les auteurs de toutes les manœuvres dont il se plaint.

Reste l'affaire Dreyfus. En présence d'un candidat qui a accepté la responsabilité de la loi de dessaisissement il vaut mieux n'en pas parler.

On dit que c'est moi qui ai introduit Rochroy dans l'arène. C'est exact mais avant l'affaire Dreyfus je n'en reste pas moins vrai que, aux yeux des électeurs, Yguace c'était un peu moi. Et c'est là ce qui fait que, malgré mes opinions opposées, par la candidature d'Yguace lui m'a valu une veste indirecte. Bien de tel ne me serait arrivé avec certitude même s'il avait échoué. Je permets donc [illegible] dans le développement de laquelle l'influence de [illegible] n'est pour rien.

Troisième lettre à Gustave Valabrègue sur l'élection de Carpentras (1)

Paris le 21 mai 1902

83 rue de l'Assomption (16e arrt)

Mon cher Gustave

Je ne te contrarierai pas sur la nature de la démarche qui a été faite auprès de moi lorsque Jouvent, Décori et toi êtes venus à Paris. Il est fort possible que les termes en aient été ceux que tu me rappelles. Mais, en général, quand on fait une démarche de ce genre on y met quelque insistance, et tu conviendras qu'on n'y en a mis aucune.

Je sais bien que toi tu n'aurais pas mieux demandé que de me voir candidat, que tu as fait ce que tu as pu pour me faire venir à Carpentras, et que c'est sur mon refus obstiné que tu as songé à Yquare. Aussi ne s'agit-il pas de toi dans tout ce que je t'ai écrit, ni même de Décori et de Jouvent qui ne sont pas des amis assez intimes pour que je me blesse de leur manque d'insistance. La seule chose dont j'aie été blessé c'est que Lockroy et Yquare soient venus m'informer de la candidature de ce dernier sans me demander quelles étaient mes intentions, et en me considérant comme une quantité négligeable. Je n'ai [illegible]

---

(1) La lettre à laquelle cette lettre répond est aux simples Varia t. IX p. 61

J'ajoutai que je ne voulais pas me présenter par un motif bien simple. Sachant bien que je ne rallierais jamais mes ennemis irréconciliables, je considérais qu'il m'était impossible de devenir l'élu de la Concentration républicaine si, en dehors de Vialis, il y avait deux candidats républicains; et je ne jugeais pouvoir demander moi-même à Bertrand de retirer sa candidature.

D'autre part je ne voulais à aucun prix recommencer l'opération de 1893. A cette époque je pensais qu'il était possible de désorganiser l'armée cléricale en laissant momentanément dormir la question religieuse, et en séparant, au moyen des réformes sociales, les soldats des officiers. Je crois encore que si des événements exceptionnels ne s'étaient pas produits, et si le parti radical avait adopté cette politique, elle aurait pu porter d'excellents fruits.

Mais depuis 1593 il y a eu l'affaire qui a créé une situation entièrement nouvelle pour quiconque n'est pas un simple arriviste.

D'ailleurs en fût-il autrement que le Boulangisme m'a appris quelle faute on commet en se séparant de son parti, même lorsqu'on a raison contre lui. En 1885 j'estime que j'avais raison contre Clémenceau; mais Clémenceau avait avec lui le gros du parti. On ne le suivait pas

nous avons simplement réussi à déclencher, prisonniers de la réaction ; nous avons semé la graine de nationalisme, et quoique la raison fût de notre côté, en pratique nous avons eu tort. C'était excusable alors. Recommencer cela aujourd'hui, après avoir reçu la leçon de cette première et désastreuse expérience, ce serait criminel et jamais je ne l'aurais fait. J'ai même mis en garde Zaghloul contre une pareille faute qui jetterait sur toute sa vie politique, même lorsqu'on est comme lui un arriviste, on n'a pas le droit de commettre des folies pareilles qui empêchent d'arriver.

Si tu ajoutes à toutes ces raisons que je n'aurais pas la force de faire une campagne tu reconnaîtras que je ne regrette pas une dictature de tous points impossible. Mais cela ne m'empêche pas d'avoir remarqué chez de vieux amis un manque d'égards que je n'ai pas rencontré au même degré chez Bertrand que je n'avais vu qu'une seule fois dans ma vie.

Hier j'ai reçu la visite de Georges et de son fils que je dois conduire dimanche chez Jaurès. Nous avons parlé de l'élection de Carpentras et Georges est entièrement de mon avis. Il me rappelait qu'Ignace avait toujours été l'ennemi — comme son chef de file — du Ministère Waldeck ; et que le fait que les nationalistes n'avaient opposé à Lockroy qu'un candidat antijuif sans importance — qu'un ami de Jules Guérin aujourd'hui brouillé avec tout le clan de la Libre Parole — était trop significatif pour n'avoir pas impressionné les électeurs de Carpentras. Il estime comme moi — et comme moi, dont certes il n'a pas subi l'influence et dont il ignore la manière de voir — que tu as commis par la candidature d'Ignace une faute politique.

Maintenant que l'arr^ent soit antidreyfusard, c'est hélas fort possible. C'est pour cela qu'il importait de ne lui donner que des candidats nettement dreyfusards, au risque d'un échec pour faire son éducation, un échec étant préférable à une compromission.

Quant à Vialis, s'il est antidreyfusard ce n'est pas notre affaire : c'était l'ennemi. Pelletan l'ignorait sans doute, Vialis était sans notoriété. L'eût-il su que cela m'importerait peu, il pouvait penser qu'un antidreyfusard vieux et obscur n'était moins qu'ignoré. Et d'ailleurs je n'entends pas défendre Camille qui n'a fait probablement que venger une querelle personnelle sans intérêt pour moi.

Sur ce mon cher Gustave je te serre bien cordialement la main.

A. Naquet

Revue de la morale sociale (de Genève) – mai 1902 – n° 13 – IVe volume

[illegible] avant

. . . .

M. A. Naquet –

Je vous remercie de ne pas avoir oublié mes anciennes luttes pour la liberté individuelle. Et de vous être souvenu du Solitaire de Lutèce.

Mais je ne saurais vous envoyer un article sur la question de la prostitution légale et de la réglementation du mariage, et cela par une raison bien simple. Je n'aime pas beaucoup les répétitions ; et je ne pourrais que répéter ici — probablement moins bien — ce qu'a dit M. Edouard de Morsier dans son admirable article. Cet article, je le contresigne sans restriction ; je n'ai ni un mot à y ajouter ; ni un mot à en retrancher. Je le fais mien et j'en adopte complètement l'argumentation et les conclusions.

Tout ce que je pourrais dire qui ne se trouve pas dans le travail de M. de Morsier, encore n'est-ce pas une addition, car si la chose n'y est pas textuellement, elle n'en est pas moins très-finement insinuée dans le troisième paragraphe de la page 457, c'est que la réglementation du mariage telle qu'on la propose aurait un avantage à mes yeux, elle détruirait bien vite cette vieille institution, vermoulue sous les apparences sacro-saintes — qu'est le mariage moderne ; et à cette forme de la prostitution qu'il constitue et que les philistins acceptent comme le summum de la morale, elle ne tarderait pas à substituer l'union libre cimentée par l'amour qui, en matière d'union des sexes, est, au contraire, le dernier mot de la moralité humaine.

Je suis un socialiste convaincu, j'admets l'intervention de la société dans les actes de la vie individuelle, mais cette intervention doit avoir pour but de libérer l'individu et non de l'opprimer.

Chaque fois que les hommes ont socialisé une fonction jusque-là confiée à l'action de l'individualisme, ça a toujours été au profit de la liberté, & pour affranchir l'individu d'une servitude. C'est parce que j'attends un affranchissement nouveau de la socialisation de la production que je me suis rallié à l'école Collectiviste.

Mais dans la matière qui vous tient si justement au cœur, l'intervention de l'État est inutile, vexatoire, attentatoire à la liberté et à la dignité de la femme. Elle viole de plus le grand principe de l'égalité en plaçant les deux sexes sur un pied différent. La police des mœurs est donc une infamie sans compensation utilitaire; la réglementation sociale du mariage une sottise, et quiconque s'élève avec énergie contre ces vestiges de la barbarie attardés parmi nous, mérite bien de l'humanité.

Voilà, Monsieur, ma pensée en quelques lignes.

Je vous remercie encore de m'avoir, en me la demandant, fourni l'occasion de l'affirmer, et je vous prie d'agréer l'assurance de mes sentiments de profonde sympathie.

Le même n° de la revue renfermait en outre les réponses de M. Jean Ricard, de M. Henri Chantavoine rédacteur au Journal des Débats, de [illegible], de M. Yves Guyot, de M. le professeur A. Hertzen, de M. Léopold Lacour, de Mme Maria Martin directrice du Journal des femmes, de M. Lucien Victor-Meunier du Rappel, de M. le docteur Jean Moreau, de M. le docteur Max Nordau et de Mme

Maria Pognon, présidente de la ligue du droit des femmes. —

La petite République du 27 juin 1902 (27ème année – n° 9569) (1)

LES DEUX COURAGES

Dans un article de la *Libre Parole*, qui me parvient avec un léger retard à cause de mon éloignement de Paris, M. Daudet me prend à partie à l'occasion de mon dernier livre, l'*Humanité et la patrie*.

L'article n'est certes pas bienveillant. Je suis le « gnome du divorce », « je m'accroupis sur la légende française », « je saisis la guitare humanitaire et j'en tire ces vieux refrains avec lesquels la *race tronquée* tenta toujours, mais en vain, d'engourdir les races où elle avait élu domicile ».

Je n'en suis pas moins reconnaissant à M. Daudet de m'avoir appelé à la barre de l'opinion. Peut-être eût-il été plus correct de me discuter que de m'insulter; mais l'insulte elle-même prouve que l'argument a touché. On n'insulte pas l'adversaire sans portée; on le dédaigne.

Aussi pardonné-je au collaborateur de Drumont la forme blessante qu'il a voulu donner à son article sans y parvenir, et sans atteindre autre chose que sa réputation d'homme d'esprit et sa renommée littéraire. Ce pardon est d'autant plus sincère qu'il m'a fait un honneur insigne en accolant mon nom à celui de Jaurès.

Jaurès est à ses yeux « un effronté », « parce qu'il arrive à traiter Jeanne d'Arc de cabotine », et parce qu'il place le courage militaire au-dessous du courage civique.

Pour M. Daudet, s'exposer à la mort — et ce qui est pire à de longues souffrances — froidement, simplement, comme le docteur Garnault, et tant d'autres ignorés, en vue d'élargir le cercle de la vie sur la terre, c'est beau sans doute : l'auteur des *Morticoles* veut bien en convenir. Mais à ce courage-là, il préfère celui du champ de bataille, celui de l'homme qui tue.

Cette opinion est celle de tous les fantoches du nationalisme, et il est bon de la mettre en lumière. Pour fétichistes que soient encore les foules à l'endroit des guerriers, un tel parallèle ne saurait être inutile.

Ce n'est certes pas que nul de nous fasse fi du courage militaire; mais tout dépend de l'objet auquel il s'applique. Que Hoche ou Marceau se jettent dans la mêlée pour défendre, avec le sol envahi, la Révolution naissante qui porte en elle l'avenir du genre humain, ils sont dignes de tous les enthousiasmes qu'ils suscitent.

Mais l'admiration est ici subordonnée à la cause défendue. J'admire Dewet, Delarey, Botha ; je me sens incapable d'admirer, quels qu'aient été leur courage et leur endurance, lord Methuen, lord Roberts ou lord Kitchener.

En soi, le courage militaire se rapproche de celui des assassins. Il ne peut être relevé que par la grandeur de l'idée qui la détermine. La cause seule grandit le soldat, tandis que le courage civique est toujours grand, quel qu'en soit le mobile, ou plus exactement, parce que le mobile en est toujours pur.

Telle n'est pas l'opinion qu'on professe à la *Libre Parole*. Le soldat qu'on y admire n'est pas celui qui fait

(1) L'article auquel répond celui-ci a paru, sous le même titre et se trouve classé aux Varias – t. IX – p. 81

tomber les barrières entre les peuples; ce n'est pas Hoche ou Marceau; ce n'est pas Kosciuszko, Kossuth ou Garibaldi. Ce sont les généraux qui dévastent le Palatinat ou qui pillent la Chine; les hommes qui creusent chaque jour plus profondément le fossé entre les races et les croyances; ceux qui font de la patrie, non ce qu'elle doit être : un organe de l'humanité coopérant dans la fraternité et l'amour avec les autres patries, mais un élément de discorde, d'oppression, de haine et de meurtre.

Ceux-là, pour courageux soient-ils, nous ne les admirons pas plus qu'un Apache de Belleville, pas plus qu'un Manda ou un Lecca. Ils représentent un stade primitif de notre espèce, perpétué parmi nous par atavisme, mais avec lequel il importe de rompre, parce qu'il constitue le principal obstacle à l'évolution humaine.

Je sais qu'en écrivant ces lignes je ne convaincrai pas M. Daudet. S'il était capable de nous comprendre, il n'écrirait pas à la *Libre Parole*.

Mais c'est déjà quelque chose que de compter avec l'adversaire, même lorsqu'on n'y est porté que par la haine et par le désir de l'outrager. On fait surgir dans les esprits le désir de le connaître, et le triomphe de la vérité en est la conséquence nécessaire, à cause de la puissance de pénétration qui lui est propre.

L'antisémite Daudet a voulu faire œuvre de réaction; et malgré lui, sans qu'il s'en doute, en attirant l'attention sur les admirables pensées de Jaurès et sur mon modeste livre, il a fait œuvre de progrès. C'est ce dont je lui sais gré.

Un dernier mot. Le juif a bon dos, et il est conforme aux pratiques de la *Libre Parole* d'imputer à « la race tronquée » tout ce qui déplait.

Je crois que les sémites n'ont pas

joué et ne jouent pas le grand rôle qu'on leur attribue. Mais si par hasard Drumont et ses séides disaient vrai, je serais deux fois fier d'être né juif. Je l'étais déjà, parce qu'une race est grande qui, pendant des siècles, a courageusement souffert l'oppression. Mais je le serais plus encore, s'il m'était démontré que les humiliations et les persécutions subies par elle aient été fécondes, qu'elles aient préparé la paix universelle, et qu'elles aient ainsi servi à l'élaboration du sublime avenir social que nos fils connaîtront ; car alors, il serait vrai de dire qu'elle a porté dans ses flancs le Messie.

De grâce, que M. Drumont et M. Daudet achèvent leur démonstration ! Ils ne sauraient mieux mériter ma reconnaissance.

ALFRED NAQUET.

La petite République du 5 juillet 1902 – 27e année – n° 9577 (1) –

LES ÉMASCULÉS

Mon dernier article a excité la verve de M. Léon Daudet et nous a valu une de ces longues élucubrations dont la *Libre Parole* est coutumière.

M. Léon Daudet, en bon nationaliste, a commencé par chanter l'indispensable couplet en l'honneur de la guerre qui « fait parler la bravoure et crier l'héroïsme » ; « qui fortifie la conscience de la race, l'illumine et la resserre » qui est un tableau violent et ramassé de toutes les caractéristiques nationales » ; « qui est pour les peuples ce que la passion est pour les individus, une exaltation de la vie et du type ». C'est avec plus d'emphase la réédition des paroles prononcées à Vannes par le général Geslin de Bourgogne, et la reproduction des pensées émises par M. de Moltke qui, le premier, a eu le courage de les formuler en principes.

Car s'il est un fait remarquable, c'est l'entraînement moutonnier de nos soi-disant patriotes à copier nos vainqueurs de 1870.

Le pasteur Stœcker, en Allemagne, invente l'antisémitisme, pour débarrasser Bismarck d'un rude adversaire qu'il avait au Reichstag. Vite, M. Drumond l'imite et crée l'antisémitisme en France.

Le chef du grand état-major allemand de 1870 proclame la guerre sainte ; et aussitôt font chorus les généraux capitulards de l'empire, les Geslin de Bourgogne et les émasculés de la littérature contemporaine.

C'est bien le moins « lorsqu'on n'a plus de cœur devant les grandes tâches », qu'on se donne l'illusion de la force et de la virilité en chantant en chambre

---

(1) – L'article auquel celui-ci répond, et qui a pour titre : « La peur de la Guerre » est inséré aux Varias – t. IX – p. 84. –

la beauté des grandes tueries internationales.

Il est juste, néanmoins, de reconnaître que M. Léon Daudet ne s'en tient pas là.

Il a découvert d'abord que les juifs ne parlent plus leur langue primitive, l'hébreu, ce qui n'était peut-être pas d'une difficulté extrême. Puis, avec le génie littéraire qui le caractérise, il a cru constater qu'ils ne sont point parvenus à s'assimiler la langue des pays qu'ils habitent, — il paraît qu'Henri Heine ne savait pas l'allemand ! — et que dès lors ils ont dû créer à leur usage une langue universelle : cette langue serait... « l'argent ». Je n'exagère rien. Lisez plutôt :

Quand le juif parle l'allemand, l'anglais ou le français, il parle un langage emprunté, puisque sa langue est la langue hébraïque dont l'usage s'est réfugié dans le sanctuaire. Il éprouve donc un terrible malaise, et son véritable langage est devenu l'*argent*.

. . . .

L'argent n'est donc plus pour le juif une façon de représenter la richesse. Il est encore un glossaire, une sorte de lexique international, quelque chose comme un volapük auquel son cerveau s'est spécialement adapté.

L'idée n'est peut-être pas absolument neuve de comparer l'argent à un langage, et je me rappelle avoir bien souvent entendu répéter par les commères, dans ma tendre enfance, qu'avec de l'or on se fait comprendre partout.

Mais ce qui n'est pas banal, c'est d'appliquer cette conception aux seuls juifs. On pourrait en effet objecter à la *Libre Parole* que les Astorg, les Pullmann, les Vanderbilt, les Pierpont Morgan, les Rockfeller parlent supérieurement ce nouveau volapük, de l'autre côté de l'Atlantique, sans avoir eu besoin pour cela de subir la circoncision.

La *Libre Parole* me répondrait toutefois qu'ils sont protestants, et j'aurais la bouche close.

Les charlatans de la patrie, qui prétendent respecter les convictions religieuses du juif et ne s'en prendre qu'à sa race, ne manquent pas en effet de lui adjoindre en toutes circonstances le protestant, ce qui prouve leur peu de sincérité, puisqu'au point de vue ethnique les protestants ne se distinguent d'eux à aucun degré.

Ecoutez encore à cet égard M. Daudet :

Ceci vous explique la mise à l'étude immédiate de la loi de deux ans. Et vous remarquerez, à ce sujet, le parallélisme du discours de Rouvier sur le besoin d'argent, et du discours de Freycinet sur le besoin de soldats. Car il nous montre, grandie, *au tableau*, la double préoccupation sémitique et PROTESTANTE, l'acheminement vers les milices, vers le désarmement, et le renoncement à notre légende, à nos droits traditionnels, à l'avenir en un mot.

Attrape, Freycinet ! Ce n'était pas la peine de faire la loi de dessaisissement pour récolter ces aménités-là !

Je n'opposerai donc plus aux antisémites la haute banque américaine ou anglaise. Je me permettrai seulement de leur faire remarquer que les protestants et les juifs ne sont pas les seuls à s'être assimilé le langage de l'or : d'excellents chrétiens, des antisémites zélés, des patriotes à tous crins, des cléricaux passionnés le comprennent et le parlent avec un rare bonheur d'expression.

Le fait d'avoir été le *gnome du divorce* m'a valu force confidences d'un puissant intérêt. J'ai connu notamment le cas d'un clérical patriote antisémite, que ne désavouerait pas la *Libre Parole* si je lui en citais le nom, et dont l'exemple est à ce point particulièrement suggestif. Chrétien, il s'était allié à la fille d'un libre penseur, s'était résigné à un mariage purement civil, et avait consenti à ce que ses enfants ne fussent pas baptisés. La jeune fille qu'il épousait possédait d'ailleurs plusieurs millions, et la suite de l'aventure prouva que l'amour avait été étranger au mariage. L'époux, en effet, se vengea plus tard de son humiliation par une conduite dans le ménage dont un divorce prononcé contre lui fut la conséquence.

Ce cas n'est du reste pas unique, et si je m'y appesantis de préférence dans un article où il ne me convient pas de citer des noms,— le secret de la confession, quoi! — c'est que j'ai quelques raisons de croire que M. Léon Daudet en reconnaîtra le héros.

Mais à quoi bon réfuter M. Drumond et ses acolytes? Leur logomachie nous fait trop de bien. Ils n'ont qu'à répéter sans cesse que nous sommes les représentants de la paix, et eux les représentants de la guerre. Les électeurs se chargeront de tirer la conclusion.

Au début, l'antisémitisme avait été une œuvre de génie. Malheureusement pour eux, les jésuites, qui l'avaient empruntée à nos voisins, se sont cru trop tôt vainqueurs et se sont trop hâtés de lever le masque. Aujourd'hui, la bulle de savon a crevé, la poudre a fait long feu; et les socialistes peuvent contempler avec sérénité la rage d'adversaires hier encore redoutables, mais désormais impuissants, et déjà vaincus. La France peut, sans s'inquiéter d'eux, préparer l'avenir, en prenant dans la majesté de son évolution démocratique la revanche morale qu'aucune revanche matérielle n'égalerait en grandeur.

ALFRED NAQUET

La petite République du 9 juillet 1902 (27e année - n° 9581)

ULTIMA VERBA (1)

Je ne voudrais pas abuser de l'hospitalité de la *Petite République* et de la bienveillance de ses lecteurs en prolongeant un débat devenu personnel à cette heure. Je suis cependant obligé de répondre encore un mot, qui, quoi qu'il advienne, sera le dernier.

M. Daudet, que je n'avais pas cité, mais qui s'est reconnu dans mon dernier article, dénonce l'ignominie du procédé.

Il aurait raison si j'avais commencé.

Je ne l'ai pas fait.

Je me suis assis autrefois à sa table ; et quelque mince que fût devenue depuis lors ma sympathie pour lui, ce souvenir aurait suffi à m'empêcher de l'attaquer individuellement.

Mais alors que je ne m'occupais pas de lui, que je l'ignorais, que je voulais oublier jusqu'à son existence, voilà que l'Argus de la Presse m'apporte une élucubration sortie de sa plume. Sans aucune raison, sans aucune provocation de ma part, il m'outrage dans ma personne, parlant de mes *doigts crochus*, et allant, en m'appelant le *gnome du divorce*, jusqu'à faire allusion à une difformité physique dont la plus élémentaire délicatesse lui interdisait de parler.

A cette sortie discourtoise j'ai riposté courtoisement.

Vite ! M. Daudet reprend sa plume et me consacre un nouvel article injurieux autant que grotesque, dirigé non plus exclusivement contre moi, mais contre toute la famille humaine à laquelle je me fais gloire d'appartenir.

A ces grossièretés que rien ne justifiait, j'ai répondu. Voilà ce que l'auteur de l'*Astre noir* considère comme un procédé ignoble.

Je fais les honnêtes gens de tous les partis juges de la question ; et en ce qui me concerne tout au moins, je clos cette polémique pour n'y plus revenir, quoi que M. Daudet puisse écrire. J'ai mieux à faire qu'à continuer ce colloque.

Alfred Naquet.

---

1) — L'entrefilet auquel cet entrefilet répond se trouve aux simples « varia » sous le titre « un mot à M. Naquet » - t. IX - p. 78 —

L'Enseignement Mathématique de Laisant & Fehr
Extrait du n° du 15 mai 1902 – 4e année – n° 3

A. NAQUET
RÉPONSE A Mme CLÉMENCE ROYER*

RÉPONSE DE M. A. NAQUET

A MADAME CLÉMENCE ROYER

Selon Mme Royer, [1] la chaleur résulte des vibrations qui s'accomplissent aux surfaces contiguës des atomes.

Si l'on se place par hypothèse dans l'infini, il est certain que la somme totale de ces vibrations ne pourra être diminuée, puisque la somme de l'énergie est constante et que rien ne peut sortir de l'infini, l'infini n'ayant pas de bornes. C'est à ce titre qu'il est permis de dire de l'univers qu'il ne peut pas se refroidir.

Mais dès qu'on considère une masse matérielle limitée, telle qu'un soleil ou une étoile, les choses changent. Une telle masse peut rayonner sa chaleur dans l'espace et ne pas recevoir de ce dernier une somme d'énergie égale à celle qu'elle émet. Il semble bien que dans ce cas l'amplitude des vibrations intératomiques doit diminuer, que la masse sidérale doit se refroidir. Ce refroidissement pourra être fort lent si la masse est très volumineuse ; mais lent ou rapide, il n'en existera pas moins.

Et ceci me paraît indépendant des suppositions que l'on peut faire sur la nature propre du calorique. On dit en droit : « Donner et retenir ne vaut ». Ce principe me paraît applicable en science ; et si Mme Royer était dans le vrai les astres suffisamment volumineux donneraient et retiendraient en même temps..., à moins que l'on n'admette la création de l'énergie *ex nihilo*, création contre

(1) Lorsque j'ai écrit cet article en réponse à Mme Royer, j'étais loin de me douter que cette belle intelligence s'éteindrait avant qu'il eût paru. Aussi ai-je hésité à le laisser paraître étant donné qu'elle ne pouvait plus y répondre. J'ai cependant fait taire mes hésitations, la vérité étant supérieure à toute considération de personne. C'est d'ailleurs rendre un hommage dernier et mérité à l'auteur de « la constitution du monde » que de discuter encore ses vastes conceptions alors qu'elle n'est plus. C'est là surtout ce qui a déterminé ma décision

laquelle Mme Royer proteste autant que nous! — Aussi, quelques savantes que puissent être ses déductions relativement à l'état statique et dynamique des forces, elle n'arrive pas à me convaincre. Quand bien même les forces balancées produiraient de l'énergie libre — ce que d'ailleurs mon esprit se refuse à concevoir — ces forces balancées n'étant pas infinies devraient finir par s'épuiser si elles se dépensaient éternellement sans se renouveler jamais du dehors.

Le phénomène astronomique, souvent observé, qui consiste dans l'apparition soudaine d'étoiles de première grandeur qui s'éteignent rapidement, semble d'ailleurs prouver contre la théorie de Mme Royer.

D'après Graham, les atomes des corps simples représenteraient les plus petites portions de matière que nous puissions obtenir par les forces dont nous disposons ; mais ne représenteraient pas la limite de la divisibilité des corps. Ils seraient eux-mêmes composés de particules plus petites toutes identiques entre elles, auxquelles le savant anglais avait donné le nom d'*ultimates*, et qui permettraient de concevoir l'unité de la matière. Si nous disposions de moyens suffisants, nous pourrions, d'après cette vue, diviser les atomes, mettre en liberté les ultimates, et transmuter les uns dans les autres nos prétendus corps simples. Les atomes deviendraient ainsi des molécules d'un premier degré.

Or, une règle veut que jamais une molécule ne se forme dans les conditions où, si elle était formée, elle se détruirait. Mettez de l'oxygène et de l'hydrogène ensemble à une température suffisante pour dissocier intégralement l'eau en ses éléments, et pas une particule d'eau ne se produira.

Si les atomes sont des molécules formées par des combinaisons d'ultimates, ces atomes, qui constituent nos corps simples actuels, ne se produiront que lorsque les conditions du milieu seront de nature à en assurer la stabilité. Il arrivera, par suite, dans un astre en voie de refroidissement, que, selon leur plus ou moins de stabilité, les différents corps simples se formeront les uns après les autres. Il semble bien qu'en effet les choses se passent ainsi. Notre soleil observé au spectroscope accuse la présence en lui des principaux éléments terrestres et notamment de l'hydrogène : mais la raie de l'oxygène n'y apparaît pas.

Et cependant si la terre est un morceau détaché du soleil, il est inadmissible qu'un élément si abondant sur notre globe, soit absent dans l'astre central.

Avec l'hypothèse de Graham tout s'explique. Au début, sur le soleil, la température a pu atteindre de telles proportions que la matière y fût entièrement réduite à l'état d'ultimates. Puis à mesure que l'astre s'est refroidi, et dans l'ordre de leurs stabilités respectives, les différents corps simples se sont formés. Il suffit de supposer à l'oxygène une stabilité minima pour expliquer son absence actuelle sur le soleil.

Transportons-nous maintenant sur une étoile lointaine beaucoup plus vieille.

Le refroidissement a été tel que l'astre s'est obscurci au point de nous devenir invisible. Mais à un degré donné de refroidissement, l'oxygène devenu stable s'y est formé, puis, le refroidissement se continuant, l'eau est devenue stable à son tour, et alors l'hydrogène prenant feu l'astre s'est embrasé. De là l'éclat nouveau, mais éphémère, qui l'a fait apparaître à nos yeux comme une étoile de première grandeur promptement éteinte.

Cette explication, récemment donnée par M. Janssen de l'Institut, est rigoureusement conforme aux principes des sciences physiques et chimiques, et ouvre des jours nouveaux sur ce qu'on me permettra d'appeler la vie sidérale et la constitution de la matière. Admettez l'hypothèse de Mme Royer sur la permanence éternelle de la chaleur dans les masses sidérales, le phénomène astronomique des étoiles éphémères ne s'explique plus, et l'absence de l'oxygène sur le soleil pas davantage. Nos hypothèses ne pouvant être considérées comme des vérités métaphysiques, mais comme des images capables d'exprimer des rapports exacts et d'en exprimer le plus grand nombre possible, ceci, en dehors du raisonnement que j'ai donné plus haut, suffirait à me faire repousser la théorie de Mme Royer et à me faire persister dans la théorie mécanique.

Alfred Naquet.

La Revue du Socialisme rationnel de Frédéric Borde

numéro d'octobre 1902 – page 101

Lacouche, par Trets (Bouches-du-Rhône), le 17 septembre 1902.

Mon cher Monsieur,

Je ne suis plus ni sénateur ni même député, quoique je le sois demeuré pendant deux législatures après ma sortie du Sénat. Depuis les élections de 1898, je suis rentré dans la vie privée, m'occupant de socialisme théorique, écrivant des livres, des brochures, des articles; mais désormais étranger à l'action à cause de ma santé qui m'en fait une loi.

J'ai reçu les brochures que vous m'avez envoyées, dont l'une renferme un article de M. Agathon De Potter que je connaissais déjà. Je les ai lus et, pour celui de M. De Potter, relu. Mais je ne puis que vous répéter ce que j'ai dit à mon ami, M. Magne, qu'il m'est impossible d'adhérer à votre ligue.

Je ne le puis pas parce que ce serait me faire rentrer dans l'action et que, ayant refusé à diverses reprises de le faire, je tiens à ne pas me départir de la règle que je me suis imposée.

Et puis, je n'estime pas qu'il y ait lieu de distinguer la terre de l'usine. La terre n'est qu'un apport. Elle a été créée par l'homme; elle est créée à nouveau par lui chaque jour; et s'il ne la labourait pas, ne l'engraissait pas sans cesse elle ne tarderait pas à redevenir stérile. Comme d'ailleurs ici la plus-value appropriable ne peut se détacher du fond, l'appropriation de la terre se justifie aussi bien que celle de l'usine, laquelle, si l'on cherche bien, apparaîtra comme fondée sur une base également fournie gratuitement par la nature : le charbon, l'animal de trait, la chute d'eau.

Si donc je désire la socialisation du sol, c'est parce que je désire la socialisation de tous les capitaux producteurs, et je crois que celle-ci devra commencer non par la terre mais par l'usine. La terre est morcelée, l'usine se concentre, et comme la concentration est le prélude nécessaire de la socialisation, la voie est tout indiquée.

Les socialistes l'ont si bien compris qu'ils ont fait un programme édulcoré pour les campagnes, affirmant la nationalisation de l'usine et remettant au moment où les paysans le désireront, celle de la terre, de la terre possédée par des travailleurs tout au moins. Ils ont senti que s'ils agissaient autrement, ils s'aliéneraient les masses rurales, et retarderaient ainsi le mouvement.

Votre ligue me paraît donc s'appuyer sur une distinction erronée en séparant deux formes de capital que, en fait, rien ne sépare ; et elle me paraît dangereuse à cause des effets qu'elle peut avoir sur les paysans. Je préfère poursuivre la réalisation du collectivisme avec le parti socialiste par l'usine, d'autant qu'il est mauvais de diviser l'effort.

J'aurais pu refuser d'être au nombre de vos adhérents, ainsi que j'ai eu l'honneur de l'écrire à M. Magne, si même j'avais été encore dans la vie active. J'ai donc deux raisons au lieu d'une, vous le voyez, pour motiver ma décision.

Mais je me souviens très bien de la visite que vous avez bien voulu me faire jadis au 44 de la rue de Moscou et je vous sais gré de vous être souvenu vous-même du vieux militant qui, lors de votre visite, était dans la plénitude de l'action.

Ne prenez donc pas mon refus pour une désapprobation. Tous les moyens sont bons pour désagréger la vieille société et hâter la venue de la société future, et quoique vous choisissiez une voie qui n'est pas absolument la mienne, je ne puis que faire des vœux pour votre succès puisque, au fond, notre but est commun.

Veuillez, mon cher Monsieur, agréer l'expression de mes sentiments fraternels.

A. Naquet

Si je n'avais été retenu par la maladie dans les Bouches du Rhône, je serais accouru dès la première heure. Rétabli & de retour à Paris, je viens, comme en pèlerinage, dès mon arrivée, apporter à la veuve du Grand écrivain et de l'homme de bien qu'elle vient de perdre l'expression de mes sentiments de condoléance. Je ressens la douleur de cette

Perte comme penseur, comme homme, comme français, comme républicain & comme

L'Éclair du 22 octobre 1907 – 15me année – n° 5078 –

LE DIVORCE

LA CAMPAGNE DES FRÈRES MARGUERITTE POUR LA RÉFORME DE LA LOI

CONVERSATIONS AVEC LES FRÈRES MARGUERITTE ET AVEC M. ALFRED NAQUET

Le divorce par consentement mutuel et par la volonté d'un seul. — Une pétition à la Chambre des députés. — Les arguments des frères Margueritte en faveur de leur pétition. — Chez le père du divorce. — La campagne des frères Margueritte approuvée par M. Alfred Naquet. — Retour au projet de loi primitif de M. Alfred Naquet

Le divorce n'est entré dans la loi que de haute lutte et sans franchise. Il a rencontré dans les principes les plus respectables, bases de l'ancienne famille française, des difficultés qu'il n'a pu vaincre qu'en les tournant. Il en résulte que, dans son application, le divorce se heurte à certains obstacles qui suscitent en ce moment une énergique campagne. Elle est menée par deux écrivains de grand talent, qui se sont conquis une place brillante dans la littérature romanesque et qui aspirent à mieux que charmer par l'intrigue élégamment nouée de fictions agréables. Ils veulent — et on ne peut que les en louer — faire œuvre efficace et préparer la refonte des lois, en dégageant des mœurs les réformes dont la maturité s'in-

MM. MARGUERITTE

dique. Au fond, ils ne croient pas téméraire, même si elle ne s'indique pas, de la hâter.

Leur dernier livre met en relief l'image d'une situation sociale extrêmement douloureuse : la vie conjugale rendue insupportable, sans libération possible, par la volonté arbitraire de celui-là même qui l'empoisonne.

C'est pour nettement et dans une œuvre vraie, forte et simple, le problème controversé du divorce, [illegible] qui est plus délicat, par la volonté d'un seul.

La pétition

Ces écrivains ont pensé que s'il était utile de gagner le lecteur et de l'obliger à méditer sur une aussi grave réforme, il était bon de saisir en même temps les pouvoirs publics, sous forme de pétition adressée à la Chambre. De cette pétition, déposée par M. Gustave Rivet, député de l'Isère, voici le texte :

Paris, le 20 octobre.

Messieurs les députés,

Le 1er décembre 1900, dans une Lettre ouverte que la presse entière commenta, nous appelions l'attention des membres de la précédente législature sur l'imperfection du divorce actuel.

Deux ans d'étude ont achevé de nous convaincre de la nécessité de refondre et d'élargir la loi, avec l'adoption du divorce par consentement mutuel et par la volonté persistante d'un seul.

Décrété en 1792 par la France républicaine, supprimé en 1816 par la réaction monarchique et religieuse, heureusement rétabli en 1884, le divorce qui, malgré son incomplète restauration, fut alors un progrès, n'est plus en accord aujourd'hui avec notre grandissant esprit de justice et de liberté. C'est un mécanisme imparfait, — déjà vieillot et rouillé.

Le divorce n'est, en effet, obligatoirement déterminé que par deux causes : 1° le *flagrant délit d'adultère*, assez peu saisissable ; 2° les cas — plutôt rares — de *condamnation à une peine afflictive et infamante*, la mort, les travaux forcés, la déportation...

Il est facultatif, dépend de l'appréciation du magistrat pour ce triple motif : *Excès, sévices, injures graves*. Inextricable et mouvant terrain ! Tout l'arbitraire de la jurisprudence... Rien de certain ; le droit flotte ; tribunaux et cours se contredisent : vérité à Paris, erreur à Bordeaux.

Hors de là, le divorce est en principe refusé. On ne peut divorcer d'avec un fou, même incurable, ni d'avec un voleur. Les plus dégoûtantes infirmités, l'abandon, les dissentiments religieux si graves, l'incompatibilité d'humeur qui à elle seule empoisonne l'existence, tant de raisons si fortes ne comptent pas.

Se heurtant aux coûteuses lenteurs de la procédure, envenimé par le duel des avoués, des avocats, livré au caprice et à la prévention des juges, le divorce, au lieu de conserver quelque dignité silencieuse à la faillite des cœurs, aboutit à un triste et public scandale. Ce qui ne devrait relever que de la conscience et de la volonté libres des deux intéressés, devient le jouet de tous.

Ainsi le mariage, dans lequel on entre à larges portes, n'a, pour ceux qui y étouffent, d'autre issue qu'une grille d'égout.

Qu'arrive-t-il ?

Privés du consentement mutuel, seul mode de rupture honorable et logique, les plaignants frauduleusement y recourent. Pour divorcer vite, on se met d'accord ; le juge souvent ferme les yeux. Les mœurs là-dessus ont devancé la loi.

Une loi qu'il faut tourner pour qu'on l'applique, est une loi mal faite. Une loi mal faite, il faut la refaire.

Cette nécessité, tous ceux qui ne voient dans le mariage qu'un contrat civil, en conviendront. Et quant aux ennemis d'une réforme, à ceux que leurs principes religieux enchaînent au passé, de quel droit voudraient-ils s'opposer à l'élargissement du divorce, eux à qui on ne songe point à l'imposer ? Liberté pour tous !

Mais le consentement mutuel est insuffisant. Il peut arriver que de deux êtres liés ensemble, l'un, par bassesse d'âme, vengeance, cupidité, haine, veuille garder l'autre, poursuivre l'exécution d'un contrat désormais privé de toute noblesse, ravalé à on ne sait quoi de sordide et de despotique. Admettrons-nous qu'au vingtième siècle, alors que la loi abolit l'esclavage, interdit les vœux éternels, une autre loi permette qu'un être reste asservi à un être jusqu'à sa mort ou à celle de son bourreau ?

Objectera-t-on qu'avec le divorce, par la volonté persistante d'un seul, le plus faible, la femme sera sacrifiée ?

Mais la plupart des divorces sont réclamés par des femmes ! Et nous ne sommes ici que les interprètes du congrès international de la condition et des droits des femmes, qui, en 1900, émettait ce vœu : *Que le divorce, demandé par un seul, soit autorisé au bout de trois ans, quand la volonté de divorcer aura été exprimée trois fois, à une année d'intervalle.*

Rien n'empêche le législateur, — une fois reconnu l'inviolable principe de la liberté individuelle, — d'apporter à la rupture tous les délais qui la défendront contre l'inconstance, tous les arrangements pécuniaires qui en assureront l'équité.

Il appartient à une Chambre républicaine, — en rétablissant le divorce par consentement mutuel et par la volonté persistante d'un seul, quitte à prononcer les garanties d'exécution que sa sagesse lui inspirera, — de rendre au mariage, association librement consentie, librement dénouée, une dignité que le divorce actuel compromet, et à l'individu, l'exercice d'une liberté qui, de par l'essence même des lois, de par les plus légitimes aspirations humaines, est inaliénable.

Paul et Victor MARGUERITTE.

Conversation avec les frères Margueritte

Cette pétition était suffisamment claire, pour qu'il fut inutile d'en demander un commentaire à ses auteurs ; cependant, sur certains points, nous pouvions espérer d'eux quelques développements. Mais d'abord qu'espèrent-ils de la route qu'ils suivent ?

— Pensez-vous que le Parlement s'occupera d'amender la loi sur le divorce ?

— Il l'a bien votée. En réalité nous croyons à la fatalité du progrès ou de ce que nous appelons de ce nom. L'humanité va sa logique. Mais on peut, dans une mesure relative, précipiter sa marche ; c'est à quoi tendent nos efforts. Notre pétition est déposée. Elle sera renvoyée à la commission ; on fera un rapport. Paperasses : mais le monde en parlera. M. Coulon étudie un projet de loi dans le sens de notre pétition. Nous passerons ainsi des paperasses aux discours, et si contradictoires qu'ils puissent être, leur bruit saisira pourtant l'opinion.

— Soupçonnez-vous le sentiment de la Chambre ?

— Que sait-on ? En matière de réformes sociales, touchant aux principes constitutifs de la famille, il est difficile de faire un classement. Mais il est à deviner que l'élément conservateur est, par éducation, hostile au divorce, par conséquent à toutes dispositions qui en régulariseraient le jeu, en ce moment si arbitraire. Il est plus surprenant de rencontrer, contre notre projet, une hostilité chez les socialistes ; pourtant M. Viviani le repousse comme contraire aux intérêts de la femme, la plus faible dans l'alliance et qui risque de se trouver, craint-il, à la discrétion du maître, du mari, du plus fort. Ce n'est pas l'avis des femmes en général, parmi celles qui s'attachent à la revendication des droits de leur sexe. Ainsi vient à nous la sage et pondérée Mme Schmahl, dont toute l'action consista à défendre le foyer contre les caprices de l'arbitraire marital. Sans doute l'idéal c'est le parfait accord et, à son défaut, ce *modus vivendi* de tant de ménages où l'esprit et la raison ont corrigé les écarts du cœur et tant bien que mal sauvé le nid des bourrasques de la tempête. Nous pensons à ceux qui, abreuvés de honte et de dégoût, aspirent à rompre la chaîne, à reconquérir, sinon leur bonheur, du moins la liberté, qui pourrait leur en réapprendre le chemin, et qui, ne se trouvant point dans l'un des cas signalés par la loi présente, ne peuvent invoquer les bénéfices du divorce auquel l'autre, par calcul, entêtement, préjugé ou raffinée vengeance, se refuse.. Imaginez-vous l'enfer qu'est ce foyer, et dans lequel les petits, pauvres êtres innocents, vivent leurs jolies années d'ignorance et de candeur ?

L'homme implacable, la mère exaspérée, les outrages et les rancœurs de cette situation, un fleuve de larmes, un flot de haine : c'est cela qu'ils voient, ces chers infortunés, au nom de la dignité de la famille et du respect du lien conjugal. La despotique volonté d'un seul décrète ce lent martyre, cet emprisonnement d'une autre vie à perpétuité. Il y a, dans le monde où nous vivons, des êtres qui sont ainsi, de par la loi et l'arbitraire qu'elle délègue, à jamais *bouclés*.

— Le mariage a tant de portes d'évasion ; il a tant usé déjà du divorce ; la magistrature s'y fait si complaisante — M. Magnaud ne va-t-il pas jusqu'à le prononcer par consentement mutuel ? — que l'on se demande si beaucoup de ces exceptions cruelles se rencontrent.

— Beaucoup... Depuis notre campagne, nous sommes devenus, je ne dis pas les confesseurs, mais les confidents de combien de malheureuses qui nous crient : « Vous ne dites que la vérité. » Si vous voyiez leurs lettres navrantes, vous seriez pris d'une intense pitié. Notre Mme Lehagre est le type d'une inconnue, « d'une bouclée » qui nous dit ses peines au jour le jour. Elle nous a prêté quelques-uns des traits de notre héroïne. Nous avons l'intime conviction de préparer la voie à des libérations nécessaires.

— Où est la garantie d'un contrat, vous objectera-t-on, qui peut être rompu par la volonté d'un seul ?

— Nous répondrons que c'est un contrat dont l'un des contractants n'a pas toujours pu peser tous les termes, et d'autre part, que s'il faut être deux pour le rompre, il faudrait aussi être toujours deux pour l'observer. Quand la rupture, après une expérience de trois années, se voit exigée quand même, il n'y a plus de place au foyer pour la paix, la dignité et le bonheur — il n'y en a même plus pour l'hypocrisie... Sera-ce l'avis du Parlement, de celui-ci ou de l'autre ? Oui. Les mœurs font les lois et c'est sur l'étude de nos mœurs que notre pétition s'appuie.

Au cours de cette conversation, MM. Margueritte nous avaient dit :

— Au reste, ce que nous demandons, c'est ce que logiquement promettait le divorce dans le premier projet de

M. Naquet, projet admirablement équilibré, mais que la discussion déforma et rétrécit.

Chez M. Alfred Naquet

C'est ce que nous allions entendre dire bientôt par M. Naquet lui-même, qui n'avait pas encore connaissance de la pétition de MM. Margueritte lorsque nous nous présentâmes chez lui.

Après l'avoir lue et s'être recueilli un instant, M. Naquet a bien voulu nous faire les déclarations suivantes, toutes d'ailleurs favorables à l'idée et aux souhaits des pétitionnaires.

— Je ne peux, nous dit-il, qu'approuver pleinement et de grand cœur la lettre que MM. Paul et Victor Margueritte viennent d'adresser à mes anciens collègues. Aussi bien n'est-elle que l'expression exacte de ma pensée constante et de l'idée que je me faisais du divorce, lorsqu'en 1876 je présentai mon projet de loi à la Chambre des députés. Mon sentiment reste aujourd'hui le même qu'il était alors, et je me réjouis de constater que les idées dont je jetais la semence ont germé et sont presque à la veille d'éclore.

J'avais du reste repris, à cette époque déjà lointaine, une loi qui, pour avoir été abrogée pendant longtemps, n'en avait pas moins existé et avait fait ses preuves.

La première loi sur le divorce date en effet de 1792. Elle avait été votée telle que je la représentais ; que dis-je, elle était même plus libérale. Les législateurs de 1792 avaient, en effet, accepté non seulement le divorce par raisons déterminées, non seulement le divorce par consentement mutuel, non seulement le divorce par la volonté d'un seul mais encore le délai nécessaire pour ce dernier acte avait été fixé à six mois.

Ce délai peut être jugé trop restreint. On doit tenir compte, quand il s'agit du divorce entre époux, de l'impression qui résulte du premier mouvement et on est en droit de demander à la loi toutes les garanties indispensables en pareil cas. Néanmoins, il convient de ne pas trop jeter la pierre à la Convention. Cette assemblée avait à tenir compte de circonstances spéciales : l'époque était troublée, les émigrés nombreux, les condamnations fréquentes, les ventes de biens inévitables ; on avait eu pour but, en réduisant autant que possible le délai exigible pour le divorce, de ne pas faire supporter à la femme les conséquences des fautes de son mari. D'où la nécessité pour la Convention, de faciliter par tous les moyens le mariage. Néanmoins le délai fixé par elle engendra des abus ; aussi le Directoire s'émut-il de la situation, et le conseil des Cinq-Cents fut-il amené à porter ce délai à un an.

D'ailleurs, les abus avaient jeté le discrédit sur le divorce, et lorsqu'en 1816 la Restauration décida et réalisa sa suppression, la nouvelle mesure ne souleva parmi le public aucune protestation.

Il n'en est pas de même aujourd'hui, je suis convaincu que si jamais un gouvernement clérical avait l'intention d'abroger la loi du divorce, il ne le pourrait pas. Le divorce est en effet entré dans les mœurs; et il y est entré, parce que l'éducation du public s'est faite progressivement. La loi votée en 1876 est évidemment imparfaite, incomplète, et les frères Margueritte ont tout à fait raison de le dire et de l'écrire; mais il faut songer que, toute imparfaite qu'elle puisse paraître, elle a rendu de très grands services, ne serait-ce que de poser le principe, de le faire accepter et d'en faire juger même l'application trop étroite.

Et de cela je me réjouis : en 1876, mon projet de loi constituait une révolution ; aussi ne passa-t-il pas sans hésitation, sans rectifications et réductions. Je proposais tout d'un coup le divorce par consentement mutuel et le divorce par la volonté d'un seul avec un délai d'un an et trois affirmations successives de la persistance de cette volonté ; ce cas de divorce était double ; il devait se faire ou avec raisons déterminées (adultère, sévices, etc.) ou sans raisons déterminées, la volonté d'un seul étant jugée suffisante.

Dans ces deux cas, les enfants, s'il y en avait, étaient laissés au défendeur.

Ce projet était trop radical et constituait un changement trop brusque ; c'est pourquoi la commission de la Chambre qui l'examina fut effrayée par ces dispositions quasi-révolutionnaires et c'est pourquoi elle ne laissa subsister que le divorce par consentement mutuel. C'était déjà beaucoup. C'était trop même, selon M. Ferry, alors président du conseil, qui me supplia de renoncer encore à cette disposition, selon même M. Waldeck-Rousseau, ministre du cabinet Ferry, qui prononça un éloquent discours à ce sujet.

Le projet était à la veille de passer au Sénat. Je voulais à tout prix que le principe du divorce fût adopté en France et je craignais que par trop d'intransigeance les bonnes dispositions du Sénat fussent compromises. J'abandonnai donc le divorce par consentement mutuel et ne laissai subsister que le divorce pour raisons déterminées, tel qu'il existe encore aujourd'hui. Et, toujours pour le principe, je dus me contenter de cette loi mitigée, hybride, qu'à part moi je jugeais mal venue, persuadé d'ailleurs qu'à l'usage on ne tarderait pas à s'apercevoir de ses inconvénients et que tôt ou tard le besoin s'imposerait de la réformer pour l'amplifier et la rendre plus libérale.

Mes prévisions se sont réalisées, puisque des hommes comme les frères Margueritte soutiennent brillamment une thèse que moi-même j'avais défendue avec tant de conviction. Et les critiques qu'ils font à la loi dont je suis pour beaucoup de gens le père, sont loin de me contrister ; ma paternité a été assez amoindrie pour que je n'aie point à cœur de la voir battre en brèche.

Les frères Margueritte ont mille fois raison ; à chaque instant la loi est tournée ; le législateur de 1876 n'a pas osé admettre le divorce par consentement mutuel ; en réalité, c'est celui qui se fait couramment ; le divorce pour causes déterminées, véritablement existantes, est l'exception ; et à tout moment la loi est tournée ; je ne vous rappellerai que pour mémoire, tant la question est connue, les agences du divorce, et les arrangements mondains qui surviennent entre époux soucieux de leur dignité commune.

Je vous dirai ainsi qu'en Belgique, le divorce par consentement mutuel existe, mais qu'encore là le délai fixé est trop long, puisque les Belges préfèrent tourner la loi et s'en tenir au divorce pour raisons déterminées qu'ils peuvent obtenir en trois mois.

Chez nous, la procédure est trop longue; le secret dont la loi a prétendu entourer les jugements mal gardé; je ne finirais pas de vous énumérer mes griefs contre *ma* loi.

M. ALFRED NAQUET

Il y en a un surtout qu'il faut, cependant, que je vous signale : c'est la différence d'interprétation de l'article 310. Cet article concerne la conversion de la séparation de corps en divorce. Or, dans un autre article, la loi stipule et précise que les causes sont les mêmes, qu'il s'agisse de la séparation de corps ou du divorce. Il semble donc que les tribunaux, quand, après les trois années exigées par la loi, l'un des époux séparés de corps demande le divorce, devraient accorder la conversion *de plano*. Il n'en est pas toujours ainsi et, selon la disposition du tribunal ou ses opinions politiques, la conversion est refusée ou accordée.

Vous signalerai-je encore la défense du divorce dans le cas d'absence? Cette disposition est profondément inique, et je n'ai pas besoin d'en dire plus long pour vous convaincre.

En résumé, j'estime que toutes les critiques des frères Margueritte sont fondées : je pense qu'il faut maintenant voter une loi franche, loyale, précisant avec exactitude tous les cas, donnant toutes les garanties à la société, mais expurgée de toute hypocrisie.

Et même, si le Parlement n'osait pas adopter toutes les réformes préconisées par les frères Margueritte, si quelques restrictions étaient encore apportées à leur libéralisme, je ne m'en plaindrais pas, pourvu que l'évolution fût sensible et que le principe de l'extension du divorce fût posé définitivement.

Le mieux, certes, serait préférable ; et le mieux, c'est, ainsi que je le pensais en 1876, le divorce par consentement mutuel et le divorce par la volonté d'un seul.

Peut-être ont-ils raison les auteurs de la pétition, et le père du divorce, raison contre la morale d'hier.

La petite République du 28 octobre 1902 - 27e année - n° 9692

Chez M. Alfred Naquet

La pétition des frères Margueritte et le père du divorce. — Retour à la loi de 1792 et au texte primitif de 1876. Les enfants dans le divorce. Le socialisme et l'union libre. — Le mariage dans la société actuelle.

Nos lecteurs ont tous goûté l'excellence de la pétition déposée sur le bureau de la Chambre par M. Gustave Rivet, au nom des frères Margueritte, et que la *Petite République* publiait dans son numéro en date du 23 courant.

Une interview s'imposait : nous sommes allé demander à M. Alfred Naquet son sentiment sur la nouvelle campagne autour du divorce que va susciter cette pétition.

Dans son cabinet de travail, où s'étagent, sur les rayons de larges bibliothèques, d'innombrables volumes, le père du divorce nous accueille avec sa bienveillance accoutumée.

« Je vous accorde d'autant plus volontiers l'interview que vous me demandez, nous dit-il, qu'elle me permettra de rectifier certaines inexactitudes qui se sont glissées dans le reportage des déclarations faites par moi, hier, à un de vos confrères.

— Ne regrettez-vous pas, demandons-nous à M. Naquet, de ne pouvoir, cette fois encore, soutenir au Parlement les réformes qui vous sont chères ?

— Sans doute ; c'est la première fois, depuis quatre ans et demi, qu'il me déplait de ne plus être à la Chambre. J'aurais été heureux de pouvoir reprendre en main mon œuvre ancienne, en vue des perfectionnements à lui apporter.

« Mais je me console, en pensant qu'elle sera certainement défendue par mon ami Rivet et mon excellent ami Gérault-Richard, dont l'article de l'autre jour, si bienveillant pour moi, me démontre qu'il mettra au service de la nouvelle proposition non seulement son talent de journaliste, mais aussi sa situation de député et la force qu'elle lui donne.

« Et je suis fier de contempler le chemin parcouru. Lorsque, en 1876, je présentai ma proposition, elle ne fut pas même prise en considération ; depuis, les choses ont bien changé, et si le malheur faisait qu'un gouvernement clérical et antirépublicain voulût abolir le divorce, je suis sûr qu'il ne le pourrait pas.

« Mais la loi, telle qu'elle fut votée en 1884, n'était pas complète ; depuis ces dix-huit ans, on en a senti les imperfections, et des hommes ont lutté. C'est d'abord Paul Hervieu, avec *Les Tenailles* ; ce sont maintenant les frères Margueritte, avec leur noble pétition.

Le projet de loi primitif

« La première loi sur le divorce fut votée par la Législative, en 1792. Elle instituait le divorce, non seulement par raisons déterminées, mais encore par consentement mutuel et par la volonté persistante d'un seul ; le délai nécessaire pour ce dernier acte était fixé à six mois.

« La Convention le raccourcit. L'époque, en effet, était pleine de troubles ; les émigrations affluaient et avec elles les condamnations et la vente des biens. Il y avait donc intérêt à ne pas faire supporter à la femme les fautes du mari, et par suite, en raccourcissant les délais du divorce, à faciliter le mariage. Mais il y eut bientôt des abus; la Convention dût abroger ses propres décrets, et on en revint à la loi de 1792. Pour éviter ces mêmes abus, les conseils des Cinq-Cents et des Anciens, sous le Directoire, portèrent le délai à un an.

« En 1816, la Restauration supprima le divorce. Soixante ans après, je reprenais auprès du Parlement la loi de 1792.

Les enfants et le projet de 1876

« J'avais même prévu la question de savoir, dans chacun des trois cas de divorce, auquel des deux époux seraient laissés les enfants.

« Dans le divorce *par cause déterminée*, la garde des enfants devait revenir à celui des époux en faveur de qui aurait été prononcé le divorce.

« Dans le second cas, divorce *par consentement mutuel*, mon projet stipulait que la demande des époux ne serait recevable que si elle était accompagnée d'une convention passée au préalable entre eux, au sujet de la garde des enfants. Sinon, les époux devaient recourir à l'une des deux autres sortes du divorce.

« Enfin, pour le divorce *par la volonté persistante d'un seul*, j'estimais que celui des époux qui ne demandait pas la rupture du contrat de mariage, devait garder les enfants.

« Pour cette dernière forme du divorce, j'avais prévu, comme délai, trois déclarations successives, à six mois d'intervalle.

« Vous savez ce qu'il advint de mon projet; en 1876, on passa outre. Ce n'est qu'après une longue campagne, et en ne retenant que le *divorce par causes déterminées* — autant dire le principe du divorce — que je pus le faire voter en 1884. »

L'union libre et le socialisme

Nous demandons alors à M. Alfred Naquet s'il a persévéré dans les idées qu'il développait, en 1868, dans son ouvrage *Religion, Propriété, Famille*, touchant l'union libre; s'il pense, par le divorce, obtenir peu à peu cette union libre qu'il prônait alors?

« Philosophiquement parlant, nous déclare-t-il, je suis toujours pour l'union libre; mais il y a une distinction à faire entre une opinion philosophique et une opinion pratique.

« En 1868, le socialisme n'avait pas encore pris ce caractère de précision qu'il a acquis depuis lors, et je croyais que c'est par la suppression de la famille, entraînant directement l'abolition de l'héritage, qu'on arriverait à la transformation complète de la propriété.

« Actuellement je crois, au contraire, que *c'est par la voie économique que nous arriverons au collectivisme*, et que l'union libre sera la conséquence de cette révolution, au lieu d'être le moyen de son accomplissement.

« Mais aussi longtemps que nous sommes dans une société capitaliste, où les charges de la famille incombent exclusivement aux parents, j'estime qu'il est absolument nécessaire que la filiation soit authentique, et qu'à ce point de vue le mariage ne peut pas être complètement supprimé. Seulement, je pense aussi qu'il doit cesser de répondre aux principes tyranniques des sociétés anciennes, et qu'il doit être mis en harmonie avec la Déclaration des droits de l'homme, qui forme la base de notre pacte social actuel, et qui n'admet pas qu'aucun être humain puisse aliéner sa liberté. »

Une loi libérale

— Mais ne pensez-vous pas que le retour à la loi de 1792 augmentera par trop le nombre des divorces, et que par suite, les enfants pourront en souffrir?

— Bien au contraire. Aussi longtemps que le mariage et le divorce présentent certaines difficultés, il se crée, à côté des unions légitimes, des union illégitimes, dans lesquelles l'authenticité de la filiation n'est pas garantie.

« La difficulté du divorce entraîne, comme conséquence, une difficulté du mariage — puisqu'on ne peut pas se remarier, — et une difficulté morale; on craint, en effet, d'aliéner sa liberté.

« Mais le jour où l'on saura que le mariage est un simple contrat civil, aussi facile à résilier qu'un contrat quelconque, plus facile même à résilier, en ce sens qu'ici la volonté d'une seule des parties doit suffire, personne n'aura plus intérêt à éviter un lien qui ne présentera plus aucun inconvénient.

« En somme, j'estime que la loi de 1792, dont MM. Paul et Victor Margueritte demandent le rétablissement, est la loi la plus libérale, la plus large que puisse comporter notre état social; et je pense que son caractère libéral même rend beaucoup plus apte le mariage à remplir l'office qui lui est dévolu. »

A ces mots, nous prenons congé de M. Alfred Naquet, heureux de pouvoir publier ses déclarations, qui sont en pleine harmonie avec les idées émises dans la pétition de

MM. Paul et Victor Margueritte.
Henry Honorat. (1)

La petite République du 16 novembre 1902 (27e année - n° 9711)

Humanité et Patrie

Le *Temps* du 11 novembre renferme une longue et intéressante analyse d'un discours que M. Roosevelt a prononcé à Chicago et qui, traduit en français, vient d'être publié sous le titre : « La vie intense ». Le journal de M. Hébrard oppose l'opinion du président des Etats-Unis à ce qu'il croit sans doute être le sentiment de ceux qui combattent la paix armée, la guerre et le nationalisme.

Le malheur est que l'opposition entre les idées du successeur de Mac Kinley et de ceux que le *Temps* appelle dédaigneusement des *cosmopolites* n'existe en aucune façon.

La plupart de ces cosmopolites signeraient à peu près toutes les idées renfermées dans l'espèce de manifeste patriotique sur lequel le *Temps* s'étend avec tant de complaisance.

M. Roosevelt considère que la guerre est un mal, un grand mal, mais que ce n'est pas le plus grand des maux : le servage, la sujétion, le déshonneur sont pires.

Il considère la vie comme un bien, comme un grand bien, mais non comme le plus grand des biens. L'indépendance, la liberté, l'honneur lui paraissent des biens supérieurs.

Il se prononce contre la guerre injuste « qui est un grand péché » ; mais il s'élève contre la paix à tout prix, contre la veulerie, contre la lâcheté, qui font des peuples qui s'y abandonnent la proie des peuples mieux armés pour la concurrence vitale.

Tout en déplorant les richesses et les vies gaspillées pendant la guerre de la Sécession, il envisage cette guerre comme un bonheur immense. Si en 1862 et au cours des années suivantes, au lieu de suivre l'impulsion de Lincoln, l'Amérique du Nord s'était abandonnée aux conseils des pacifiques quand même, ce grand peuple que constituent les Etats-Unis serait divisé en une série de petites républiques hostiles, déchirées par les guerres civiles et par leurs conflits internationaux ; le pays serait pauvre, le nombre de vies humaines sacrifiées depuis 1867 dépasserait de beaucoup celui qu'a coûté la guerre, et l'on ne pourrait pas prévoir la fin de cet état misérable.

A tout cela nous n'avons rien à objecter; et si nous nous élevons avec mépris et colère contre les théories abominables d'un de Moltke ou d'un Geslin de Bourgogne, prêchant la guerre pour la guerre comme une institution divine, nous ne nous sommes jamais laissé aller à la résignation de Tolstoï ; jamais nul de nous n'a prétendu que la guerre fût le plus grand des maux.

La résistance à l'oppression est le devoir de tout homme, de toute collectivité humaine, et si cette résistance est inséparable de l'effusion de sang, personne ne proteste contre l'impérieuse et douloureuse nécessité qui s'impose à la collectivité menacée.

De même, parmi ceux qui s'efforcent d'arriver à la suppression totale des armées d'invasion, de conquête, personne n'entend laisser la nation sans forces contre les attaques possibles du dehors. Les socialistes les plus résolus reconnaissent la nécessité de milices propres à la défense du sol et des libertés publiques. Si ces milices sont ou non suffisantes, c'est une question d'application, ce n'en est plus une de principe. Sur le principe, [p]urvu [qu]'on ne médite pas, sous couleur

1) Les articles de la Campagne sur la loi du divorce qui ne sont pas de Naquet ni placés dans le même article que ceux de Naquet sont aux simples Varias. Celui que MMrs Paul et Victor Margueritte ont fait à la suite de la précédente interview est aux Varia, t IX — page 97 —

de défense, des agressions contre les droits d'autrui, tout le monde est d'accord.

Seulement, M. Roosevelt et ceux qui se font une arme de son opinion semblent ne nous avoir jamais lus. C'est peut-être un peu de notre faute.

Pour ma part, j'ai publié il y a un an un ouvrage intitulé l'*Humanité et la patrie*. Le titre, que j'ai cherché assez longtemps, est imparfait en ce sens qu'il ne reflète pas toutes mes idées. Le vrai titre aurait dû être : « Les patries insolidaires et l'humanité fédérée. »

Aucun socialiste n'a jamais dit que la patrie doive être supprimée ; on a seulement affirmé qu'elle doit être étendue par la fédération à l'humanité tout entière.

M. Roosevelt et le *Temps* croient-ils que l'élargissement de la patrie soit un bien ou un mal ?

Le *Temps* regrette-il l'époque où la Bourgogne, la Franche-Comté, la Normandie, la Provence, le Languedoc, l'Aquitaine constituaient dans la France autant de patries distinctes ; où la Toscane, Venise, Gênes, Rome, Naples, Amalfi constituaient en Italie des patries plus fermées encore et continuellement en guerre les unes contre les autres ?

Non, certainement ! Ils considéreraient comme une effroyable rétrogradation le retour à un pareil état de choses.

Et de même M. Roosevelt n'aurait aucune tendresse pour l'existence en Amérique d'autant d'Etats indépendants que la grande république compte d'Etats unis.

Dans les temps préhistoriques, la guerre se faisait d'homme à homme, de famille à famille. Plus tard elle s'est faite de clan à clan, de tribu à tribu ; plus tard de province à province ; elle se fait aujourd'hui de nation à nation.

Elle n'est peut-être pas appelée à disparaître d'un coup ; mais il est probable que si elle a lieu dans l'avenir, ce sera entre des agglomérations infiniment plus étendues, jusqu'au moment où ayant épuisé sa puissance créatrice, elle aura du même coup perdu son énergie destructive.

Les conflits internationaux du dix-huitième et du dix-neuvième siècle ont été moins malfaisants que les anciennes querelles entre villes et entre provinces. Plus terribles dans leurs effets immédiats, ils ont été infiniment plus rares, et l'écrasante paix armée de notre époque est moins ruineuse encore que ne l'était le brigandage perpétuel du moyen âge.

Que les groupes nationaux s'accroissent encore ; et si même à ce moment la paix universelle et définitive n'est pas atteinte le résultat obtenu sera considérable. D'une part, on se battra beaucoup moins souvent ; et de l'autre, les moyens de préparation seront autres. La marine remplacera dans la plupart des cas les armées continentales, et il ne sera plus nécessaire de dépenser quatre milliards par an pour assurer la sécurité du pays.

Ce que nous demandons, ce n'est pas la réduction de l'humanité à une poussière d'hommes reliés seulement par un gouvernement planétaire. Une idée aussi absurde n'a hanté aucun cerveau. C'est un ensemble de groupes, de territoires, de professions, de sentiments, de patries matérielles et morales, mêlés et fédérés dans une de ces unités conjointes dont l'être humain nous fournit l'usage.

De ce que le canton de Vaud n'est plus en guerre avec celui de Berne ; de ce qu'Uri ne gouverne plus militairement le Tessin, Tessin, Uri, Vaud et Berne n'en conservent pas moins la qualité de petites patries chéries de leurs enfants ; et cependant la guerre n'existe plus entre eux, et elle n'est plus nécessaire pour protéger les uns contre les autres.

Il en est de même des divers gouvernements autonomes dont la fédération américaine se compose ; et dans un avenir qui s'annonce prochain, et qui serait déjà réalisé si en 1848 le mouvement républicain avait abouti en Europe, il en sera ainsi chez nous.

C'est à cet avenir que nous travaillons. Mais nous ne prêchons pas la résignation devant l'iniquité. Les guerres de la Révolution française nous paraissent saintes, et nous les recommencerions volontiers, comme alors, soit contre nos ennemis de l'extérieur, soit contre ceux de l'intérieur, si la République était compromise et nos libertés menacées.

Nous admirons le grand caractère et le merveilleux écrivain qu'est Tolstoï ; mais nous ne sommes point de ses fidèles, et lorsqu'on nous frappe la joue gauche, nous ne présentons pas la joue droite.

Mais nous croyons sincèrement qu'à l'heure actuelle, entre les nations européennes, les intérêts sont assez solidaires, les mœurs assez rapprochées, l'idéal assez semblable pour qu'une guerre entre elles fût un mal sans compensation.

La guerre est acceptable lorsque — comme ce fut le cas en 1792, ou en Amérique de 1862 à 1867 — elle est génératrice de progrès. Mais elle doit être flétrie lorsqu'aux maux dont elle est inséparable, elle joint le désastre de faire rétrograder le genre humain.

Nous en sommes là à l'heure actuelle entre nations civilisées, et c'est pour cela que nous appelons de nos vœux l'union fédérale qui résoudra toutes les antinomies pendantes : celle de l'armement, celle du protectionnisme, celle de la population.

Les nationalistes, eux, retranchés derrière des principes vrais en soi, mais qui auraient été aussi bien applicables aux villes du moyen âge qu'aux nations de l'Europe et de l'Amérique, cherchent à maintenir les inimitiés, les guerres, les causes de conflit.

Nous voulons les atténuer et les faire disparaître.

Ils veulent le maintien de nos patries étroites dont les cadres craquent sous la poussée montante du socialisme ; nous voulons des cadres agrandis qui puissent embrasser la planète entière. Diderot disait : « Elargissez Dieu ». Nous disons, nous : « Elargissez les patries ! »

ALFRED NAQUET. (1)

---

1) L'article d'Izoulet analysant le discours de Roosevelt, auquel répond cet article est aux simples Varia – t. IX – page 103.

Revue du Socialisme rationnel de Frédéric Borde
nº de novembre 1902 (1)

Lacombe, par Trets (Bouches-du-Rhône), le 4 octobre 1902.

CHER MONSIEUR,

J'ai reçu hier votre lettre qui m'a excessivement flatté par les choses agréables que vous m'y dites.

Je n'y suis plus habitué.

Les vieux lutteurs comme moi, une fois retirés de la vie active, sont vite oubliés. On ne parle plus leur langue et on les traite volontiers de vieilles barbes.

Depuis que je ne suis plus député, je réfléchis et j'écris infiniment plus que lorsque j'étais dominé par les occupations parlementaires. Mais je me demande souvent si quelqu'un lit mes livres, et si le travail auquel je me livre servira jamais à quelqu'un et à quelque chose. Des lettres comme la vôtre me prouvent que mon effort n'est peut-être pas entièrement perdu. Ma joie en est grande, soyez-en remercié du fond du cœur.

Le temps me manque pour suivre une discussion avec vous. Je mets en ce moment la dernière main à un travail sur le parallèle à établir entre les doctrines collectiviste et anarchiste, qui m'a été dicté par la lecture des beaux ouvrages de Pierre Kropotkine. J'aurais voulu conclure à l'anarchie. La raison me force de conclure au collectivisme, en gardant le communisme complet pour l'idéal.

Quoi qu'il en soit, j'achève cette étude, dont je ne sais pas encore si je la publierai ou non en volume; et comme je veux qu'elle soit terminée à ma rentrée à Paris, qui est très prochaine, je n'ai guère de temps à en distraire.

Au surplus, et à part ce que vous dites dans votre revue sur Colins et l'automatisme des animaux, — point sur lequel je me sépare absolument de vous, mais qui n'a rien à voir ici, — nous sommes d'accord. Nos dissidences sont affaire de définition.

Comme vous je suis pour la nationalisation du sol, puisque je veux, j'espère, la socialisation de tout ce qui sert à l'homme à pro-

---

1) La lettre de Frédéric Borde à laquelle celle-ci répond se trouve insérée aux simples variés, t. IX — page 110 —

duire.

Je suis d'ailleurs convaincu que, par quelque bout qu'on commence, la terre ou l'usine, on arrivera au centre, c'est-à-dire au collectivisme complet de production; et il m'est dès lors assez indifférent que l'action se porte d'un côté ou d'un autre. Il est même bon sans doute qu'elle se porte vers tous les points à la fois; et, vue par ce côté, votre œuvre est excellente. Après tout, peut-être avez-vous raison de croire que les craintes exprimées dans ma dernière lettre ne sont pas fondées?

Je n'aurais donc, vous le voyez, aucune raison bien sérieuse pour vous refuser mon nom, et je vous le donnerais volontiers puisque vous me faites l'honneur de me dire que la chose vous serait agréable.

Mais j'y vois deux difficultés :

1° Je ne sais pas comment vous jugez pouvoir atteindre à la socialisation du sol. J'ai mes vues sur ce sujet qui seront exprimées dans l'étude dont je viens de vous parler. Mais en aucun cas je ne crois à la possibilité d'une confiscation révolutionnaire, si ce n'est tout à fait à la fin, lorsqu'il n'y aura plus qu'un coup de boutoir à donner.

Je ne voudrais pas, en adhérant à votre ligue sans réflexion, être entraîné à louer des vues qui ne seraient pas les miennes;

2° Il est à craindre que le public ne voie dans votre action une diminution du socialisme collectiviste tel que l'enseignent Jaurès et ses amis. Et si, sur le premier point, je redoute d'être entraîné trop loin, sur le second je crains d'être arrêté trop près.

. . . .

Mais sous ces réserves, et s'il s'agit seulement, en vous donnant mon nom, d'affirmer ma communauté de vues avec vous sur la socialisation du sol, cas particulier d'une socialisation plus générale encore dont je suis le partisan, je vous le donne volontiers en vous priant seulement de reproduire les termes de mon adhésion, c'est-à-dire cette lettre.

. . . .

Veuillez agréer, cher Monsieur, l'expression de mes meilleurs sentiments.

A. Naquet

P. S. — Dans ma précédente lettre, insérée à la page 101 du dernier numéro de cette revue, à la deuxième ligne du quatrième alinéa de ma lettre, on lit :

« La terre n'est qu'un *rapport*. » C'est là une coquille. La phrase était : « La terre n'est qu'un *support*. »

Voici ma réponse : (1)

La Coopération des idées du 1er décembre 1902

7me année — n° 18

La Patrie

Dans le numéro du 1er novembre de *la Coopération des idées*, M. Deherme me fait l'honneur de combattre certaines vues que j'ai émises dans mon dernier livre *l'Humanité et la Patrie*. Je l'en remercie. Rien ne m'est plus agréable que de voir mes idées discutées par des hommes de bonne foi : la vérité sereine surgit de ces luttes courtoises de l'intelligence.

Mais je crains fort, l'éminent directeur de *la Coopération des idées* me permettra de le lui dire, qu'il ait lu un peu à la hâte mon étude sur la patrie, ou qu'il ne l'ait plus eu bien présente à l'esprit au moment où il écrivait son article.

Il redoute une humanité formée d'une poussière d'hommes — pour employer cette expression de Louis Veuillot — réunie sous un gouvernement central, et forcément oppressif. Eh ! grand Dieu ! qui donc ne redouterait pas un tel monstre, et ai-je jamais rien écrit qui puisse faire soupçonner chez moi la poursuite d'un but pareil ?

M. Deherme aime la France. Qu'il se rassure ! je l'aime aussi.

Qu'il ouvre mon livre à la page 213, il y lira :

L'amour se diversifie tout en s'unifiant . . . .
. . . .

. . . .

. . . .

Dans mon cœur de Français, je ne distingue pas entre un Provençal et un Normand ; je ne rêve pas des droits inégaux pour la Normandie et pour la Provence ; mais je suis né en Provence, je connais à peine la Normandie, et la première fait battre mon cœur d'une manière plus douce que l'autre.

Pourquoi les choses se passeraient-elles autrement lorsque nos nations actuelles se briseront et s'amalgameront dans l'unité européenne ?

Même lorsque l'Italie, la France, l'Espagne, l'Angleterre, l'Allemagne, auront cessé d'exister. . . . . . .

. . . .

. . . . . . l'esprit français n'en conservera pas moins sa nature claire, hardie, enthousiaste, primesautière, désintéressée : l'esprit allemand ne perdra rien de sa profonde philosophie, de sa ténacité dans la recherche, de ce quelque chose de nuageux et de vague qui en fait le charme extrême. Cet esprit de l'Allemagne, je l'apprécierais, je l'aimerais sans nul doute, si je vivais encore à ce moment-là. Mais, né en France, participant davantage du caractère de ses habitants, mes goûts étant les leurs, alors, comme aujourd'hui, je préférerais l'esprit français.

En un mot, il y aura toujours des gradations dans nos affections. Notre famille d'abord, ensuite notre ville, puis notre province ; plus loin notre race, plus loin encore la grande patrie fédérative du monde civilisé, et, dans un lointain obscur, l'humanité unie.

Si j'ai bien saisi l'article de M. Deherme, il n'y a pas là une seule phrase qu'il ne pût contresigner.

Je prie maintenant mon aimable contradicteur de se transporter à la page 217. J'y examine l'hypothèse invraisemblable, et à tout le moins fort éloignée, où les caractères nationaux des divers peuples actuels viendraient à s'effacer et à se fondre dans un caractère nouveau, et je poursuis ainsi :

D'ailleurs, ce phénomène, dût-il se produire à la longue, en quoi y aurait-il lieu de s'en alarmer ?

Qu'un peuple en assassine un autre ; qu'il cherche à détruire par la violence ses mœurs, ses coutumes, ses traditions; que l'Allemagne opprime l'Alsace et cherche à la germaniser par la force; que l'Angleterre fasse peser son joug sur l'Irlande; que la Russie emploie les moyens les plus brutaux pour russifier la Pologne, et aille presque jusqu'à lui interdire l'usage de sa propre langue, voilà ce qui est odieux, ce qu'il faut flétrir. . . . .

. . . .

. . . .

Mais si, avec le temps, le Provençal, le Gascon, le Basque, le Breton, le Flamand s'éliminent pour ne laisser subsister en France que le Français; si, au sein d'une nation libre, les caractères s'uniformisent naturellement, sans violence, sans haine, non point parce que les races se seront écrasées, mais parce qu'elles se seront fusionnées, où sera le mal? Qui en aura souffert? Si les défauts des uns s'effacent, neutralisés par les défauts opposés des autres; si les qualités de ceux-ci se multiplient par les qualités de ceux-là; s'il en résulte un peuple plus élevé, plus moral, plus libre; si, les divergences s'éteignant, la solidarité et l'amour augmentent, qui donc osera se plaindre d'un pareil résultat?

Et évidemment ce que je dis du Provençal dans ses rapports avec le Gascon, le Basque, le Breton ou le Flamand, j'ai le droit de le dire du Français dans ses rapports avec le Russe, l'Allemand, l'Italien, l'Américain... Le gouvernement qui régit l'Allemagne envahit-il la France? veut-il détruire le génie national du pays, supprimer sa langue, arrêter son développement? Il faut l'en empêcher par tous les moyens. *A la violence il doit être répondu par la violence, à la guerre par la guerre.* C'EST UN DEVOIR SACRÉ DE DÉFENDRE L'INDÉPENDANCE DE LA PATRIE. . . .

. . . .

. . . .

Dans ce passage encore je cherche ce qui pourrait être en contradiction avec les sentiments de M. Deherme.

Qu'il aille maintenant aux pages 222, 223 et 224 de mon livre. Il y trouvera une comparaison entre l'homme et le corps social. L'homme est un assemblage d'organes, formés eux-mêmes d'éléments variés, qui s'entrecroisent et, possédant entre eux une étroite connexion, se solidarisent en un système: un ensemble d'organes concourant à une fonction commune constitue un appareil. « Et la réunion de tous ces appareils nous donne l'homme, c'est-à-dire l'être tout à la fois le plus centralisé et le plus autonome dans ses parties. » Quant à la société, voici comment je m'exprime :

Voilà l'image qu'il y a lieu de se faire de la société : L'Humanité est l'organisme général. Elle se compose d'organes spéciaux, de systèmes, d'appareils, qui se croisent, se pénètrent, travaillent à un but commun.

Appareils, systèmes, organes sont ici les groupes territoriaux, les groupes professionnels, les groupes moraux. Réunis dans la magnifique unité humaine, aucun d'eux ne peut jamais contrarier les autres, sous peine de mort. Tous sont forcés, par leur entrecroisement inextricable, de s'aimer et de s'entr'aider.

Avec cette constitution finit la haine et la guerre. Nous ne pouvons pas haïr l'Allemand, puisque, tout en appartenant à la France, nous appartenons à des groupes spéciaux qui ont leur prolongement en Allemagne, et il en est de même de l'Allemand par rapport à nous. LA PATRIE NE S'ÉTEINDRA PAS PLUS DANS L'UNITÉ MONDIALE QUE LA FAMILLE NE S'EST ÉTEINTE DANS LA CITÉ. Bien au contraire ! En changeant de forme, elle s'épurera et s'amplifiera.

Actuellement, elle est faite de haine, de violence et de guerre; demain, elle sera faite d'amour, de travail parallèle, d'échanges fraternels. *En aimant tous nos semblables, nous ne désapprendrons pas à aimer nos compatriotes.* NOUS APPRENDRONS, AU CONTRAIRE, À LES AIMER MIEUX.

Voit-on rien dans ces lignes qui soit de nature à donner l'idée de la poussière d'hommes que, si justement, on tient pour antisociale *à la Coopération des Idées.*

M. Deherme ne veut pas qu'on crie : « À bas l'armée ! » Il entend, sans doute, que l'armée soit limitée dans son emploi, à la défense nationale, qu'elle soit mise dans l'impossibilité de se retourner contre les libertés de son pays : il ne répugne pas aux milices en principe, pourvu qu'il lui soit démontré que ce système n'est pas de nature à nous affaiblir ; mais il veut une force imposante pour garantir l'indépendance, la liberté, le développement graduel du pays.

Ai-je jamais dit le contraire ? Je le renvoie encore à mon livre, page 233, dernier alinéa. Il pourra y lire :

Je ne suis pas de ceux qui vont sans cesse criant : « Vive l'armée ! » Mais je ne suis pas non plus de ceux qui offrent la seconde joue à qui les frappe sur la première. *Aussi longtemps que la Force demeurera la loi suprême,* MA PATRIE AYANT LE DROIT DE VIVRE COMME LES AUTRES, JE LA VEUX FORTE, PUISSANTE, APTE À FAIRE RESPECTER SON TERRITOIRE ET SA LIBERTÉ.

Jusqu'ici je ne vois pas bien où sont, entre M. Deherme et moi, les divergences.

Il est vrai qu'après avoir montré la nécessité d'une organisation militaire dans un état social comme le nôtre, je constate les dépenses, les pertes d'énergie qu'une pareille organisation occasionne, et j'aspire à une fédération européenne qui, en faisant disparaître ces engloutissements, dès lors inutiles, de capitaux, permettra dans l'ordre économique les réformes devant lesquelles le pays est actuellement arrêté par les difficultés budgétaires. M. Deherme, dans son article, ne conteste pas cette antinomie. Donc il l'accepte ; et, s'il l'accepte, il désire forcément, comme moi, la faire disparaître, puisque dans la nature entière l'économie des forces est la condition essentielle de tout progrès.

Il m'accuse, il est vrai, de m'être déclaré le compatriote de Bebel, Zorilla, Spencer et de m'être considéré comme étranger à MM. de Mun et Buffet, et il en déduit que, pour moi, la France se résume dans le parti radical socialiste.

Je ne suis cependant pas le premier à avoir exprimé une idée semblable ; et, il y a plus d'un demi-siècle, Lamartine, qui n'était ni radical ni socialiste, écrivait :

> Je suis concitoyen de tout homme qui pense :
> L'humanité, c'est mon pays.

Non ! je n'enferme pas la France dans un parti, et moins encore dans une coterie. Mais je l'enferme dans la défense des grands principes qui sont sortis de la Révolution et qui, bien que souvent encore assez mal appliqués, constituent depuis cent douze ans la base de nos institutions et de notre nationalité. La société de

1400 ou de 1200 ne nous représente pas plus la France que l'ovule générateur ne nous représente l'homme ; et ceux qui rêvent de me ramener à ce passé sont plus éloignés de moi que ceux qui travaillent au progrès chez les autres peuples. M. Deherme proteste. Au fond, je suis convaincu qu'il s'entendrait beaucoup mieux avec les esprits libres qui s'élevaient de l'autre côté de la Manche contre l'invasion du Transvaal, qu'avec les prétendus Français qui prennent leur mot d'ordre à Rome.

Travailler contre l'idée de patrie dans ce qu'elle a d'exclusif, de religieux, ce n'est donc pas se mettre en opposition avec la nature ; c'est favoriser l'évolution naturelle.

Pas un des arguments qu'on nous oppose, et qui n'eût été opposable à ceux qui ont brisé la Bourgogne pour faire la France, ou la Toscane pour faire l'Italie.

Prêchez donc le retour à la Bourgogne, à la Tos-

ayant grand besoin d'être fortifié par une culture de tous les instants.

Je crois que ces explications feront cesser tout malentendu philosophique entre M. Deherme et moi. Je regretterais qu'il en fût autrement, le fondateur de la *Coopération des idées* étant un de ces esprits précis et nets avec lesquels on aime à se trouver en conformité de pensée.

ALFRED NAQUET.

Les annales de la jeunesse laïque – n° de décembre 1902 (1)

Divorce et Libre-Pensée

Un de mes maîtres me disait jadis :

« Ce qui fait la difficulté de notre situation, c'est que les catholiques sont catholiques et que les libres penseurs ne sont pas libres-penseurs. »

Cette observation, qui n'a malheureusement pas cessé d'être vraie quoiqu'elle ait été exprimée il y a plus de quarante ans, ne péchait que par un point. Elle était incomplète. Il aurait dû dire, non point seulement que les libres-penseurs ne sont pas libres-penseurs, mais que libres-penseurs, protestants et juifs sont catholiques.

---

1) bureaux 7 rue de l'Éperon Paris.

La culture catholique a été pratiquée avec une telle intensité depuis des siècles, et a si profondément pétri nos cerveaux latins, que ceux-là mêmes qui ne l'ont pas subie directement en ont été imprégnés indirectement.

C'est la récente pétition des frères Margueritte en faveur d'un remaniement dans un sens plus humain de la loi du divorce qui me rappelle cette réflexion.

Déjà elle m'était revenue à l'esprit, lors de l'intervention de M. Henri Brisson, en 1884, au cours de ma propre campagne contre l'indissolubilité du mariage.

Brisson qui, depuis lors, dans une affaire célèbre, a donné la preuve de son attachement à la vérité et à la justice en résistant avec courage à la congrégation, serait désespéré s'il pouvait supposer qu'il a été, à une heure déterminée, et sans s'en douter, l'allié du catholicisme. Lorsque, du haut de la tribune, il conjurait la Chambre de ne pas ébranler la famille, cette dernière molécule sociale, lorsqu'il la suppliait de ne pas porter la main sur le caractère indissoluble de l'institution du mariage, il croyait ne défendre que les intérêts de la société laïque. Il cherchait des arguments dans ce sens autant pour se convaincre que pour convaincre ses collègues, et, en cherchant, naturellement il en trouvait..., bons ou mauvais. En réalité, il subissait un phénomène atavique. Son cerveau, produit d'innombrables générations chrétiennes, s'était libéré des dogmes, mais avait conservé sur la morale, les sentiments et les idées qui découlent du cléricalisme.

Et comme la morale a une plus haute portée que les dogmes, on peut dire que, sur un point au moins, il est demeuré catholique sans le savoir.

Le groupe de la libre-pensée, qui a écouté les explications des frères Margueritte, et qui a même prié ces derniers de lui continuer leur collaboration pour élaborer la nouvelle proposition de loi, a montré par là un degré d'affranchissement supérieur à celui de M. Henri Brisson. Il ne s'est cependant pas montré complètement affranchi dans la personne de tous ses membres.

MM. Paul et Victor Margueritte, s'ils ne proposent pas le retour pur et simple à la loi de 1792, la plus large, la plus complète, la plus humaine qu'aucun peuple ait connue, s'ils entendent y apporter des modifications de forme, en respectent du moins les principes fondamentaux.

Avec les législateurs de la Révolution, ils veulent que le divorce puisse être obtenu, ainsi que de nos jours, pour des causes déterminées, dont ils multiplient considérablement le nombre.

Ils rétablissent le divorce par consentement mutuel.

Enfin ils proclament la nécessité de le prononcer sur la volonté manifeste et persistante d'un seul des époux, même quand celui-ci n'excipe d'aucune cause déterminée.

Sur les deux premiers points le groupe de la libre-pensée ne semble pas avoir présenté d'objections, et cela mesure le chemin parcouru depuis 1884.

Lorsque pour la première fois je proposai le rétablissement du divorce, j'avais soumis à la Chambre le canevas d'une loi identique dans ses principes fondamentaux à celle du 20 septembre 1792, et à celle à la défense de laquelle les frères Margueritte devaient apporter plus tard la contribution de leur activité civique et de leur talent d'écrivains.

Mais l'hostilité était telle que, sous peine d'un échec absolu, je dus bien vite battre en retraite et prendre position sur le Code civil de 1803.

Encore ne me fut-il pas possible d'obtenir tout ce que le Code civil avait conservé de la Révolution : la partie du titre VI relative au consentement mutuel ne fut pas rétablie.

Aujourd'hui la question du consentement mutuel ne fait plus de doute pour aucun de ceux qui admettent le divorce, et l'on reconnaît même que c'en est la cause la plus péremptoire et la plus morale.

Mais il paraît que, parmi les libres-penseurs réunis pour entendre les frères Margueritte, des objections ont été élevées contre la rupture du mariage par la volonté persistante d'un seul des époux.

Cela prouve que, bien que se réclamant sans cesse des principes de 1789, on n'ose pas encore mettre ces principes complètement en vigueur.

Les auteurs des constitutions diverses qui ont formulé le Code des droits immuables de l'homme et du citoyen ont établi l'inviolabilité de la personne humaine. Tout contrat par lequel un homme aliène une part de sa liberté est nul de plein droit : et personne ne peut être tenu à une obligation *de faire* — pour parler le langage juridique — que sous la sanction de dommages-intérêts.

De là ont découlé la nullité du contrat d'esclavage et des vœux ecclésiastiques.

Un seul contrat entraînant des obligations personnelles est demeuré debout. C'est le mariage. De tous ceux qu'on peut rêver c'est cependant celui qui impose les obligations les plus cruelles à qui ne les respecte pas volontairement, des obligations dans un ordre de choses où, en dehors de la libre volonté, il n'existe plus que dégradation et immoralité révoltante, ainsi que je le proclamais jadis.

De la part de quiconque fait du mariage un sacrement, je comprendrais à la rigueur l'objection. Dieu a signé au contrat, et les autres contractants ne peuvent pas se dégager sans son consentement. Il l'accorde souvent, il est vrai, par l'intermédiaire de son représentant qui siège à Rome. Encore faut-il sa bonne volonté et, d'ordinaire, la fait-il payer assez cher.

Mais aux yeux de quiconque considère le mariage comme un contrat civil, ce lien doit, comme celui qui résulte d'un contrat quelconque, pouvoir se résoudre par la volonté des parties, c'est-à-dire par le consentement mutuel.

Et de plus, comme il s'agit ici d'un contrat personnel, analogue au contrat d'esclavage et de domesticité, ou aux vœux monastiques, il doit, d'après les principes de notre droit moderne, pouvoir se résoudre par le seul fait que l'une des parties est décidée à revendiquer et à reprendre sa liberté.

Tous les arguments que l'on peut opposer à celui-ci sont sans valeur juridique et relèvent, malgré qu'on en ait, d'une conception religieuse. Pour tout libre-penseur véritable, une telle conception est hors du débat.

Espérons que le groupe de la Chambre, qui se propose d'user de son initiative pour traduire en proposition de loi la pétition des frères Margueritte, nous apportera une législation du divorce complète, susceptible de durer aussi longtemps que la société capitaliste actuelle.

Il y a maintenant 110 ans exactement que la loi de 1792 fut promulguée. Après un si long espace de temps, il serait peut-être bon de ne pas trop nous montrer inférieurs à nos pères. Nous devrions les dépasser. Demander que nous demeurions au moins à leur niveau, ce n'est pas faire acte d'exagération.

ALFRED NAQUET.

La nouvelle Revue internationale du 5 Xbre 1902 (35me année – n° 6)

L'IDÉE DE PATRIE

Depuis quelque temps l'idée de patrie commence à être sérieusement discutée dans le monde; et il advient ici, ce qui arrive presque toujours pour les idées nouvelles : leurs adversaires les dénaturent et, semblables à Don Quichotte, en arrivent à combattre des moulins à vent.

Le *Temps* se fait nettement remarquer parmi ceux qui, sans s'associer ouvertement aux nationalistes — il ne sera jamais pour une opinion nette et décidée — ressassent volontiers les arguments de ces derniers contre ces pelés d'Internationalistes, ces galeux de cosmopolites qui, sous prétexte de fraternité universelle, travaillent en réalité à livrer leur pays à l'étranger.

M. Roosevelt, a prononcé à Chicago un grand discours récemment traduit et publié en français sous le titre « la vie intense ». Le journal de M. Hébrard, par la plume de M. J. Zoulé, lui a vite consacré une longue analyse qui occupe toute la 4e page de son n° du 11 novembre courant. Il oppose l'opinion du président des Etats-Unis à ceux qui combattent, et continueront à combattre sans merci, la paix armée, la guerre et le nationalisme.

Le malheur est que les sentiments exprimés par M. Roosevelt ne sont nullement en contradiction avec les nôtres, mais seulement avec ceux que l'on nous prête. — Le successeur de Mac Kinley est un homme énergique, un chef d'Etat éclairé. Placé comme nous le sommes tous au milieu de nations insolidaires, il doit se préoccuper de la prospérité et de la puissance de celle qui lui a confié la magistrature suprême ; et il n'y a presque rien dans ce qu'il a dit que l'internationaliste le plus résolu ne pût signer en se plaçant au point de vue où il s'est placé lui-même.

Les internationalistes poursuivent, en effet, le rapprochement des peuples parvenus à un même niveau de civilisation ; mais ils ne prêchent ni l'abandon, ni la lâcheté. Ils n'ont jamais manqué une occasion de proclamer bien haut qu'un peuple s'honore autant en se défendant lorsqu'il est injustement attaqué, qu'il devient méprisable lorsqu'il se laisse entraîner lui-même à une attaque injuste. Cela ressort de leurs principes mêmes, et ils ne livrent pas plus leurs patries en travaillant à la fédération des peuples, que ne sacrifient, à l'intérieur, une classe à une autre, ceux qui s'efforcent d'éviter les guerres civiles et de rapprocher les classes dans une unité nationale cimentée par la justice et la liberté.

Que dit M. Roosevelt ?

Il considère que la guerre est un mal, un grand mal, mais que ce n'est pas le plus grand des maux : le servage, la sujétion, le déshonneur sont pires.

Il considère la vie comme un bien, comme un grand bien, mais non comme le plus grand des biens. L'indépendance, la liberté, l'honneur lui paraissent des biens supérieurs.

Il se prononce contre la guerre injuste « qui est un grand péché »; mais il s'élève contre la paix à tout prix, contre la veulerie, contre la lâcheté, qui font des peuples qui s'y abandonnent la proie des peuples mieux armés pour la concurrence vitale.

Tout en déplorant les richesses et les vies gaspillées pendant la guerre de la Sécession, il envisage cette guerre comme un bonheur immense. Si en 1862 et au cours des années suivantes, au lieu de suivre l'impulsion de Lincoln, l'Amérique du Nord s'était abandonnée aux conseils des pacifiques quand même, ce grand peuple que constituent les Etats-Unis serait divisé en une série de petites républiques hostiles, déchirées par les guerres civiles et par leurs conflits internationaux ; le pays serait pauvre, le nombre de vies humaines sacrifiées depuis 1867 dépasserait de beaucoup celui qu'a coûté la guerre, et l'on ne pourrait pas prévoir la fin de cet état misérable.

A tout cela nous n'avons rien à objecter, et si nous nous élevons avec mépris et colère contre les théories abominables d'un de Moltke ou d'un Geslin de Bourgogne, prêchant la guerre pour la guerre comme une institution divine, nous ne nous sommes jamais laissé aller à la résignation de Tolstoï; jamais nul de nous n'a prétendu que la guerre fût le plus grand des maux.

La résistance à l'oppression est le devoir de tout homme, de toute collectivité humaine, et si cette résistance est inséparable de l'effusion de sang, personne ne proteste contre l'impérieuse et douloureuse nécessité qui s'impose à la collectivité menacée.

De même, parmi ceux qui s'efforcent d'arriver à la suppression totale des armées d'invasion, de conquête, personne n'entend laisser la nation sans forces contre les attaques possibles du dehors. Les socialistes les plus résolus reconnaissent la nécessité de milices propres à la défense du sol et des libertés publiques. Si ces milices sont ou non suffisantes, c'est une question d'application, ce n'en est plus une de principe. Sur le principe, pourvu qu'on ne médite pas, sous couleur de défense, des agressions contre les droits d'autrui, tout le monde est d'accord.

Ceux qui se font une arme de l'opinion de M. Roosevelt semblent ne nous avoir jamais lus. C'est peut-être un peu de notre faute.

Pour ma part, j'ai publié il y a un an un ouvrage intitulé l'*Humanité et la patrie*. Le titre, que j'ai cherché assez longtemps, est imparfait en ce sens qu'il ne reflète pas exactement les idées contenue dans le livre. Le vrai titre aurait dû être : « Les patries insolidaires et l'humanité fédérée ».

Aucun socialiste n'a jamais dit que la patrie doive être supprimée ; on a seulement affirmé qu'elle doit être étendue par la fédération à l'humanité tout entière.

M. Roosevelt et le *Temps* croient-ils que l'élargissement de la patrie soit un bien ou un mal ?

Le *Temps* regrette-il l'époque où la Bourgogne, la Franche-Comté, la Normandie, la Provence, le Languedoc, l'Aquitaine constituaient dans la France autant de patries distinctes ; où la Toscane, Venise, Gênes, Rome, Naples, Amalfi constituaient en Italie des patries plus fermées encore et continuellement en guerre les unes contre les autres ?

Non, certainement ! Ils considéreraient comme une effroyable rétrogradation le retour à un pareil état de choses.

Et de même M. Roosevelt n'aurait aucune tendresse pour l'existence en Amérique d'autant d'Etats indépendants que la grande république compte d'Etats unis.

Dans les temps préhistoriques, la guerre se faisait d'homme à homme, de famille à famille. Plus tard elle s'est faite de clan à clan, de tribu à tribu ; plus tard de province à province ; elle se fait aujourd'hui de nation à nation.

Elle n'est peut-être pas appelée à disparaître d'un coup ; mais il est probable que si elle a lieu dans l'avenir, ce sera entre des agglomérations infiniment plus étendues, jusqu'au moment où ayant épuisé sa puissance créatrice, elle aura du même coup perdu son énergie destructive.

Les conflits internationaux du dix-huitième et du dix-neuvième siècle ont été moins malfaisants que les anciennes querelles entre villes et entre provinces. Plus terribles dans leurs effets immédiats, ils ont été infiniment plus rares, et l'écrasante paix armée de notre époque est moins ruineuse encore que ne l'était le brigandage perpétuel du moyen âge.

Que les groupes nationaux s'accroissent encore ; et si même à ce moment la paix universelle et définitive n'est pas atteinte le résultat obtenu demeurera considérable. On se battra beaucoup moins souvent et les moyens de préparation seront autres. La marine remplacera dans la plupart des cas les armées continentales, et il ne sera plus nécessaire de dépenser quatre milliards par an pour assurer la sécurité du pays.

Ce que nous demandons, ce n'est pas la réduction de l'humanité à une poussière d'hommes reliés seulement par un gouvernement planétaire. Une idée aussi absurde n'a hanté aucun cerveau : c'est un ensemble de groupes territoriaux, d'associations professionnelles, d'unions reposant sur des sentiments communs ou des idées semblables, de patries matérielles et morales en un mot, mêlées et fédérées dans une de ces unités composites dont l'être humain nous fournit l'image.

De ce que le canton de Vaud n'est plus en guerre avec celui de Berne ; de ce qu'Uri ne gouverne plus militairement le Tessin, Tessin, Uri, Vaud et Berne n'en conservent pas moins la qualité de petites patries chéries de leurs enfants ; et cependant la guerre n'existe plus entre eux, et elle n'est plus nécessaire pour protéger les uns contre les autres.

Il en est de même des divers gouvernements autonomes dont la fédération américaine se compose ; et dans un avenir qui s'annonce prochain, et qui serait déjà réalisé si en 1848 le mouvement républicain avait abouti en Europe, il en sera ainsi chez nous.

C'est à cet avenir que nous travaillons. Mais nous ne prêchons pas la résignation devant l'iniquité. Les guerres de la Révolution française nous paraissent saintes, et nous les recommencerions volontiers, comme alors, soit contre nos ennemis de l'extérieur, soit contre ceux de l'intérieur, si la République était compromise et nos libertés menacées.

Nous admirons le grand caractère et le merveilleux écrivain qu'est Tolstoï ; mais nous ne sommes point de ses fidèles, et lorsqu'on nous frappe la joue gauche, nous ne présentons pas la joue droite.

Mais nous croyons sincèrement qu'à l'heure actuelle, entre les nations européennes, les intérêts sont assez solidaires, les mœurs assez rapprochées, l'idéal assez semblable pour qu'une guerre entre elles fût un mal sans compensation.

La guerre est acceptable lorsque — comme ce fut le cas en 1792, ou en Amérique de 1862 à 1867 — elle est génératrice de progrès. Mais elle doit être flétrie lorsqu'aux maux dont elle est inséparable, elle joint le désastre de faire rétrograder le genre humain.

Nous en sommes là à l'heure actuelle entre nations civilisées, et c'est pour cela que nous appelons de nos vœux l'union fédérale qui résoudra toutes les antinomies pendantes : celle de l'armement, celle du protectionnisme, celle de la population.

Les nationalistes, eux, retranchés derrière des principes vrais en soi, mais qui auraient été aussi bien applicables aux villes du moyen âge qu'aux nations de l'Europe et de l'Amérique, cherchent à maintenir les inimitiés, les guerres, les causes de conflit.

Nous voulons les atténuer et les faire disparaître.

Ils veulent le maintien de nos patries étroites dont les cadres craquent sous la poussée montante du socialisme ; nous voulons des cadres agrandis qui puissent embrasser la planète entière. Diderot disait : « Elargissez Dieu ». Nous disons, nous : « Elargissez les patries ! »

ALFRED NAQUET.

Lettre à Robert Stein - par l'entremise de Lantoine sur l'idée d'échanger Metz contre le Congo français (1)

Monsieur

---

1) Voyez aussi - Naquet - Varia - t. ~~XVIII~~ - page 134.

[illegible] une [illegible] pr[illegible]ment à [illegible] pour la [illegible] des [illegible], la Suisse et les États [illegible] mêmes, [illegible] qui [illegible] [illegible] d'un même [illegible] [illegible] langues différentes [illegible] [illegible] pas à rendre [illegible] Thann parce qu'on y parle [illegible] Strasbourg [illegible] langue allemande [illegible] ne le veulent pas. L'accord que vous proposez ne me paraît donc pas susceptible d'exécution.

Mais j'avoue que, partisan résolu de la paix et du désarmement, qui [illegible] peuvent permettre d'aiguiller nettement vers le socialisme, je pense, comme Jaurès, qu'il faut absolument renoncer à l'idée de revanche et établir dès aujourd'hui les meilleurs rapports entre l'Allemagne et la France, en laissant à la liberté démocratique le soin de régler (deux pays) conformément à la justice toutes les questions en suspens.

Seulement d'autres considérations sont intervenues bien plus graves à mes yeux, et que j'ai envisagées dans mon dernier livre « l'humanité et la patrie »

J'ai de grandes sympathies pour le peuple allemand si laborieux, si savant, si artiste, et pour ce peuple encore si malheureux et que ses qualités éminentes rendraient si digne d'être heureux.

Mais je n'en ai aucune pour cet illuminé moyenageux, vaniteux et ridicule qui se nomme Guillaume II, ni pour le monarque débile et impuissant pour le bien qui nous le nom de Nicolas II, règne à Saint-Pétersbourg.

Je veux les États-Unis d'Europe, non de l'Europe [illegible], les États-Unis qui seront le prélude d'une transformation sociale, et non les États-Unis sous forme impériale sous l'hégémonie de Guillaume II et plus tard peut-être de Nicolas II ou de ses successeurs.

La France est petite. Une Europe continentale, une contre l'Angleterre et l'Amérique et l'autonomie des nations une arme terrible aux mains des despotes du nord ; et ma patrie, enchaînée dans sa victoire, même si on lui rendait l'Alsace et la Lorraine, deviendrait une vassale des empereurs russe ou allemand. Elle ne conserverait plus de [illegible] pour la Révolution qui fait sa gloire et qui constitue sa mission dans le monde.

L'Angleterre et l'Amérique, quoique actuellement impérialistes, militaristes et infidèles à leur mission, ne peuvent ...

dant pas toujours complètement à ce à ce qui est leur raison d'être. Elle demeurent des terres libres ; et tant que la France, sur le Continent aura pour appui moral les États unis et la Grande Bretagne, les puissances d'oppression et de ténèbres ne prévaudront pas.

Voilà pourquoi, ennemi des duplices et des triplices, je suis pour l'union des peuples latins appuyés sur l'amitié des nations anglosaxonnes. Cela ne dit pas donc que je serai pour perpétuer les mauvais rapports de la France et de l'Allemagne voisine de là ! Et si la République s'établissait de l'autre côté du Rhin, cette République qui est le prélude obligatoire des États unis d'Europe et de la fédération fraternelle du monde, les choses changeraient de face. Je jugerais alors indispensable de [illegible] à la constitution de la fédération [illegible] plus arbitres; et, si l'Angleterre ou les deux [illegible] qui semblent devoir être les plus rétifs, se refuseraient à y entrer, elles profiteraient du moins par la constitution de la confédération européenne. Le jour où la question d'Alsace-Lorraine sera bien mieux résolue que par cette système. C'est en faisant en France et Allemagne deux républiques dans l'Europe, et en [illegible] formeront l'une des contrées de la grande patrie, telle qu'on [illegible] paru.

À mes yeux [illegible], ni par l'idée de revanche, ni par des combinaisons diplomatiques que nous pourrions poursuivre le redressement de l'injustice commise en 1870; c'est en plaçant [illegible] nos efforts vers la constitution des États-Unis d'Europe; et comme la France républicaine en est la condition nécessaire, essentielle, c'est en contribuant de tout notre pouvoir à républicaniser les peuples qui selon l'expression de...

Victor Hugo, et j'aimerais en ces [illegible] de Broyante. »

On semble trop l'oublier depuis quelque temps. Il y a une tendance à considérer la forme de gouvernement comme négligeable ; et à préparer la révolution sociale en négligeant la révolution politique.

C'est une grande erreur qui retarde le progrès. La révolution sociale ne peut guère s'accomplir que dans une Europe fédérée et libre ; et cette Europe-là ne peut exister tant qu'il y aura des rois.

Faisons effort pour amener la République en Allemagne et le cauchemar qui pèse sur nous sera dissipé. Je ne peux pas l'être autrement.

Voilà, monsieur, ce que je pense de la question à la fois française — les élections ont fait rétrograder d'un siècle — et européenne qui a attiré votre attention.

Veuillez agréer, monsieur, l'expression de mes sentiments les plus distingués.

Alfred Naquet
ancien Député, ancien Sénateur.

Lettre à Honoré Mereu sur le rapprochement de La France et de l'Italie

Paris le 29 X-bre 1[illegible]

83 rue de l'Assomption

16e arrt

Mon cher Mereu

La, ou plutôt les questions que vous venez de me poser dans votre lettre du 26 courant ne sont pas simples ; elles exigeraient de très longs développements. Ces développements, je les ai en partie donnés il y a 18 mois dans mon ouvrage « l'humanité et la patrie » et il serait bien difficile de les faire tenir dans le cadre d'une correspondance. Je vais cependant faire un effort pour dégager ma pensée.

D'abord j'exprime mes sentiments personnels. Professeur à Palerme de 1863 à 1865 j'y ai fait mes premières armes d'enseignant, de même que plus tard, exilé en Espagne où venait d'éclater la Révolution de septembre 1868, j'y ai fait mes premières armes de politique active. Aussi considéré-je l'Italie et l'Espagne comme [illegible] des prolongements de ma patrie, et rien ne peut m'être plus pénible que des malentendus et des querelles comme celles qui pendant vingt ans, ont divisé nos deux pays.

C'est vous dire la joie personnelle que m'a fait éprouver le rapprochement fraternel entre nos deux pays.

Le but que, selon moi, tous les démocrates doivent poursuivre est la Constitution des États unis d'Europe, prélude de la confédération des peuples civilisés, étape sur la grande voie que, de nos patries égoïstes, solitaires et jalouses, nous fait s'étendre vers la grande patrie planétaire, vers l'unité fédérative du monde.

Dans les situations sincères qui conviennent à la grande œuvre de fraternité humaine, il m'a toujours paru que l'alliance ou la fédération, demain, des trois nations latines, était indiquée comme devant être la première.

A ce point de vue encore le rapprochement franco-italien ne peut que me causer la plus vive satisfaction.

citons [illegible] l'œuvre qui devait produire [illegible] son plein effet.

D'abord l'Italie a commis la faute énorme de contracter la triplice, et nous, pour parer au danger de l'isolement, nous avons été amenés à former la duplice. Et tandis que l'Italie, alliée de l'Allemagne, [illegible] de [illegible] [illegible] [illegible] [illegible]-rance ; tandis que la France [illegible] [illegible] [illegible] augmenter, par [illegible] [illegible] [illegible] alliée, dans une guerre qu'elle n'aurait pas désirée, on peut espérer que les [illegible] rapports actuels [illegible] [illegible] [illegible] [illegible] l'affirmer, et [illegible] [illegible] rapports qu'ils doivent [illegible] [illegible] l'Italie en rétablissant [illegible] [illegible] [illegible] pas plus tard.

Il y a un autre obstacle que [illegible] au travers de l'union latine [illegible] [illegible] [illegible] [illegible] [illegible] [illegible] [illegible] [illegible] procéder et [illegible] [illegible]. C'est [illegible] monarchique de la majorité [illegible] l'Europe latine, [illegible] la Belgique, l'Espagne, le Portugal et l'Italie.

L'unité peut se faire sous la forme républicaine ou impériale. Républicaine, elle amènera l'affranchissement général, la paix dans la liberté ; elle sera le point de départ de la rénovation sociale.

Impériale, elle deviendra l'arme la plus puissante entre les mains de la réaction ; elle brisera les initiatives généreuses ; elle annihilera la France, qui jusqu'à ce jour a été la patrie de la Révolution — ainsi que Proudhon l'a appelée et qui muselée par le nombre ne pourra plus jouer le rôle que la nature lui avait dévolu.

Je pense donc, avec votre compatriote Cipriani, qu'autant les États unis de l'Europe républicaine sont désirables, autant l'unité impériale serait exécrable. Et à cette unité là je préfère la division actuelle. Elle laisse subsister il est vrai les chances de guerre — et toute guerre est funeste aux deux belligérants —. Mais elle laisse aussi subsister les chances de Révolution, et même quand elle avorte, quand elle manque son but, la Révolution est féconde.

La République Ibérique, la République Italienne et la République française, constituées en Confédération des États latins, seraient un événement immense, le plus grand peut-être que la planète ait encore vu. Mais l'intimité de la France Républicaine avec des gouvernements monarchiques n'a pas pour résultat d'élever ceux-ci au niveau de la République mais d'abaisser la République à leur niveau.

Alexandre III craignant avant tout la répercussion sur la Russie de la liberté républicaine française, et répugnait d'abord à l'alliance. Il y aurait été amené par l'entremise, le réactionnaire ferme qui a nom Pobiedonostzeff. « Il n'y a pas de danger, Souverain » il dit à son maître, « ce n'est pas la France qui fera la Russie, c'est la Russie qui fera la France » et cette sinistre prédiction ne s'est que trop justifiée jusqu'ici.

Malgré tout, je suis heureux du rapprochement de la France et de l'Italie. S'il dure — et il durera si quelque vent de guerre ne vient pas tout à coup à souffler — il y a lieu d'augurer que l'esprit public en Italie évoluera vers la consolidation. Les événements alors imprévus — une circonstance de nature à renverser le trône des Bourbons à Madrid et celui des Savoie à Rome, la fédération latine sera faite.

Je vois donc de sérieux avantages à l'entente franco-italienne, je crois qu'elle durera ; qu'elle pourra être le point de départ d'une politique de solidarité latine, commencement de la solidarité latine.

Mais ce n'est là qu'une espérance première : un espoir à peine, parce qu'il y a un nuage qui obscurcit l'horizon : la monarchie en Italie et en Espagne.

Il est de bon ton de dire aujourd'hui que la forme de gouvernement importe peu, la liberté seule comptant, et l'on cite même l'Angleterre.

Tant qu'on ne considère que la politique intérieure d'une nation cette opinion peut être soutenue ; mais dès qu'on considère la politique extérieure, les choses changent de face et la forme monarchique devient le principal obstacle à l'unification du genre humain.

Il sera ma joie la plus grande de voir la communion fraternelle de la France et de l'Italie, objet de souvenirs multiples, au centuple, si j'apprenais que la République est proclamée à Rome et que l'union des deux gouvernements s'est enfin jointe en alliance des deux peuples.

Voici mon cher maître l'opinion, sur les questions posées par vous, d'un vieux Républicain aux yeux de qui Italiens et Espagnols deviennent compatriotes, mais aux yeux de qui, également, les rois et ceux qui les servent, en quelques points du globe qu'ils habitent, sont des étrangers.

Cordialement à vous,

[illegible]

Le Figaro du 12 Janvier 1903 (49e année - 3ème série - n° 12)

LES PETITS SALONS

Alfred Naquet

Dans le concert des orateurs et des romanciers qui prêchent la croisade pour l'élargissement du divorce, il est une voix qu'on est surpris de ne pas entendre : celle de M. Naquet. L'ingratitude des hommes, sinon des femmes, l'a rejeté dans l'oubli, ce Purgatoire des gens qui firent trop parler d'eux. Et aujourd'hui, dans le recul de sa gloire légendaire, l'auteur de la loi de 1884 apparaît un être symbolique et lointain, un patriarche biblique et un peu bohème, le patriarche des petites divorcées. Cependant, avec sa belle tête de prophète et ses gestes menus de Guignol, M. Naquet révèle encore, dans les mélancolies de l'honorariat, un des types les plus significatifs et les plus amusants de l'époque.

J'ai souvent songé à l'admirable compère de revue qu'on ferait avec le personnage de M. Renan. On l'imagine aux Champs-Elysées, en une bouffonnerie grandiose montée par Ezéchiel et mise en scène par Lucien de Samosate, faisant défiler devant sa bonhomie amusée les gros faits-divers de l'histoire et les tragédies futiles de l'humanité. A côté de lui, M. Naquet serait une commère d'une ampleur et d'une dignité merveilleuses. Un vague parfum de demi-monde flotte autour de cet apôtre parlementaire. Les caricaturistes de la monarchie de Juillet représentaient volontiers M. Guizot partant en voyage avec un faux-col, une paire de chaussettes et le grand cordon de la Légion d'honneur enveloppés dans un journal. M. Naquet se présente d'abord muni d'un cabas. En ce meuble intime, qui est son accessoire de théâtre, sont entassés pêle-mêle des théories et des potins, des projets de Constitution et des recettes d'élixir. Ce n'est pas un fait indigne de remarque qu'au moment même où il forçait le Code avec la loi du divorce, M. Naquet inventait une excellente teinture de cheveux, offrant ainsi une suprême ressource de séduction aux épouses incomprises. Il tient à la fois de l'abbé Sieyès et de Mme Cardinal, du législateur et de la revendeuse à la toilette. Du premier il a le goût des constructions idéologiques ; de la seconde, le liant, l'absence de morgue, la force persuasive, la cordialité un peu molle et l'obligeance insidieusement transactionnelle.

C'est dans son arrière-boutique, propice aux abandons des confidences, qu'il reçut, un jour de 1888, la visite d'un charmant général qui musardait aux devantures. Avec sa courtoisie empressée, M. Naquet étala devant lui ses *occasions*.

— Voici une bien jolie Constitution, fit-il : elle est en excellent état et elle fut à peine portée...

***

Envisagé sous cet aspect, avec son comique sérieux, son intelligence supérieure et son dédain des partis pris, la figure, si complexe, prend une sorte d'unité qui impose. On ne saurait prétendre, en toute justice, qu'il se montra versatile, — il fut seulement achalandé. Les idées n'offrent à ses yeux qu'une valeur d'échantillon. Et s'il ne parvint jamais à fixer son choix entre les opinions des hommes, ce n'est point par indigence intellectuelle, mais plutôt par un excès de richesse, et aussi par une sorte de scrupule qui lui fait tenir la préférence pour une injustice. Son souci constant fut d'habiller les époques avec les systèmes qui leur seyaient le mieux.

M. Naquet me conta jadis une anecdote qui marque agréablement son honnête soumission aux circonstances.

C'était chez Victor Hugo, quand l'auguste poète, encore un homme et déjà presque un dieu, semblait une statue vivante que le bronze gagnait. M. Edouard Lockroy, qui était un peu son secrétaire, un peu son ami et un peu son gendre, servait sa gloire avec la piété d'un lévite et le zèle d'un imprésario. Il introduisit un soir dans le sanctuaire son ami M. Naquet. Hugo l'accueillit avec bienveillance et, tout de suite, se montra familier.

— Que pensez-vous, monsieur Naquet, fit-il, de l'immortalité de l'âme?

La question troubla M. Naquet qui aperçut d'abord un conflit entre sa philosophie et sa politesse; il s'appliqua à être sincère avec prudence :

— Mon cher maître... fit-il timidement, s'il faut vous dire le fond de ma pensée... non... je ne crois pas à l'immortalité de l'âme!...

Mais aussitôt, confus de son audace et de sa partialité, il esquissa, par décence, un mouvement de retraite.

— Je n'y crois point, ajouta-t-il, d'une manière générale. Sans doute, certains êtres d'exception, comme vous, par exemple, peuvent prétendre à vivre éternellement; toutefois, pour mon compte, je ne me vois pas immortel!

Impassible, énigmatique, olympien, Hugo demeurait abîmé en sa méditation. Enfin une voix de basse profonde sortant de sa poitrine rompit le silence sacré :

— Ça peut se soutenir.

M. Naquet écouta la déclaration avec la gravité qui lui est habituelle, car il est remarquablement réfractaire à l'ironie : un augure qui ne rit pas. On peut même dire qu'il fut inconstant sans légèreté. Quand on observe la suite de ses actes publics, on aperçoit sans doute des sautes brusques et des raccourcis violents qui déconcertent; néanmoins, si, dans sa carrière, les phénomènes se succèdent sans ordre apparent, les syllogismes qui constituent la trame de cette tapisserie bariolée s'enchaînent avec force. M. Naquet fut volage, mais sa versatilité resta rationnelle. Les raccords de ses évolutions furent cimentés avec soin. Après la défaite du boulangisme, pareil à Encelade sous sa montagne, il soulevait de loin en loin, avec de patients efforts, le poids des malédictions dont l'accablaient les parlementaires : « Il faut que je vous dise... » murmurait une voix sortant des décombres. Et le commentaire était toujours ingénieux et compliqué.

L'histoire des variations de M. Naquet ne serait pas un livre frivole. En 1889, il déclarait, avec une énergie communicative : « J'aimerais mieux me couper le bras que d'avoir écrit ce livre! » faisant allusion à une œuvre de jeunesse, *Religion, Propriété et Famille*, d'inspiration nettement libertaire. En 1900, il eût volontiers coupé l'autre, en se rappelant ses péchés de 1889. Cependant M. Naquet possède toujours ses deux bras qu'il agite avec une vivacité méridionale pour ramasser, dans le cercle de sa dialectique, ses conceptions aventureuses.

On croirait qu'une divinité maligne, un Tentateur facétieux, goûtant un plaisir égoïste au spectacle de cet acteur exceptionnel, l'élut par décret nominatif en vue de se donner la comédie, et prépara les événements avec une sollicitude jalouse, à seule fin de ménager à M. Naquet des rôles dignes de sa souplesse et de sa fantaisie. De fait, ses efforts successifs vers la sincérité furent sans cesse trahis par les circonstances. Ennemi de toutes armes à feu, des revolvers passionnels comme des artilleries internationales, il devint, par un concours imprévu d'incidents, le chef d'un parti où s'entre-choquaient les épées. Philosophe secrètement nihiliste, il fut convié par la Fortune à plaider la cause de l'Ordre et de la Discipline. C'est de la même écriture cursive et fortement liée qu'il mandait à la *Croix* : « Nous autres catholiques, nous devons voter... etc. » et que, dix ans plus tard, il notait cette pensée charmante, dans la préface qu'il composa pour *l'Aurore de la civilisation* de Spencer : « Le livre que je crois intéressant de faire connaître aux lecteurs français est fort loin d'être conforme à mes doctrines et à mes idées... »

En vérité, quand on observe cet acharnement diabolique du Destin contre M. Naquet, on se demande si l'on doit l'admirer comme un éminent virtuose ou le plaindre comme une illustre victime.

***

Son nom n'en demeure pas moins attaché à l'une des deux ou trois lois importantes de ces trente dernières années. Notre dessein n'est pas de produire ici un réquisitoire contre le divorce, ou un plaidoyer en sa faveur. Cependant on éprouve une sorte de satisfaction à reconnaître en M. Naquet son père légitime. C'est à ce philosophe qu'il appartenait d'introduire dans la Famille le provisoire dont il fit la loi de la République. Tandis que les anciens ministres sanglaient la société dans des conventions rigides (M. Guizot, dont j'évoquais, pour l'amusement du contraste, l'austère image, ne signa-t-il point *l'Amour dans le mariage* et *la Démocratie en France?*) M. Naquet dénoue les ceintures des épouses et les liens de l'Etat. Un seul article manque à son étalage : le corset.

C'est peut-être sur ce chapitre que, dans le « dialogue des morts » selon Lucien, le contact serait le plus piquant entre M. Ernest Renan et M. Alfred Naquet... Toutefois si M. Renan, nihiliste onctueux, parut se complaire parfois à dire la messe devant des autels vides, M. Naquet, destructeur cordial, méprise les vains libertinages. Quand il trottine de son pas menu, l'air grave et la tête penchée sur l'épaule, cet apôtre infatigable des Gentils parmi les Fidèles sait toujours où il va. Que des législateurs se rencontrent avec des gens de lettres afin de réclamer la revision de l'article *298* et s'emploient à rendre l'adultère respectable en instituant le principe de la fidélité par report, M. Naquet accueille leur concours avec gratitude; pour obliger les complices, il trouverait au besoin, dans son bric-à-brac, de l'estime en solde. C'est qu'en tombant tour à tour, chacune des petites barrières protectrices du mariage ouvre la voie à la réforme qui reste l'objet véritable de son apostolat : l'union libre.

Du moins, il est logique. La logique fut son tourment, sa débauche et sa bonne foi. Les vieux docteurs reconnaissaient en elle un jeu démoniaque et le prince de Talleyrand confessait avoir appris au séminaire l'art de persuader les chancelleries. Produit brillant des laboratoires de toxicologie, agrégé précoce des facultés de médecine, M. Naquet a le tour d'esprit d'un théologien : longtemps il se plut, avec une joie presque coupable, au commerce des évêques et à la fréquentation des casuistes. C'est sans doute pour ce motif que le comte Dillon déclarait en 1880 :

— Naquet, ce sera notre ambassadeur auprès du Saint-Père!

Francis Chevassu.

Le Figaro du 15 janvier 1903 (49e année = 3me série = n° 15)

CHEZ M. NAQUET

Réponse sur la question du divorce par consentement mutuel

Tout le monde parle sur le divorce; seul M. Naquet se tait.

Si M. Naquet demeure silencieux, c'est qu'il se prépare à exposer toute sa pensée, non point dans un court article — elle est trop complexe, — mais dans un volume touffu où il retrace l'historique du divorce et son développement, où il constate les services qu'il rend et qu'il rendra à la société.

Interrompant sa rude besogne accomplie sous les tenailles de la maladie, M. Naquet ne refuse pourtant point d'analyser brièvement la synthèse même de son ouvrage.

— Non seulement je suis pour le divorce unilatéral, s'écrie M. Naquet, qui oublie ses souffrances en parlant de son thème favori; mais, d'une manière générale, je suis pour l'union libre. Je reconnais cependant que dans l'état actuel de la société, société fondée sur la propriété individuelle, cela n'est point possible, la femme ne pouvant ni matériellement ni intellectuellement assumer la charge d'élever les enfants.

» Il faut donc assurer à la femme le secours de l'homme. Il n'en serait pas de même dans une société communiste : la mère conserverait son enfant, lui donnerait son nom, mais la société l'élèverait, jusqu'au jour où il serait en âge de subvenir à ses besoins. »

Comme je ne puis cacher la révolte si naturelle de toutes nos idées contre une telle théorie, M. Naquet reprend plus âpre :

— Mais, après tout, le mariage n'est pas une loi coercitive. On se marie parce que c'est l'usage, parce qu'une femme vivant librement avec l'élu de son cœur est flétrie par la société... Mais supposez que les rôles soient renversés et que l'homme, au contraire, puisse être cloué au pilori infamant par la femme dont il refusera de reconnaître l'enfant!... Vous saisissez tout de suite combien la caduque institution du mariage serait ébranlée d'une telle possibilité!

» Enfin l'union libre supprime l'adultère, cette duperie répugnante, et elle assure la vraie filiation. »

Peu convaincue, je défends la vieille tradition, la famille et la femme... femme qui se trouverait à la merci d'un caprice, d'un accident, d'une maladie, et qu'on pourrait abandonner lorsque sa santé, sa beauté seraient flétries, ou simplement lorsque la satiété serait venue...

— Votre argument n'est pas logique, riposte M. Naquet. La grande majorité des divorces sont demandés par les femmes, et ils se produisent surtout dans la classe ouvrière ; c'est donc la femme qui le plus généralement rompt son contrat, et tous les congrès féministes réclament l'élasticité du divorce, dans l'intérêt de la femme.

» Le mariage est un contrat d'une nature toute spéciale ; or il est dit dans un article de la Constitution de l'an III que « l'homme peut engager ses services, » mais non sa personne ». Les vœux monastiques ne sont plus reconnus! Pourquoi diable voulez-vous qu'on se montre plus intransigeant à l'endroit des époux en les obligeant à demeurer quand même indissolublement liés?

» La plupart ne se connaissent point, lorsqu'ils viennent prêter serment devant le maire; ils ne peuvent donc savoir s'ils sont créés pour s'entendre, si leurs caractères, leurs habitudes, leurs manies mêmes s'harmoniseront!... Et vous voudriez obliger ces gens-là à vivre côte à côte, toute leur existence, en dépit des antipathies, des haines qui les jetteront peut-être un jour l'un contre l'autre! »

M. Naquet s'anime.

Il fouille d'une main fiévreuse dans un amoncellement de papiers couverts de fins hiéroglyphes.

— Tenez, voici les feuillets de mon prochain livre, une étude documentée — bourrée d'exemples pris à la bonne source — sur la loi du divorce dont je retrace l'histoire. Eh bien! il me serait facile de vous prouver, chiffres en main, que le divorce par lui-même ne désagrège pas les familles ; il les assainit, voilà tout. Les séparations de corps n'étaient point plus morales ; elles enchaînaient deux êtres en les empêchant de contracter une nouvelle union légale, mais huit fois sur dix l'adultère triomphait. La société est-elle plus déséquilibrée parce qu'on substitue la franchise d'une situation nette au mensonge d'un compromis déshonorant?

» Le divorce par consentement mutuel existe en fait, depuis longtemps ; un de mes amis, juge au Tribunal civil de la Seine, m'avouait récemment que les trois quarts des divorces prononcés à Paris à l'heure actuelle étaient réclamés d'accord par les deux époux.

» — C'est charmant, me disait-il, très vite terminé et, je l'avoue, beaucoup moins scandaleux. »

Et, comme je ne peux réprimer un sourire...

— Mais parfaitement, beaucoup moins scandaleux que ces constatations d'adultère, ces voies de fait publiques, auxquelles on recourt parfois pour obtenir gain de cause.

» Il y a cinq ou six ans, ne découvrit-on pas une agence fonctionnant régulièrement et dont le but était de fournir... comment vous expliquerai-je... bref, des messieurs pour flagrants délits. Cela fut porté à la connaissance du Tribunal, au sujet d'une jeune femme qui, d'accord avec son mari, consentait à se laisser prendre en conversation criminelle, comme on dit au Palais, mais qui refusait les candidats présentés par l'agence comme étant trop laids.

» L'adultère ne l'effrayait pas, mais il lui répugnait de penser que ses bonnes amies se gausseraient de son mauvais goût.

» Croyez-moi, le divorce unilatéral, bien qu'il puisse effrayer les timorés, ne causera aucun préjudice à la famille, car les divorces nouveaux, qui se produiront ouvertement, étaient déjà consommés en fait.

— Mais, les enfants ? veux-je encore objecter...

— Les enfants ! les enfants ! Mais ce sont des graines d'hommes !... Ils grandiront, et pour vouloir les protéger dans leurs tendres années, vous en faites des esclaves pour l'âge mûr, car le mariage sans le divorce, c'est l'esclavage...

» Actuellement, le mariage n'est qu'un contrat commercial; dans les hautes classes de la société, on unit les sacs d'écus, sans que les cœurs prennent part à cette transaction. Aussi je m'explique fort bien l'effroi que cause à certains hommes cette perspective du divorce accordé à la demande d'un seul. Pour beaucoup, c'est le synonyme de : « On « rend l'argent »... l'argent, c'est-à-dire la dot apportée par la pauvre épouse naïve et dédaignée.

» Quand on s'unira librement, sans être guidé par les questions mercantilles, les divorces se raréfieront.

» Pour le moment, nous sommes dans un monde inharmonique ; à notre société, fondée sur le bien individuel, on ne peut offrir que des palliatifs : le divorce en est un. »

M. Naquet parle longtemps encore, envisageant les diverses questions qui se rattachent à ce problème social dont il a fait sa spécialité et j'allais dire sa chose ; mais il faut nous borner et ne transcrire fidèlement que les principaux arguments sur une thèse à l'ordre du jour.

M.-L. Néron.

La jeune France du 22 janvier 1903 — 2e année — n° 6

CELUI QU'ILS INSULTENT

C'est d'Alfred Naquet que je veux parler. Alfred Naquet, l'apôtre du divorce. Certains organes du matin ne craignent pas d'essayer l'outrage sur cette grande figure, de ternir l'éclat d'un nom qui restera attaché à une loi de liberté qui fait l'honneur de la République.

On dépeint Naquet courbé sous la honte, maudissant son œuvre que l'Eglise s'est efforcée de noter d'infâmie.

On lui demande de faire entendre sa

voix dans le concert qui s'élève en faveur du divorce élargi du divorce unilatéral, que nous réclamons pour notre part, avec, pour la femme devenue l'égale de l'homme devant le Code civil, l'entière et la libre gestion de la dot, qui resterait son patrimoine exclusif.

Les ans ont courbé le rude jouteur de 1876 et des années suivantes, le républicain loyal et très ferme qui a tout fait pour notre cause de justice et de liberté. Ses cheveux ont blanchi, mais son cœur est resté passionnément jeune. Un cœur ne peut vieillir dans lequel l'idée démocratique et sociale a toujours battu sa chamade joyeuse et je dirai haletante.

Nous allons mener dans ce journal, avec l'*Union des Etudiants Républicains de France*, une ardente campagne en faveur du divorce et du féminisme. Un des maîtres les plus illustres du barreau français, Maître Henri Coulon, veut bien s'associer à nous avec Madame Marguerite Durand, directrice de *La Fronde*, et M. Chauvin, député, pour mener à bien cette œuvre et secouer la torpeur d'un parlement toujours mou, quand il n'est pas rebelle. Une série de conférences s'organise. La première a été retardée par suite de l'état de santé d'Alfred Naquet. Voici sa belle lettre d'excuse. Nous la publions. Elle est une admirable réponse à la calomnie perfide de nos adversaires.

Paris, 12 Janvier 1903.

Messieurs les Etudiants Républicains,

A mon grand regret, il m'est impossible de répondre à votre appel. Je souffre depuis plus de quatre ans de symptômes d'angine de poitrine qui s'aggravent tous les jours et qui se sont encore accentués depuis un mois et demi. La conversation elle-même me fatigue. Je ne puis plus supporter les veilles ; la moindre sortie me donne des crises de suffocation et de palpitation, à ce point que ce m'est un effort de prendre chaque jour une voiture pour me rendre chez mon médecin chez qui je suis en traitement. Toute vie active est finie pour moi, si même — ce que mon médecin prétend et ce que je n'espère guère — les symptômes que j'éprouve étaient susceptibles de s'améliorer. Ce m'est un grand chagrin. Non que je regrette la vie en elle-même, mais parce que la campagne ouverte par le livre et la pétition des frères Margueritte, par les jugements et la pétition de Magnaud, par la brochure de Coulon, exige un grand effort et qu'il m'aurait été particulièrement agréable de vivre assez pour voir compléter la loi à laquelle j'ai tant travaillé jadis.

Mais je n'y puis rien et la philosophie m'enseigne à prendre mon parti de ce que je ne puis pas empêcher.

La partie sera rude. Les préjugés sont toujours là pour barrer la route aux novateurs ; et s'ils sont moindres qu'en 1876 et dans les années qui ont suivi, si la résistance a diminué, l'impulsion a diminué aussi par ce fait que le nombre des personnes directement intéressées à la nouvelle réforme est moins considérable. Il faudra une campagne énergique, suivie, intense pour arriver au but.

Mais avec des hommes comme Henri Coulon, comme les frères Margueritte, et comme toute la légion des étudiants républicains que vous êtes, le succès n'est pas douteux.

Pour moi, je suis en train de terminer un volume qui aura pour titre : « *La loi du divorce, réflexions et souvenirs.* » Le premier projet en est terminé, heureusement, car je n'en serais plus capable s'il ne l'était pas. Je consacre actuellement 2 ou 3 heures par jour — et ce m'est un effort pénible — à le revoir et à le parachever, et j'ai d'ailleurs un ami qui se chargerait de le revoir et de le publier si je disparaissais sans pouvoir le faire moi-même. C'est la dernière contribution que je puisse apporter à la loi de liberté dont vous assurerez la défense.

Luttez Messieurs ! amenez nous le divorce par consentement mutuel, le divorce unilatéral, rapprochez-nous chaque jour davantage de la loi de 1792 et de l'admirable projet de Code Civil de la Convention, et vous aurez bien mérité de la France et de l'Humanité.

Salutations fraternelles

A. NAQUET.

Eh bien, Alfred Naquet viendra à nous malgré tout. Son ami de combat, Henri Coulon, nous l'a promis. Laissons passer quelques jours encore et Naquet ira parmi les membres de cette jeunesse républicaine intellectuelle qu'il aime et qui le lui rend bien.

Et moi, au nom des adhérents et des Comités de l'*Union des Etudiants Républicains de France*, je viens saluer très bas, très bas, l'apôtre outragé.

Paul de Bellegarde,

Secrétaire général de l'Union des Etudiants Républicains de France.

La Corrispondenza italiana da Parigi – du 23 janvier 1903

de Mercu & Granger – anno I – n° 4 – 8, rue Thimonnier –

Il divorzio in Italia e in Francia

Intervista coll'on. A. Naquet.

La questione del divorzio ha suscitato in Italia polemiche ardenti e continuerà, finchè non sia risolta dal Parlamento, ad appassionare la pubblica opinione ed a provocare dispute e controversie scottanti. Si tratta di un argomento cui sono inerenti alti e delicati interessi morali e sociali ed intorno al quale, per conseguenza, non si farà mai luce abbastanza.

Abbiamo perciò stimato utile far conoscere in proposito ai nostri lettori il parere dell'on. A. Naquet, che fu veramente il padre della legge del divorzio in Francia, dove l'attuazione della riforma divenne possibile mercè l'assiduo ed intelligente apostolato del già senatore di

Valchiusa. Come scienziato, come filosofo, come legislatore, il Naquet era certamente nel caso di esprimere sull'argomento un'opinione fondata sugli studi e sull'esperienza.

IL DIVORZIO IN FRANCIA

Circa ai risultati del divorzio in Francia, il Sig. Naquet ha convenuto che dal 1884 in poi, cioè dall'epoca dell'introduzione del divorzio, il numero delle separazioni di corpo e di beni è diminuito di un quinto soltanto, mentre il numero dei divorzi avvenuti è tre volte maggiore di quello delle separazioni che si verificavano prima della riforma. Ciò vorrebbe dire, stando al significato rigido delle cifre, che il divorzio ha avuto per effetto di quadruplicare in Francia il numero delle famiglie legalmente disunite.

Senonchè, si può dire che, in realtà, la situazione non si è modificata che nelle apparenze, per la semplice ragione che molte famiglie le quali, prima, rimanevano indissolute, perchè gli sposi non avevano ragione di ricorrere ad una semplice separazione giudiziaria giudicata come un espediente incompleto ed inefficace, hanno ricorso al divorzio appena ne hanno avuta la opportunità, poichè col divorzio gli sposi disuniti potevano contrarre un nuovo matrimonio, invece di imprigionarsi nel limbo della separazione legale.

Negli effetti sociali e morali, dice l'on. Naquet, si è verificato un fatto eccellente, si è potuto accertare cioè che la nuzialità dei divorziati è superiore a quella di tutte le altre categorie, compresa quella dei vedovi.

È certo che i divorziati i quali, sotto l'egida della nuova legge, si sono rimaritati, ed hanno costituito famiglie regolari, avrebbero finito, senza il divorzio, col formare dei *faux ménages*.

IL DIVORZIO IN ITALIA
e la ricerca della paternità

Secondo il Naquet, l'onorevole Zanardelli ha operato saviamente congiungendo la questione del divorzio a quella della ricerca della paternità. Qui, la congiunzione non sarebbe stata possibile per motivi di delicatezza e di procedura. Il signor Béranger aveva per l'appunto presentato un progetto di legge sulla ricerca della paternità, quando l'on. Naquet presentò il suo sul divorzio, sul quale perciò il senatore di Valchiusa non volle innestare la questione della ricerca della paternità, per non aver l'aria di voler tagliare l'erba sotto i piedi all'on. Béranger. Per altro, il progetto di quest'ultimo fu respinto ad onta del caldo appoggio di cui gli fu largo largo lo stesso Naquet.

Però, l'on. Naquet trova che lo schema di legge dell'on. Zanardelli è un po' troppo mite, troppo modesto.

Il principio del divorzio vi è quasi mutilato — e il ministro italiano lo vuole introdurre nella legislazione attraverso una porta talmente angusta che la sua istituzione sarà quasi più nominale, decorativa, che reale. Comprendo però, dice il nostro interlocutore, che un paese nel quale è ancora profondamente radicato il sentimento cattolico e dove, dopo la morte di Salvatore Morelli, non si è più seriamente agitata la questione del divorzio, l'on. Zanardelli avrà bisogno di tutto il prestigio, di tutta l'influenza di cui può disporre per fare votare la legge, anche in quella forma relativamente anodina nella quale egli l'ha presentata.

Siccome poi io sono convinto che una volta il principio ammesso, esso avrà col tempo il suo logico svolgimento, formo i più ardenti voti pel trionfo dell'iniziativa dell'on. Zanardelli.

E' certo che la chiesa farà, in Italia, come nell'Argentina, come nel Brasile, una viva opposizione alla riforma, ma finirà col subirla. In Francia, non si è ancora rassegnata. Lotta sempre, sino al punto quasi di rinsavire, tanto è vero che il suo capo, che in altri tempi, si mostrò piuttosto corrivo nello sciogliere i matrimoni principeschi, manifesta oggi un rigore inusitato riguardo ai coniugi di Sassonia, appunto per non fornire armi ai fautori del divorzio.

Il nuovo libro del sig. Naquet

sul divorzio.

Intorno al nuovo libro che è in corso di stampa, e di cui abbiamo dato l'annunzio in un precedente numero, l'on. Naquet ha avuto la cortesia di darci interessanti indicazioni.

È noto che i fratelli Paul e Victor Margueritte hanno proposto uno schema di legge che tende all'allargamento dell'istituzione del divorzio. Secondo quello schema, dovrebbe bastare il mutuo consenso e si dovrebbero anche ristabilire le disposizioni della legge del 1792 le quali ammettevano il divorzio sulla semplice volontà perseverante di uno dei due coniugi, motivata magari da una mera incompatibilità di carattere. Di fronte ad una questione che tanto mi interessa, conchiude il sig. Naquet, non voglio restare indifferente.

Le mie condizioni di salute non mi consentono di intraprendere una campagna attiva, ma ho voluto scrivere un libro nel quale è condensato il risultato degli ultimi studi e delle ultime osservazioni da me fatte:

Il libro sarà intitolato, come ben diceste nel vostro secondo numero:

La loi du divorce — Souvenirs et réflexions.

Va da sè che approvo il progetto dei fratelli Margueritte, e il quale è, nelle sue linee generali, la riproduzione del mio schema di legge del 1876.

Lettre d'Alfred Naquet au groupe de la libre pensée de Saint-Denis qui lui avait offert la présidence honoraire d'une réunion organisée pour le 31 Xbre 1903 en vue de fêter le geste du 21 janvier 1793 (exécution de Louis XVI.

Paris le 22 [illegible] 190[illegible]

Mon cher Citoyen

J'accepte de grand cœur l'honneur que me fait le Groupe de la libre pensée de Saint Denis, et je regrette que l'état de ma santé m'oblige de me borner à la présidence honoraire de la réunion qu'il a organisée, en me privant du plaisir d'en prendre la présidence effective.

Le geste du 21 janvier 1793 fut nécessaire.

Ennemis absolus de la peine de mort, nous devons en effet reconnaître que tant qu'elle existe aucun crime ne la justifie mieux que celui, le plus terrible de tous, qui consiste à conspirer avec l'étranger contre l'indépendance et la liberté du pays dont on a la garde. Les nationalistes eux-mêmes ne pourraient, sans montrer trop à découvert le but réel de leurs agissements, ne pas approuver la Convention.

Qui dit justice dit égalité, et si l'égalité pouvait jamais être violée, ce serait pour que la peine fût d'autant plus sévère que, le coupable étant placé plus haut, sa responsabilité est plus grande.

[illegible] d'une manière [illegible] la Convention [illegible] par le dernier traité [illegible]

Et je ne dis pas que [illegible] par [illegible] de son éducation [illegible]

Je le dis encore [illegible].

[illegible] des socialistes [illegible] de la doctrine [illegible] de rapports [illegible]

[illegible] que la responsabilité [illegible] pas, et que, dans une société [illegible], [illegible] place à l'éducation [illegible].

[illegible] la Convention [illegible] la guerre, et [illegible] 21 [illegible] la guerre. J'attends [illegible], après la Commune, [illegible] traité [illegible] à la République [illegible].

[illegible] que Brunswick [illegible], la Convention répondit [illegible], et par son énergie terrible elle [illegible] le monde [illegible].

Voilà, citoyen, ce que je [illegible]; voilà ce que je vous prie de dire en mon nom à nos camarades de Saint-Étienne.

Salutations fraternelles,

[illegible]

L'Eclair du 19 février 1903 – 16e année – n° 5196

AUTOUR DU DIVORCE (1)

L'INTERPRÉTATION DE LA LOI SUR LE DIVORCE PAR M. MAGNAUD

Divorce et séparation de corps. — Une solution hypocrite. — Interview de M. Naquet. — Le point de fait et le point de droit L'article 310. — Le tribunal doit apprécier. — Divers exemples

M. le président Magnaud aime à trancher dans le vif; tout récemment, il rendait à Château-Thierry un jugement de divorce dont les attendus provoquent déjà des polémiques.

Il s'agissait de deux époux dont les torts étaient réciproques; un égal désir de ne plus vivre ensemble les animait l'un et l'autre, mais le mari réclamait le divorce tandis que la femme en tenait plutôt pour la séparation de corps.

Dans un jugement dont les considérants ont surpris, le tribunal de Château-Thierry s'est prononcé pour la thèse du mari.

M. Magnaud considère la séparation de corps comme une solution bâtarde, hypocrite et contre nature, favorisant les unions clandestines d'où sortent les parias de l'état-civil; à son avis, le divorce est, au contraire, la solution large et claire qui, en dégageant franchement deux époux du lien conjugal, noué entre eux par erreur, assure non seulement leur indépendance de corps et d'esprit, mais ouvre la voie à tous leurs espoirs de bonheur futur. Entre ces deux solutions, M. Magnaud, appréciant que la mission du juge est au moins aussi sociale que juridique, n'hésite pas à choisir la plus humaine et la plus conforme aux réalités de la vie, c'est-à-dire le divorce.

On a dit aussitôt que le tribunal de Château-Thierry venait d'admettre le divorce par la volonté d'un seul, et d'introduire *ipso facto* la réforme réclamée par les frères Margueritte.

Telle est la discussion que nous avons soumise à M. Alfred Naquet, en le priant de formuler son opinion pour nos lecteurs.

Chez M. Naquet

L'auteur de la loi du divorce nous reçoit avec cette courtoisie dont il est coutumier; déjà averti des polémiques que soulève un peu partout le jugement de Château-Thierry, il ne prend aucun détour pour nous manifester la satisfaction qu'il a ressentie à la

1) Le jugement auquel se rapporte cette interview se trouve inséré aux ~~...~~ varia simples – t. IX – p. 140 —

lecture des attendus du président Magnaud.

— Il y a, nous dit-il, deux points de vue à examiner dans cette question, d'abord le point de fait : M. Magnaud a-t-il raison de dire que la séparation de corps est une solution bâtarde, tandis que le divorce est une solution large et claire? Ensuite le point de droit : M. Magnaud pouvait-il, en l'état actuel de notre législation, prononcer le divorce dans l'instance qui nous occupe?

Je réponds sans hésiter par l'affirmative aussi bien pour le premier que pour le second point.

Il n'est pas douteux — et du reste j'en avais posé le principe dès 1886 dans le rapport que j'avais fait au Sénat — il n'est pas douteux que la séparation de corps soit une mesure hypocrite et contre nature; comme le dit excellemment M. Magnaud, elle favorise les unions clandestines et elle est de nature à troubler indéfiniment l'existence de l'un des époux ou des deux à la fois. En 1886, lorsqu'il s'était agi de modifier l'article 310 du Code civil, qui règle les conditions et la procédure de la conversion, au bout de trois ans, des séparations de corps en divorces, je demandais la rédaction suivante :

Article 310. — *Lorsque la séparation de corps a duré trois ans, le jugement qui l'a prononcée devra être converti en jugement de divorce, si l'un des époux le demande.*

Je ne ferai donc que rester fidèle à moi-même en applaudissant de tout cœur à l'initiative si généreuse de M. le président Magnaud.

En ce qui concerne le point de droit, la question de savoir si M. Magnaud, en l'état actuel de notre législation, était fondé à rendre le jugement qui nous préoccupe, j'estime qu'on a tort de croire, ainsi que l'affirme un de vos confrères, que M. Magnaud a violé la loi ou en tout cas l'a devancée.

Il ne s'agit pas ici, à proprement parler, de divorce par la volonté d'un seul, pas plus que de divorce par consentement mutuel. Les deux époux — et c'est là le point capital — étaient parfaitement d'accord pour en finir avec la vie commune; ils ne différaient que sur le moyen de s'en affranchir, puisque l'un demandait le divorce, l'autre la séparation de corps. Et, de plus, les torts étaient égaux des deux côtés.

Or, les causes de divorce sont légalement les mêmes que celles de la séparation de corps. Si notre législation admettait, comme, par exemple, la législation anglaise, des causes différentes, le tribunal aurait sa conduite toute tracée pour le jugement à rendre. Mais il n'en est pas ainsi. Et c'est légalement que le tribunal doit, comme l'a fait M. Magnaud, apprécier s'il y a lieu dans ce cas de rendre un jugement de divorce ou un jugement de séparation de corps, aux torts réciproques des deux époux.

Et cela est si vrai qu'il arrive à chaque instant que le tribunal agit suivant cette appréciation personnelle. La proposition de loi que je déposai, en 1886, au Sénat, fourmille de tels exemples. Certains tribunaux admettent les demandes de conversion en divorce émanant des époux contre lesquels la séparation de corps avait été prononcée ; d'autres les rejettent impitoyablement. Vérité au Hâvre, à Rouen, à Caen, erreur à Douai, à Rennes. Et même, dans une même cour, à Paris notamment, on voit une chambre dire oui, alors que la chambre voisine dit non.

Qu'est-ce que cela prouve, sinon que d'abord l'article 310 devrait être modifié dans le sens le plus large, et ensuite, par extension, que le divorce par consentement mutuel, dont on use si couramment au moyen de tant d'habiles subterfuges, et même que le divorce par la volonté d'un seul, devraient être inscrits dans la loi.

A ce point de vue, M. Magnaud, qui malgré ce qu'on peut objecter, a agi très légalement selon moi, aura fait faire un grand pas à la réforme si désirée du divorce puisqu'un jugement de lui vient d'appeler l'attention publique sur les imperfections des errements actuels.

Le Matin du 23 février 1903 (20me année – n° 6938)

Extrait d'un article de Coutzaux sur [illegible]

[illegible] avec lettre d'A. J. [illegible]

. . . .

. . . .

Mais il ne faut pas tomber d'un excès dans l'autre, et négliger maintenant les chiens pour m'occuper uniquement des chats.

Parmi les lettres innombrables qui me sont arrivées depuis un mois et que, malgré leur vif intérêt, le défaut de place ne me permet pas, à mon grand regret, de reproduire, je relève l'histoire suivante qui m'est contée par M. A. Naquet, ancien sénateur et ancien député, père de la loi sur le divorce.

Il s'agit d'un chien qui appartenait au docteur Dubrisay, 6, rue de Marengo, qui vit encore et pourrait attester aux incrédules les faits qui vont suivre.

Ce chien s'appelait *Yellow* — jaune — à cause de sa couleur fauve. Il était d'une intelligence rare. Ainsi, lorsqu'on attendait M. Naquet qui, à cette époque, dînait très souvent chez son ami, Mme Dubrisay plaçait le chien à une fenêtre qui donnait sur la rue — 3e étage — et lui disait : « Yellow, dès que tu verras M. Naquet paraître, appelle-moi. » Et Yellow, dès qu'il apercevait, à l'autre bout de la rue, M. Naquet débouchant du Louvre, ne manquait pas d'accourir auprès de sa maîtresse pour la prévenir.

Mais voilà un cas bien plus intéressant et qui est absolument du même ordre que celui de maître Benoît du capitaine Parail.

Comme Benoît, Yellow était coureur. Comme lui, il tirait des bordées de huit à dix jours dans les rues de Paris. Comme lui enfin, en rentrant au logis, après ces escapades, il recevait de sérieuses raclées.

Un jour, en rentrant à la maison après dix jours d'absence, il y trouva un ami de son maître, M. L..., qui s'interposa, plaida sa cause et obtint qu'il ne fût pas battu.

A dater de ce jour, quand Yellow recommençait des fugues, il se gardait bien de revenir seul. Il allait chez M. L..., l'accablait de caresses et lui indiquait, par sa mimique, son vif désir de se voir accompagner par lui chez son maître afin de lui éviter encore sa raclée, ce que du reste M. L... ne manquait jamais de faire.

Telle est l'histoire de Yellow, et il est certain qu'elle est à la hauteur de celle de maître Benoît.

Je la racontais aujourd'hui même à mon vieil ami, collègue et compatriote A. Ranc, le nouveau sénateur de la Corse, qui aime aussi, lui, passionnément les bêtes et sait très finement les observer.

Il a connu également chez un de ses amis un chien dont le cas se rapprochait beaucoup, avec un peu moins de précision, cependant, de celui de Yellow.

C'était encore pour éviter les raclées que lui attiraient les absences prolongées auxquelles l'entraînaient fréquemment les ardeurs de son tempérament passionné. Il avait remarqué que son maître se laissait assez facilement fléchir par l'intervention de ses amis. Et, sans avoir, comme Yellow, adopté pour chevalier plutôt l'un que l'autre, il ne manquait jamais, quand il était en faute, d'attendre dans la rue qu'un ami quelconque se présentât pour rentrer avec lui.

C'est ainsi que Ranc lui servit plusieurs fois de chaperon.

A. Couteaux.

Le Figaro du 24 février 1903 (49e année – 3e série – n° 55)

M. Alfred Naquet vient d'avoir la douleur de perdre sa femme, qui s'est éteinte avant-hier, à son domicile, 45, rue de la Pompe.

Dans la lettre où il nous annonce cette triste nouvelle, l'ancien sénateur ajoute : « Malgré trente ans de séparation, et bien que nous fussions devenus étrangers l'un à l'autre, cette mort me plonge dans une profonde tristesse. »

On sait que M. Naquet, après avoir fait voter par les Chambres, la loi du divorce, renonça à l'invoquer à son profit. Nous lui adressons l'expression de nos sincères sentiments de condoléance.

La vita internazionale du 20 janvier 1903 – anno VI – n° 2 –
Milan – portici settentrionali n° 21

Il progetto Zanardelli sul " Divorzio "

Il disegno di legge dell'onor. Zanardelli sul divorzio ha sollevato in Italia approvazioni e proteste in gran numero. Noi abbiamo creduto opportuno di interrogare intorno a una questione così vivamente dibattuta un uomo d'indubbia competenza in materia, Alfredo Naquet. Chi sia il Naquet non è forse bisogno di dire qui, così vivo è ancora in molti il ricordo della campagna ch'egli combattè in Francia, dal 1876 al 1884, in favore del divorzio. Anche oggi, quante volte sorga una discussione in merito alla interpretazione della legge francese che ha spezzato la tradizione dell'indissolubilità del matrimonio, si fa capo all'autorità del Naquet.

Nessuno dunque meglio di lui poteva apprezzare al suo giusto valore il disegno di legge elaborato dall'on. Zanardelli. Disgraziatamente invece dell'articolo che noi gli avevamo chiesto, lo scrittore francese non ci ha mandato che una lettera, colla promessa formale, però, di comunicarci in seguito alcuni capitoli interessanti di un nuovo libro intorno al quale sta lavorando da parecchio tempo.

In attesa di questo suo studio che non mancherà di sollevare polemiche vivaci, ecco la lettera :

Caro Collega,

« La ringrazio d'aver pensato a me e d'avermi inviato il disegno di legge dell'on. Zanardelli sul divorzio. Ma io non posso mandarle in ricambio l'articolo che lei mi chiede per assoluta mancanza di tempo e per altre ragioni che troppo lungo sarebbe d'esporre.

« La questione del divorzio si è aperta improvvisamente in Francia in seguito alla pubblicazione di una importante *brochure* dei fratelli Paolo e Vittore Margueritte, a una petizione lodevolissima di quei due scrittori alle Camere, a un opuscolo del Coulon e infine per effetto di una serie lunghissima di articoli e di interviste che piovono da ogni parte. Date queste condizioni, io ho creduto opportuno di pronunciare a mia volta una parola in merito all'interessante questione e mi sono accinto a scrivere un volumetto, nel quale avrò frequentemente occasione di criticare non senza asprezza la legge del 1884, che in Francia si è convenuto di chiamare la legge Naquet, mentre essa non è che una misura insufficiente, troppo monca anzi, alla quale sono stato costretto ad acconciarmi non potendo ottenere di più. La mia rassegnazione però non andava disgiunta neppur allora da una grande fede nell'avvenire, e questo avvenire matura oggi dopo diciotto anni.

« Il disegno di legge dell'on. Zanardelli si avvicina, peggiorandola, alla legge francese del 1884, nè io mi sentirei il coraggio di lodarlo. Tuttavia, se io fossi italiano, voterei quel progetto e lotterei per farlo trionfare, come ho lottato in Francia per la « mia legge », ben sapendo che, una volta accettato il principio del divorzio, questo entrerà nel costume e fra vent'anni lo si allargherà in Italia in quella stessa guisa che noi stiamo allargandolo in Francia.

« Io comprendo le difficoltà di mezzo alle quali si dibatte l'on. Zanardelli, e perciò bisogna perdonargli molta parte della sua timidezza, tanto più che egli lotta contro una Camera ostile, in fondo, alla novissima riforma e ha osato mandare unito al disegno di legge sul divorzio, il progetto sulla ricerca della paternità, cosa che noi non abbiamo avuto il coraggio di fare nel 1884. Con tutto ciò io non mi sentirei la forza di lodare nè l'ommissione del consenso reciproco dei coniugi tra le cause del divorzio, nè la separazione, preludio obbligatorio del divorzio e la proroga di tre anni per i divorziati con figli, nè l'articolo, ben più grave del nostro, che vieta al coniuge adultero di sposare il suo complice e unisce sanzioni durissime, a quel divieto proprio nell'ora istessa in cui degli uomini d'idee temperate come gli ex-ministri Barthou e Poincaré domandano in Francia l'abrogazione di una disposizione tanto immorale.

« Ma queste critiche non potranno mancare da parte dei deputati che concepiscono l'istituto del divorzio con criterio più largo ed umano. Io auguro successo all'opera loro, tuttavia mi sia lecito di ripetere, conchiudendo, che se io fossi italiano vorrei, in mancanza di meglio, il progetto Zanardelli con tutti i suoi difetti e con tutte le sue lacune. È una prima tappa necessaria.

« Gradisca, ecc.

Alfredo Naquet. »

L'action du 13 avril 1903 — première année — n° 16.

LETTRE FAMILIÈRE

A MONSIEUR PAUL DE CASSAGNAC

Ci-devant Nègre

Vous régnez, monsieur, à la façon d'un roi congolais ou d'un prince dahoméen sur les têtes médiocrement intelligentes que couvre le Petit Chapeau. Vous proclamez, chaque matin, les hontes de la « Gueuse », la sainteté du pape, le désintéressement des congrégations, l'honneur du général Mercier et la continence du frère Flamidien. Sur un ton à la fois dithyrambique et poissard, comme un Ezéchiel de la Courtille, vous bavez sur les conquêtes magnanimes de l'esprit humain. Vous êtes l'un des chiens les plus sonores que l'Eglise emploie à vociférer, tandis que la caravane passe, un des hiboux les plus tenaces à chuinter contre le soleil. On eût fait de vous un garçon de lavoir, un tenancier de maison close. Mais le service des Hommes obscurs sollicitait votre zèle : entre le métier de souteneur et le métier de croisé, votre choix ne balança guère. Vous prîtes le moins honorable ; plutôt que tirer le cordon ou de retaper les lits des hôtels borgnes, plutôt que d'assommer les noctambules avec les Apaches de votre jeunesse, vous préférâtes brasser le miel de Ploudaniel, ouvrir les égouts de votre haine contre les champions du droit et de la Libre Pensée. Entre temps, vous rempaillez la défroque de Badinguet ; vous conspirez avec les débris de 1867 en faveur de la chie-en-lit bonapartiste. Le délicieux Golfineanu, *vulgo* Mitty, organisateur, à Grenoble, de bals dont la recette... (mais passons), Golfineanu, Dangeau à tant la ligne, qui ravaude, en style perruquier, les mémoires de la duchesse d'Abrantès, marche sous vos pennons. Vous êtes dans la baraque nationaliste, le saltimbanque exotique, l'homme aux boucles dans le nez, le mangeur de lapins crus, avaleur de sabre et d'étoupes en feu, celui dont le cri détourne l'attention, permet aux tire-laines, curés, bonnes sœurs et autres pattes-pelues de travailler sans crainte dans les poches d'autrui. Autour de vous se groupent de moindres Cassagnac, des sous-ordre qui rédigent au besoin votre leader et prennent sans trop d'efforts vos mauvaises manières. Ils n'ont pas tous l'encolure du dogue, ni, comme vous, des pattes en éclanche de mouton ni cette peau d'où suinte le gras comme d'un pressoir à olives. Ils gagnent des appointements restreints, ils cirent vos bottes, ils vont quérir vos fiacres, sans espérer jamais atteindre au faite où l'on vous voit, ni devenir, ainsi que vous, l'un des forbans les plus notoires de la presse parisienne l'ami intime de notre inégalable Poidatz. Cependant ils s'exercent avec ferveur dans le bel art de la calomnie et du chantage. Ils mentent, insultent, écument sans répit: comme le chinchilla, ils émettent copieusement la puanteur de leurs glandes à moffette : ils déposent leur excrément au pied des hommes illustres *ad majorem Dei gloriam*.

L'un de ces paradoxurés dirigea naguère sa fusée à l'encontre d'Alfred Naquet, le citoyen et le penseur de qui le monde civilisé tient la loi du divorce. Imparfaite, boiteuse comme elle est, cette loi salvatrice a rompu le lien exécrable dont le catholicisme enserrait la famille. Créer un enfer terrestre, un bagne où les deux époux se verraient contraints d'épuiser jusqu'à la mort des calices de fureur et de desenchantement, river pour toujours deux êtres désunis, afin d'assurer la domination du prêtre sur la conscience des époux, ce fut la tactique scélérate de l'Eglise pour qui les noirceurs les plus abjectes, les crimes les plus inhumains deviennent chose toute simple — à vrai dire, un jeu — dès qu'il faut assurer sa domination et gouverner les hommes. Naquet a ouvert le bagne, ramené les damnés à la lumière. Après lui Paul et Victor Margueritte, assumant la noble tâche, préparent une forme plus rationnelle encore du divorce, une loi sans aucune trace de l'antique institution matrimoniale. Comme tout contrat, le mariage, si longtemps immuable et sacramentel, pourra désormais être résilié par le simple vouloir des parties contractantes. Là, comme partout ailleurs, il importe de chasser Dieu, de ne plus soumettre les transactions humaines à cette hypothèse malfaisante et surannée. N'en déplaise à M. Lemaire, volaille primée au concours du doctorat de l'année 1902 (ta seconde, ô vingtième siècle!), l'union religieuse « n'est pas supérieure à celle qui se fait à la face des hommes ». Comme le Fétiche n'intervient que par ses ministres, que ces ministres sont voraces, ennemis naturels de la raison, de la beauté de la science, il convient de leur fermer la porte au nez, de balayer au plus vite le pied sale qu'ils fourraient jusqu'ici dans le lit nuptial.

Toutefois ce n'est pas à propos du divorce que la verve de votre gâte-sauce brilla ces jours derniers. Il vitupère Alfred Naquet à cause que le grand historien de *La Patrie et l'Humanité* déclare son dégoût pour Jeanne d'Arc, l'hystérique visionnaire à qui l'on doit peut-être le triomphe des Valois sur les Plantagenet. Le godelureau imparfaitement dégrossi de l'école primaire ne devrait pas oublier que le hideux Charles VII (ah! la monarchie française, combien figurée avec justesse par un lis!) abandonna sa guerrière aux mains des Anglais et qu'elle fut condamnée par un *tribunal ecclésiastique* pour le compte des geôliers britanniques. Mais où votre Eliacin bavache et mérite que vous lui donniez sur les doigts, c'est quand il énonce les apophtegmes que voici :

« Naquet a une excuse que ne sauraient invoquer certains de nos confrères qui impriment imperturbablement le même cliché : il est Juif, et, comme tel, il a le droit d'ignorer notre histoire; mais il abuse vraiment de la permission, quand il exprime cyniquement le regret que l'intervention de Jeanne ait soustrait la France à la domination anglaise.»

Ah! monsieur! quelle vilaine façon de parler corde dans la maison d'un pendu ont les petits crétins que vous élevez à la brochette! Quoi! Naquet, parce qu'il est juif, a le droit d'ignorer l'histoire de France! Alors, monsieur, vous qui êtes nègre, de quel droit en parlez-vous ? A l'époque de la guerre de Cent Ans, guerre entre deux maisons féodales (issues l'une et l'autre de l'Anjou), et non entre *la France* et *l'Angleterre*, puisqu'elles n'existaient pas en tant que nation, votre famille habitait encore les forêts vierges et les arbres séculaires dont vous êtes descendu. Vous n'étiez point encore dans la personne de vos ancêtres et mesdames vos aïeules grimpaient aux baobabs. Si vous êtes à présent autre chose qu'une manière d'anthropopithèque mené par le fouet, cravachable à merci, une sorte de chimpanzé ou de gibbon, un gorille plus hideux, puisqu'il unit à la malpropreté du singe la crasse du baptême, c'est à la Révolution française que vous le devez. C'est elle qui s'est efforcée de vous rendre un homme, si vous n'aviez été pétri dans la boue avec quoi l'on fait des catholiques. Elle a tenté de vous arracher à votre forêt mais vous n'en êtes sorti que pour entrer dans la caverne sacerdotale. Ne parlez pas des juifs, ô moricaud ! Ils avaient des poètes, des penseurs, des historiens, ils avaient Spinoza, lorsque vos ataves, en se grattant la fesse, épluchaient les noix du cocotier. L'impudence du nègre ne doit pas monter au delà du cake-walk.

Il est vrai que vous pouvez alléguer, dans votre maison, un geste historique, celui du frère de madame votre mère qui, grâce à des pistolets truqués par Granier de Cassagnac, assassina le pauvre Dujarrier, à la suite d'une orgie, ah ! combien simiesque ! chez Alice Ozy. Le malfaiteur, Rosemond de Beauvallon, s'évada ; condamné par défaut, il mourut paisiblement sous les bananiers paternels :

Ah ! rendez-moi ma Guadeloupe !

Mais son aventure, qu'on oublie un peu trop aujourd'hui, reste cependant inscrite au greffe de la cour d'assises. Elle pourrait vous enseigner la prudence. Les juifs sont entrés dans l'histoire au nom de la Raison et de la Vérité. La famille Cassagnac, avant de [illegible]vir le Sacré-Cœur et le prince Victor, avait déjà pris les armes pour faire à ses ennemis le coup du père François. Croyez-moi, monsieur, la porte de la Révolution française vaut bien celle des *Causes célèbres ;* quand on a chez soi de pareils souvenirs, on ne saurait montrer une circonspection trop attentive ni remémorer avec trop de politesse les origines d'autrui.

Laurent Tailhade.

La jeune France du 10 mai 1903 — 2me année — n° 21 —

Veulerie de politiciens

Après l'admirable discours prononcé par Jaurès à l'occasion de la vérification des pouvoirs de M. Syveton, la Chambre a clos le débat d'une façon lamentable.

Elle a exprimé moins son sentiment que sa crainte de voir se rouvrir sur le terrain politique l'affaire Dreyfus, qu'elle a, par un ordre du jour de couardise, essayé de circonscrire dans le domaine judiciaire — comme s'il s'agissait-là d'une affaire ordinaire ! —

Mais ce n'est pas en tant que procès de révision — quelque digne d'intérêt que soit toujours un procès de cette nature — que l'affaire Dreyfus a passionné la France ; c'est parce qu'elle constitue au premier chef un douloureux enseignement politique et moral.

Ici, en effet, dans le but : d'abord de flatter les passions antisémites, puis de couvrir l'Etat-Major ; tout a été mis en œuvre, machinations frauduleuses, faux et crimes de tout genre, pour envoyer et maintenir au bagne un homme qu'on savait innocent.

Ce débat, dès lors, dépassait la personnalité de Dreyfus pour viser et atteindre un ensemble de faits dont la hideur apparaissait à tous les yeux.

D'ailleurs même au point de vue personnel, ce procès se distingue de toutes les affaires similaires.

M Waldeck-Rousseau, après s'être laissé outrageusement berner au procès de Rennes, a eu la faiblesse d'amnistier toute une bande de criminels ; et cette amnistie a privé la victime de ses moyens de défense.

Si les choses étaient demeurées en l'état, Dreyfus, à propos des derniers incidents, pourrait, par une dénonciation, ouvrir une procédure de faux d'où sortirait sans doute le fait nouveau qui seul peut permettre de saisir la Cour de cassation.

Mais l'amnistie en visant les faits connexes à l'affaire, semble avoir couvert toutes les infamies et même les assassinats : si l'on s'emparait par hasard du meurtrier qui essaya de tuer Labori, on ne pourrait plus le juger. L'amnistie a effacé son crime.

Mais alors Dreyfus n'a plus aucun moyen pour découvrir un fait nouveau ; seule, une enquête gouvernementale peut encore le faire surgir.

Alfred Dreyfus a donc eu raison d'écrire sa dernière lettre au ministre de la Guerre, et le Cabinet commettrait un véritable déni de justice, indépendamment d'un acte de lâcheté s'il se refusait à l'enquête que, d'ailleurs, le général André a spontanément promise à la Chambre.

Mais nous vivons à une époque de telle veulerie que cette attitude ne m'étonnerait pas plus que ne l'a fait le vote pusillanime de la Chambre.

En présence de la levée de boucliers arrogante de tous les ennemis de la République ; au lendemain des dangers qui ont menacé nos institutions il y a quatre ans — et qu'on semble un peu trop oublier — les représentants de la nation auraient dû être heureux de profiter de l'occasion qui leur était offerte, d'achever la déroute de nos adversaires.

Aussi bien ! les périodes comme celle que nous avons traversée de 1897 à 1899 sont fécondes ; et c'est à juste titre qu'Anatole France a pu écrire : « L'affaire nous a rendu meilleurs. »

Nous sommes encore loin du moment où le niveau intellectuel de l'humanité sera également élevé partout.

Actuellement, sous un état économique qui condamne la plus grande partie de notre espèce à une ignorance relative, et qui enlève aux déshérités de la fortune c'est-à-dire au plus grand nombre, les loisirs dont ils auraient besoin pour pouvoir s'éclairer, les choses se passent autrement. Ce n'est pas la raison, c'est le sentiment qui conduit les hommes.

Dans une époque calme, où chacun est dominé par ses intérêts propres, les conditions générales sont peu favorables à l'éclosion d'idées nouvelles, et par conséquent au progrès. Mais quand la situation se modifie, quand un fait s'empare de l'esprit des masses et déchaîne en elles les passions, l'heure devient propice aux réformes. Les foules passionnées sont, pour les transformations politiques et sociales, ce que sont pour les microbes les bouillons de culture : un milieu éminemment propice à leur développement.

Parlez au pays de la suppression des Conseils de guerre en temps de paix, déduisez tous les arguments qui rendent leur abolition nécessaire ; peut-être ferez-vous quelques rares prosélytes parmi les esprits cultivés ; mais dans la masse personne ne vous suivra et même re vous lira.

Mais qu'une affaire Dreyfus surgisse, soudain vous serez écoutés, et pour peu que le Gouvernement et les Chambres soient à l'unisson du pays les Conseils de guerre auront vécu.

Les temps troublés, si redoutés des ignorants, peuvent être très favorables au progrès. A ces heures-là, les hommes, épris du sentiment de l'équité, de la justice, de la solidarité, en arrivent à négliger les mille petits liens dont l'égoïsme enserre d'ordinaire leur volonté, et accomplissent les prodiges qui renouvellent le monde.

On peut à peine se figurer ce qu'un grand homme de cœur mis à la place du froid rhéteur qu'est Waldeck-Rousseau aurait pu réaliser en 1900 et dans les années suivantes s'il avait profité de la surexcitation générale au lieu de l'éteindre par l'amnistie. L'affaire Dreyfus était une occasion unique pour lancer la démocratie française dans une voie nouvelle ; et puisqu'on a commis la faute impardonnable, pour ne pas dire criminelle, de l'arrêter par la grâce de la victime et par l'amnistie des bourreaux, rien ne saurait être plus salutaire que de la faire revivre.

Une grande lutte est engagée en [illegible]tère rester représentant du peuple sans effort.

Cette tendance des parlementaires à suivre l'opinion dans sa timidité, voire même dans sa couardise, et à ne savoir entrer en action que quand, par hasard, elle réclame un progrès, est le grand mal des nations modernes.

Et, puisque je parle ici à la jeunesse républicaine, c'est-à-dire à des hommes que les ambitions n'ont pas eu le temps de corrompre, et qui obéissent encore à un idéal, je leur signale cet état morbide de nos démocraties.

Les lecteurs de la *Jeune France* sont appelés à remplacer les générations actuelles dans la direction des affaires, et il convient de les prévenir dès ce moment du danger qu'ils courent s'ils se laissent enliser dans les milieux bourgeois.

Il leur faut avoir le respect du suffrage universel et ne jamais chercher à entreprendre sur ses droits ; ils ne devront [illegible] fois au pouvoir, que [illegible] qu'il accepte. [illegible] — la plus haute que puisse [illegible] en [illegible] de travailler sans relâche [illegible] niveau et [illegible] aux changements qui lui seront nécessaires pour [illegible] lation à la fois pratique et [illegible]

ce moment entre la Révolution et l'Eglise, lutte qui nous conduira à un avortement de plus si nous ne la poussons pas jusqu'à la dénonciation du Concordat. Pour la mener à bonne fin nous avons besoin de l'enthousiasme passionné des populations, et c'est une affaire Dreyfus qui peut créer l'atmosphère enflammée dans laquelle les enthousiasmes se produisent.

Malheureusement les Gouvernements et les Chambres ne le comprennent pas ainsi. Ils croient sauver le pays lorsqu'ils soufflent sur sa flamme; d'où désordres du jour comme celui qui a suivi le magistral discours de Jaurès. « Ne nous faites pas d'affaire » est la consigne donnée par l'office des affaires étrangères aux diplomates. C'est aussi dans la politique intérieure la maxime qu'affectionnent nos représentants au Palais-Bourbon et au Sénat.

Pensez donc! parmi les électeurs de M. Tartempion, il en est qui passeraient dans un camp et les autres dans l'autre, et M. Tartempion risquerait d'être réélu.

Sans doute il pourrait profiter des circonstances pour faire l'éducation du pays. Mais c'est là un pénible apostolat; le député ordinaire repousse le rôle d'éducateur qui en le grandissant lui-même, rehausserait la mentalité du pays ; il pré-tionnaire.

Lutter contre la veulerie des parlementaires — députés et ministres — et s'en garder soi-même constitue le vrai républicanisme et le vrai patriotisme. C'est ainsi qu'on rendra la République forte et par cela même la France respectée.

Alfred NAQUET.

La petite République du 16 mai 1903 — n° 9892 —

Deux Lettres intéressantes

Le dernier volume que je viens de publier chez Fasquelle, la *Loi du Divorce*, m'a déjà valu plusieurs lettres, dont deux fort intéressantes émanées l'une d'Elisée Reclus et l'autre de M. de Marcère.

Elisée Reclus ne croit pas que la campagne que j'ai menée pour le rétablissement du divorce en France, et que je poursuis à cette heure pour son élargissement, soit heureuse. Il y voit une garantie de durée pour l'institution du mariage, et partisan de l'union libre,— comme moi, d'ailleurs, — il déplore la loi du divorce et tout ce qui peut la consolider.

Tout en rendant hommage à cette hauteur de pensée, je suis d'un avis contraire, et discutant dans mon livre (1) l'opinion de notre grand géographe, j'ai écrit :

« D'ailleurs, tous les parents marieraient-ils leurs enfants comme Reclus a marié sa fille, aussi longtemps que les conditions économiques demeureront les mêmes, cette substitution de la consécration paternelle à la consécration sociale ne changerait pas grand'chose à ce qui existera le jour où nous aurons une loi du divorce comme nos pères l'avaient faite. »

Je n'ai rien à changer à cette constatation de l'influence qu'exercent les conditions économiques sur le mariage. Je pense en effet que toutes les lois qui règlent l'union des sexes fussent-elles abolies, la situation de la femme et des enfants dans nos sociétés capitalistes maintiendrait encore une demi-indissolubilité conjugale. Une société communiste seule serait capable de réaliser l'affranchissement complet du cœur humain.

Mais il paraît que j'avais commis une erreur matérielle en parlant de la consécration paternelle donnée par Reclus au mariage de sa fille. Mon éminent ami la rectifie. Sans attendre une nouvelle édition de mon ouvrage, je me hâte de lui donner acte de sa rectification ; et j'ai lieu plutôt de me féliciter de mon erreur, puisqu'elle m'a valu sa belle lettre, que je ne résiste pas au plaisir de rendre publique.

(1) La Loi du Divorce, Fasquelle, éditeur.

La voici :

Bruxelles, 9 mai 1903.

Mon cher Naquet,

C'est très gentil à vous de m'avoir envoyé votre livre avec cette inscription : « A mon vieil ami ». Je ne manquerai pas de lire avec attention la *Loi du Divorce*, non dans l'idée de changer d'opinion, car d'ordinaire chacun de nous a son siège fait, mais dans la certitude d'y trouver de curieux documents historiques et d'admirables réfutations des absurdités légales.

Mais je vous demande la permission de vous signaler une erreur. Je n'ai nullement « marié ma fille en substituant la consécration paternelle à la consécration sociale ». J'ai tout simplement pris note de la volonté de mes deux filles lorsqu'il leur a convenu de s'unir librement. Si j'ai consenti à leur parler, dans une réunion d'amis, de la signification de leur acte, c'est qu'elles m'avaient demandé ce témoignage de mon affection paternelle. Quelques années après, lorsque l'une de mes filles eut vu mourir dans sa belle jeunesse son premier ami et compagnon, et qu'elle s'unit à nouveau, elle se borna à m'annoncer son choix sans me demander une autorisation que je n'avais aucun droit de lui donner ou de lui refuser. Je crois que tout être humain ayant conscience de soi-même doit agir en vertu de sa propre volonté, sous sa pure responsabilité personnelle.

A l'occasion, s'il vous arrive de mentionner encore l'union de mes filles, rendez-moi justice. Approbation cordiale et heureuse n'est point synonime de consécration.

Très affectueusement à vous,

ELISÉE RECLUS.

C'est fait, et je n'ai rien à ajouter à l'expression de cette pensée noble et pure.

Je n'ai malheureusement pas à approuver de même la lettre de M. de Marcère.

L'ancien ministre de l'intérieur du cabinet Dufaure m'a aidé à faire le divorce, comme antérieurement il avait, à côté de Thiers, contribué à amener à la République une fraction de la bourgeoisie orléaniste. Je lui ai rendu sous ce rapport la justice qui lui est due. Mais on m'a affirmé qu'il regrettait sa participation à la loi de 1884, et j'ai dit que l'ancien centre-gauche passé au nationalisme, et contempteur de ce qu'il y a eu de bon dans son œuvre ancienne, présente un spectacle pénible.

Mon ancien collaborateur s'en montre marri et m'adresse les lignes suivantes :

SENAT. Paris, 8 mai 1903.

Monsieur,

J'ai reçu le volume que vous avez bien voulu m'envoyer, à titre d'ancien collaborateur.

Vous apprenez à vos lecteurs que je regrette d'avoir coopéré au rétablissement du divorce, et vous dites à ce propos que j'offre un spectacle pénible.

Je n'ai point fait connaître mon sentiment actuel au sujet de la loi du divorce. Je me réserve de le faire quand je le jugerai à propos.

Il me sera, en tout cas, assez facile de me dégager de toute communauté de vues avec vous sur ce sujet. La citation d'un livre de G. Sand que vous placez en tête de votre volume et l'opinion que vous exprimez à la page 208 me rendront facile de démontrer que nous sommes sur la question du divorce et du mariage dans un désaccord d'idées absolu, comme sur beaucoup d'autres questions sans doute.

Veuillez, monsieur et ancien collègue, agréer mes sentiments distingués.

DE MARCÈRE.

J'aurais été heureux de confesser que je m'étais trompé, si M. de Marcère avait désavoué les regrets qu'on lui prête. Mais en se réservant de faire connaître à son heure son sentiment actuel, il est fort loin de contredire mon information. Quant au soin qu'il met à se dégager de toute communauté de vues avec moi, il était, je crois, inutile, car jamais je n'ai prétendu — ni personne que je sache — que ses opinions fussent semblables aux miennes.

En 1882, comme aujourd'hui, M. de Marcère et moi étions en désaccord sur la forme idéale de l'union des sexes.

Mais qui dit législation par voie parlementaire dit transaction. J'avais consenti à jeter du lest, et je m'efforçais alors d'obtenir le vote d'une loi imparfaite, dont j'espérais l'amélioration ultérieure, et qui du reste constituait pour l'époque un progrès incontestable.

M. de Marcère considérait l'œuvre à laquelle nous collaborions comme suffisante en soi. Mais dans cette limite il m'a prêté un concours utile auquel je rends hommage; et c'est un spectacle affligeant (si *pénible* désoblige M. de Marcère) que de voir un vieillard qui a eu de belles heures dans sa vie politique, les renier à la fin de son existence.

Il s'était éloigné de moi à l'époque du boulangisme, et je ne saurais lui en vouloir ayant moi-même considéré mon passage à travers cette aventure comme la faute capitale de ma vie.

Du moins, en entrant dans le comité institué par le général, avais-je cru faire œuvre républicaine. Je poursuivais une idée de révision constitutionnelle, et M. de Marcère, qui poursuit aujourd'hui une idée semblable avec M. Benoist, devrait peut-être moins qu'un autre se montrer sévère à l'égard de mon erreur de 1888. D'autant que l'antiboulangiste de 1888 et 1889 est devenu le nationaliste d'aujourd'hui.

Or, il n'y a qu'une légère différence entre le boulangisme et le nationalisme; mais il y en a une, qui au point de vue du jugement à porter sur les individualités, ne laisse pas que d'avoir une certaine importance.

En se faisant boulangiste, on pouvait

demeurer républicain et se figurer de bonne foi qu'on servait la République.

Mais en devenant nationaliste, militariste, antidreyfusard, on ne peut plus nourrir aucune illusion de ce genre. C'est sciemment que l'on prête son concours à une œuvre néfaste pour la République et la démocratie.

M. de Marcère répudie donc à cette heure son passé républicain, et l'on est en droit de le lui reprocher.

Mais il a marché dans la voie du progrès à une époque où son action était féconde ; il va dans la voie opposée dans un moment où son influence s'étant considérablement amoindrie, il n'est plus guère en état de nuire.

Dans ces conditions, il me convient de rappeler le bien qu'il fit dans le passé, et de négliger le mal qu'il tente de faire aujourd'hui.

De minimis non curat pretor.

ALFRED NAQUET.

La petite République du 13 7bre 1905 (28me année nº 10012) (1)

La Politique de la Guerre et la Politique de la Paix

M. Charles Laurent se défie de l'Angleterre, parce que lord Salisbury, lors de l'invitation de l'escadre française à Portsmouth, aurait prononcé cette phrase :

« Nos alliés sont tous ceux qui désirent maintenir les divisions territoriales actuelles. »

C'est là une acceptation du traité de Francfort qui fait frémir l'âme patriote du rédacteur du *Matin*.

J'examinerai tout à l'heure si ce frémissement patriotique est justifié.

Mais je voudrais, au préalable, demander à M. Charles Laurent s'il est aussi défiant à l'égard de l'alliance russe qu'à l'égard de l'entente cordiale avec l'Angleterre ?

Le tsar fut acclamé en 1896 à Paris, et l'amiral Avellane l'avait été avant lui, parce que le peuple parisien avait cru voir dans le rapprochement de la Russie et de la France une étape vers la revanche des événements de 1870.

Il s'était imaginé qu'entre les deux [illegible] peuples il ne s'agissait pas seulement d'une alliance défensive dont nous n'avions nul besoin, mais d'une alliance offensive dont il attendait le retour à la France de l'Alsace et de la Lorraine comme premier résultat. De là son enthousiasme.

Mais il a eu l'occasion de déchanter depuis lors. Le traité était pure-

---

(1) Cet article a été également publié sous le même titre dans le nº de Septembre-octobre de la Revue internationale de Naquet, où toutefois les quelques [illegible] relatifs à ma [illegible] de la [illegible] la monarchie ont été supprimés.

ment défensif et stipulait — tout comme le discours du ministre anglais — le maintien des divisions territoriales actuelles.

Ce n'était même plus le traité de Francfort reconnu par le représentant d'une puissance étrangère ; c'était le même traité ratifié une seconde fois indirectement par nous, grâce à notre signature apposée au bas du nouvel instrument diplomatique.

De fait, l'alliance russe a été la réconciliation officielle de notre pays et de ses vainqueurs de 1870 : on a pu aisément s'en apercevoir lorsque nos nouveaux alliés nous ont conduits à Kiel, et lorsque, quelques années plus tard, ils ont forcé la main à la France en acceptant, sans la consulter au préalable, le général von Waldersee pour commandant suprême des troupes confédérées en Chine.

Lord Salisbury avait émis une idée que nous n'avions ni à accepter ni à combattre, une idée qui ne regardait que lui et son pays, mais qu'il ne prétendait aucunement nous imposer à nous.

Le gouvernement russe, au contraire, a obtenu notre adhésion à une politique d'abandon ; il nous a rapprochés de l'Allemagne en nous faisant passer par le chemin de Saint-Pétersbourg.

L'alliance russe a eu un résultat beaucoup plus funeste encore : une conséquence économique de la dernière gravité, qu'a fait magistralement ressortir l'Américain Adams Brook dans son livre *America's supremacy*.

Dès qu'on avait un allié, il fallait en accroître la force militaire. Et comme à notre siècle la force militaire ne va pas sans le développement des chemins de fer et de l'industrie, il devenait urgent de faciliter l'outillage russe. De là — car il n'y a pas d'outillage sans argent — les nombreux emprunts qui ont fait passer pour huit ou dix milliards de francs de France en Russie.

Mais voici que contrairement à la nation britannique — notre meilleur client dans le monde — la Russie, elle, ne nous achète rien ou presque rien. Comme, d'autre part, elle n'était point en état de construire son outillage elle-même, comme elle a dû se le procurer ailleurs, elle l'a acheté avec nos milliards... où ? En Allemagne.

De telle façon qu'à une époque où la force militaire tend de plus en plus à décroître pour céder le pas à la puissance industrielle, nos milliards ont servi moins à fortifier notre allié qu'à développer les usines allemandes au détriment des nôtres, alors que celles-ci auraient pu prendre un essor nouveau, si nous leur avions consacré tout l'or qui a pris la route de Berlin par le détour de la capitale russe.

L'Angleterre, sans doute, désire le maintien des divisions territoriales actuelles, comme le désirent tous les peuples qui ne sont pas directement intéressés au débat, et qui n'ont nulle envie de voir l'Europe mise une fois de plus à feu et à sang pour notre querelle. Mais du moins, elle nous enrichit par les 1,500 millions d'achats qu'elle nous fait chaque année ; elle nous apporte de l'or, au lieu de nous prendre le nôtre pour le transporter chez les Allemands.

Comment donc se fait-il qu'il soit antipatriotique de s'abandonner à l'entente cordiale avec le Royaume-Uni, qu'il soit insensé de poursuivre un traité d'arbitrage international entre les deux peuples que sépare la Manche, et qu'il soit au contraire patriotique d'exalter l'alliance russe — c'est-à-dire une alliance prussienne déguisée, qui nous affaiblit en drainant notre or et qui a commencé par obtenir de nous une renonciation en règle aux provinces que la dernière guerre impériale nous a fait perdre? M. Charles Laurent pourrait-il nous expliquer cette énigme? Serait-ce par hasard parce que l'Angleterre est un peuple libre chez lequel nous ne pouvons apprendre qu'à accroître notre culte de la liberté, tandis que la Russie est gouvernée par un autocrate qui élève dans les rangs de son armée un futur empereur à notre usage? Le patriote du *Matin* ferait sagement de nous renseigner sur ce point. Nous pourrions en faire notre profit.

Quant aux limites territoriales qui ont été fixées par le traité de 1871, M. Charles Laurent les trouverait excellentes si le hasard des batailles, au lieu de nous faire perdre l'Alsace et la Lorraine, nous avait fait gagner la rive gauche du Rhin; si au lieu de voir l'Allemagne annexer Strasbourg et Metz, nous avions nous-mêmes annexé Cologne et Mayence.

Il faut cependant bien que quelqu'un commence sinon à accepter les faits accomplis, du moins à renoncer à une revanche à main armée. Si personne ne consent à faire ce premier pas, la guerre est éternelle en Europe, et avec elle la ruine... Eternelle du moins jusqu'au jour où profitant de nos divisions intestines, un troisième larron, la Russie ou les Etats-Unis d'Amérique, fera une bouchée de ce que notre confrère Harduin appelle si spirituellement les Etats désunis d'Europe.

La conquête de l'Alsace-Lorraine est le dernier acte de force brutale qui se soit accompli; mais ce n'est pas par un acte inverse et de même nature que cette violation du droit doit être réparée.

C'est par le désarmement, par la répudiation de la guerre, par les traités d'arbitrage qui rapprochent les nations, par les ententes postales, maritimes, commerciales, sociales, qui en cimentent l'union et qui préparent les Etats-Unis d'Europe.

Là est la solution du problème, là seulement la réparation possible et bienfaisante de l'injustice dont la France saigne encore. Mère de la Révolution, c'est-à-dire de la pensée qui rénovera le monde, elle doit, en attendant, renoncer à prendre une revanche brutale qui retarderait la grande heure où sera enfin constituée la patrie européenne.

Ce jour-là, il n'y aura plus de question d'Alsace-Lorraine, parce qu'il n'y aura plus ni France ni Allemagne, mais seulement une Europe dont les territoires français et allemand constitueront des provinces fédérées.

Oh! je ne m'illusionne pas. Je sais que l'existence de monarchies, même libérales, même démocratiques, même socialistes, retarde cette heure de la fédération de l'Europe qui serait un fait accompli si toutes les dynasties étaient dès aujourd'hui remplacées chez les nations civilisées par de libres Républiques.

C'est pourquoi je crois pouvoir me permettre de présenter une observation à certains socialistes de nos amis. Ils me paraissent faire fausse route lorsqu'en Italie, en Espagne, en Allemagne même, ils consentent à transiger avec la royauté.

Autant j'admets en France, où la République existe, l'action combinée du socialisme et de la bourgeoisie radicale en vue de réformes immédiates, autant je réprouve tout flirt entre le socialisme et une monarchie quelle qu'elle soit.

La vraie révolution sociale ne peut se produire que dans une Europe unifiée. Nos nations actuelles sont trop petites pour elle. Les Etats-Unis d'Europe sont la préface obligée de la République sociale, et la monarchie éloigne par cela même les grandes solutions humaines que nous attendons.

Mais ce retard ne saurait cependant modifier nos idées : de nouvelles guerres, loin d'atteindre les monarchies, les fortifieraient là où elles existent, et les ramèneraient peut-être là où elles n'existent plus. L'ajournement deviendrait ainsi bien plus considérable encore.

Nous devons donc travailler sans relâche, à l'intérieur de tous les pays monarchiques, à l'éradication de la monarchie, et entre tous les peuples au maintien de la paix et à la multiplication des ententes qui préparent l'union finale.

Celle-ci deviendra dès lors nécessaire, et malgré les rois l'heure finira par sonner quand même, où empires et royautés tomberont dans la République européenne.

La politique de M. Charles Laurent est celle du passé, de la division, de la discorde, de la ruine, de la guerre, du despotisme.

La nôtre est celle de l'avenir, de l'union, de la concorde, de la prospérité, de la paix et de la liberté.

Voilà pourquoi la parole de lord Salisbury nous laissant indifférents, nous sommes aux côtés de M. Thomas Barclay et de M. d'Estournelles de Constant dans la noble campagne qu'ils ont entreprise et devant laquelle finiront par céder toutes les résistances de la réaction ou de la peur.

ALFRED NAQUET.

Lettre d'Alfred Naquet à Giuseppe Mosi, membre du Conseil des LX qui gouverne la République de Saint Marin sur l'introduction du Referendum dans cette République.

Paris le 10 septembre 1908
35 rue de l'Assomption 16e arrond.

Monsieur

Ma lettre vous parviendra-t-elle ? J'ai égaré, je ne sais comment, celle qui me donnait votre adresse à Rimini je crois, par suite, où vous faire tenir ma réponse. Je vais l'envoyer à Rimini avec mention de faire suivre ; mais là encore je ne suis pas sûr du résultat parce que, dans mon carnet, à côté du nom de la ville je ne trouve aucune indication de rue et de numéro. Mais je pense toutefois que, avec votre titre de membre du Conseil des LX à Saint Marin, où ne vous trouvant pas à Rimini, la lettre arrivera quand même à part en passant par Saint Marin. Peut-être même ferais-je plus sagement de l'adresser directement à Saint-Marin. J'y vais réfléchir. En tout cas je compte sur votre bonne visite pour réparer le malheur si ma lettre ne parvient pas à vous joindre.

La proposition que vous me faites de publier la dernière lettre que j'ai eu l'honneur de vous écrire et de la faire publier par l'illustre professeur Lombroso, est trop flatteuse pour moi pourquoi je ne vous donne pas avec empressement et avec gratitude l'autorisation que vous me demandez. Publiez-la ; faites-la publier par Monsieur Lombroso, je n'aurai qu'à vous en remercier.

Venons-en maintenant à la question du referendum proposé pour la République de Saint-Marin par Messieurs Telemaco Martelli, Remo Giacomini & Ignazio Grazia.

En principe je suis un chaud partisan du Referendum. Je l'ai autrefois réclamé pour la France ; je l'ai vu fonctionner en Suisse, et je suis sûr que c'est à la fois le moyen le plus certain d'éviter les usurpations de pouvoir & de faire l'éducation du peuple.

Il importe toutefois d'examiner si, introduit à Saint-Marin, il devrait être exercé par les seuls chefs de famille ou par tous les citoyens ; s'il est susceptible de coexister avec l'actuel Conseil oligarchique des Soixante, ou s'il doit être accompagné ou précédé du remplacement de ce Conseil par une assemblée élue ; enfin s'il doit fonctionner par le moyen des Comices comme dans les Grands Cantons suisses, ou, comme dans les petits Cantons où subsistent les Landgemeinde, par la réunion du peuple : l'Arringo.

Ces trois points mériteraient chacun une étude spéciale. Je me bornerai cependant à examiner le second.

Sur le premier je ne dirai qu'un mot : c'est que je me prononce pour le suffrage universel complet, je n'en développerai pas les motifs. Elles sortiraient du cadre que vous m'offrez pour celle-ci dans l'une des discussions suivies sur le suffrage universel.

Sur le troisième point je me déclare indifférent.

Le mode selon lequel doit s'opérer la consultation populaire est subordonné à l'étendue territoriale du pays et au nombre de ses habitants. Là où il y a impossibilité de réunir la majorité des électeurs dans une même assemblée, la méthode des comices s'impose. Là où cette impossibilité n'existe pas, l'une et l'autre méthode sont praticables, et peu importe celle qu'on adopte pourvu que la consultation soit sincère. Peut-être alors les Landsgemeinde sont-elles ce qu'il y a de mieux, lorsque le nombre des votants est assez réduit pour que le vote puisse être précédé par une délibération calme et réfléchie. Si, par contre, on a lieu de croire à des manifestations tumultueuses, le système adopté dans les grands cantons suisses doit être préféré. Je connais trop imparfaitement les conditions spéciales dans lesquelles se trouve Saint-Marin, pour pouvoir me prononcer, en ce qui le concerne, pour ou contre l'Arringo.

Reste la question fondamentale que pose M. Pierre Franciosi dans son étude sur le projet de referendum.

M. Franciosi estime que le Gouvernement direct, tel qu'il se pratique dans la Confédération Helvétique, présuppose une longue pratique du régime représentatif, et que, d'ailleurs, il ne pourrait pas s'accommoder à un régime oligarchique, où rien ne serait organisé pour départager ces deux souverainetés que la réforme mettrait face à face.

Je reconnais avec M. Franciosi que, philosophiquement, le régime représentatif doit précéder le Gouvernement direct.

Mais M. Franciosi me concèdera aussi qu'en fait d'évolution politique la règle philosophique est souvent transgressée. Au fond, sous le régime représentatif, on en arrive bien vite à conférer aux représentants des mandats impératifs, que la loi le permette ou non; et comme il ne faut pas plus d'intelligence pour résoudre la question de l'impôt sur le revenu, je suppose, par oui ou par non, que pour la résoudre indirectement en votant pour le candidat qui l'inscrit sur son programme ou pour celui qui la repousse, je crois qu'il est parfaitement possible, au point de civilisation générale atteint en Europe, aux agglomérations en retard de regagner le terrain perdu en sautant par dessus certaines étapes que leurs aînées ont dû parcourir.

Reste à savoir si le referendum pourrait être établi à Saint-Marin sans qu'il fût porté atteinte au Conseil des Soixante, et s'il ne serait pas dangereux de mettre ainsi en conflit deux souverainetés irréductibles.

Il est hors de doute qu'il serait préférable, en même temps qu'on [illegible] stituerait le referendum, de rendre le Conseil électif; et je suis trop partisan des formes énergiques pour ne pas me prononcer ainsi.

Mais je suis en même temps trop [illegible] d'expérience et d'observation pour ne pas [illegible] par [illegible] transitions, la [illegible] de deux souverainetés ne s'oppose pas [illegible] [illegible] de la [illegible].

Lorsque les rois d'Angleterre [illegible] la France, Charles Ier, les [illegible] deux souverainetés face à face, et s'il est vrai qu'avec le temps, l'une d'elles, celle de la nation, ait empiété sur l'autre au point de la supprimer presque, il n'est pas moins vrai non plus que c'est avec des compromis et le respect de la tradition que s'est accomplie l'évolution du peuple anglais.

Et de nos jours mêmes, la chambre des lords, réduite dans le royaume-uni au rôle d'une chambre d'enregistrement après des représentants élus du pays, démontre que, pour être supérieure au système des remaniements complets et énergiques, la méthode qui sous une permettra d'apporter traditionnelle tient aussi bien sa place dans le monde.

A Saint-Marin, le Conseil des Anciens serait bien forcé de s'incliner devant la volonté populaire. Dans les débuts, peut-être lui arriverait-il, grâce à son prestige traditionnel, de tenir tête à la nation. Mais il serait rapidement subjugué par celle-ci et ne serait vite plus qu'un rouage désintéressable qui disparaîtrait de lui même.

Mais qu'adviendrait-il, nous dit-on, si toutes les propositions du Conseil étaient rejetées par le peuple ?

Il y aurait peut-être là une difficulté si la Constitution se bornait à instituer le referendum ; mais celui-ci entraîne naturellement le droit d'initiative des citoyens.

Si ce droit était reconnu dès le début, l'oligarchie des LX serait annihilée immédiatement.

S'il ne l'était pas, et si le Conseil se refusait après plusieurs rejets à présenter les projets réclamés par le pays, ce droit d'initiative serait exigé et enlevé de haute lutte, et la difficulté se trouverait ainsi tranchée.

Mais il est probable que, devant cette menace, le Conseil des Soixante [illegible] au peuple, et que l'évolution s'accomplirait avec une suffisante gradation sans rien heurter.

Si donc j'avais à me prononcer, je le ferais en faveur d'une revision complète, comportant la substitution d'un Conseil élu au Conseil oligarchique actuel, le referendum et le droit d'initiative des citoyens.

Mais si je ne réussissais pas à obtenir une réforme aussi complète, j'accepterais, certes ! celle que proposent MM. Telémaco Martelli, Remo Giacomini et Ignazio Grazia, convaincu qu'elle conduirait sans secousses à un état de choses compatibles avec les nécessités de notre époque.

Quant au régime actuel — qui est un reste du moyen-âge — il est en désaccord avec le principe universellement reconnu de la souveraineté nationale; et s'il ne consent pas à se transformer, il sera emporté par une révolution.

Voilà, cher monsieur, mon opinion, que nous discuterons encore quand j'aurai l'honneur de recevoir votre visite. En attendant, je vous prie de croire à mes sentiments de haute considération.

Alfred Naquet

La petite République du 24 Septembre 1903 (2[illegible] année nº 10023)

Drumont & Bernard Lazare

Je lis peu la *Libre Parole*, jugeant inutile, alors que je n'y suis pas contraint par la profession, de contribuer même comme simple lecteur à la durée de cette feuille de sacristie. Mais un ami m'en apporte aujourd'hui un numéro du 5 septembre, qui renferme un article de Drumont auquel je crois devoir répondre, quoiqu'il soit déjà vieux.

A propos de la mort de Bernard Lazare, de cet écrivain brillant si vite enlevé à l'affection de ses amis, que tout homme de progrès doit regretter à cause des services qu'il a rendus, et de ceux que s'il avait vécu il eût pu rendre encore, mais dont cependant les idées ne sont des dogmes pour aucun de nous, le maniaque clérical de la croisade antijuive entonne un air de triomphe.

Bernard Lazare — comme le docteur Herzl — n'a-t-il pas écrit en parlant des juifs : « Nous sommes un peuple, un peuple un, et nous ne nous fondrons jamais avec les autres nations, parce que nous ne voulons pas renoncer à notre nationalité »?

N'a-t-il pas écrit encore : « Si nous avons été en butte à la haine de toutes les nations, c'est que nous sommes insociables »?

Tout beau, monsieur! Bernard Lazare n'avait aucune autorité, aucune délégation qui lui permît de parler au nom des juifs et d'engager ses congénères. Il a assez vaillamment lutté, et avec assez de talent, pour qu'il soit permis, sans rien enlever à sa juste renommée, de faire un triage parmi ses idées. Moi-même qui, dans le discours que je prononçai à la Chambre contre l'antisémitisme, ai fait tant d'emprunts à son beau livre *l'Antisémitisme, son histoire et ses causes*, j'ai le droit de m'élever contre certaines de ses affirmations, et c'est ce que j'entends faire aujourd'hui.

Notons d'ailleurs en passant que Bernard Lazare, même avec ces prémisses erronées, avait si complètement écrasé Drumont dans sa polémique, que celui-ci a attendu pour reprendre l'offensive la mort de son redoutable adversaire.

Quoi qu'il en soit, je le répète, les quelques erreurs égarées par Bernard Lazare au milieu de si nombreuses vérités, ne font loi pour personne.

S'il lui a plu de se considérer comme citoyen d'un peuple spécial, c'était son affaire ; mais je déclare, moi qui suis né juif comme lui, moi qui n'ai pas plus de religion qu'il n'en avait, moi dont la pensée vaut la sienne, que je ne reconnais pas de nationalité juive, et que — jusqu'au jour appelé de mes vœux où les nations actuelles se fusionneront en une unité nationale plus large — je n'ai d'autre nationalité que la nationalité française.

S'il a cru devoir se déclarer *insociable*, je me déclare, moi, éminemment *sociable*. Et comme personne n'est là pour nous départager, que le fameux *Magister dixit* n'est plus de notre époque, il y a lieu à examiner en lui-même, sans se préoccuper de l'auteur juif ou chrétien qui a pu l'émettre, le principe que Drumont invoque en faveur de sa politique de haine.

Les juifs constituent-ils un peuple ?

Quoiqu'ils en aient constitué un dans un passé depuis longtemps disparu, je réponds catégoriquement : Non !

Un peuple présuppose certaines conditions qui n'existent pas ici. Il lui faut d'abord un territoire sur lequel il évolue, et de nos jours au moins, en attendant que la confédération mondiale ait élargi cette base, il lui faut aussi une langue commune.

Or, les juifs n'ont plus de territoire et n'ont plus de langue commune. Incorporés aux autres peuples, ils n'ont d'autre territoire que celui des nations qui les ont adoptés, et ils ne parlent pas d'autre langue que la leur. Je ne crois pas m'avancer en disant que pas plus que moi, Bernard Lazare ne savait un mot d'hébreu, et que si le sionisme avait pu aboutir, il aurait été fort embarrassé pour s'entendre avec ses congénères des autres parties du monde.

Une nation ne suit sa voie, n'évite son absorption par d'autres, que lorsqu'elle est groupée sur un lieu déterminé et qu'elle veut exprimer sa pensée dans un idiome connu de tous ses membres. Retirez-lui cet idiome commun en ressuscitant les patois disparus, comme le tentent en Bretagne les ennemis de la Révolution, la nationalité s'émiette et l'on retourne au provincialisme. Retirez-lui le territoire, même en lui conservant sa langue, la nationalité disparaît également. Jersey, Guernesey et le Canada nous en fournissent la preuve indéniable. Il y a là des populations d'origine française transportées hors de France, dont l'évolution s'est opérée selon des lois nouvelles. Leur langage n'est plus le nôtre. Celui qu'ils parlent est celui du dix-septième siècle, qui s'est figé chez eux, qui a cessé de se transformer parce qu'il a cessé de vivre. Ce ne sont plus des Français. Ce sont des Canadiens, des Jersiais, des Guernésiens, qui ne se rapprochent plus de nous que par une origine commune.

On croit constater chez les juifs des caractères génériques qui les distinguent. Ils sont moindres certainement que ceux qui séparent les habitants de Lille de ceux de Marseille, et moindres surtout que ceux qui séparent les diverses nations aryennes. Le juif français n'est pas plus rapproché du juif allemand que ne l'est un Français catholique d'un Allemand catholique, et juifs alllemands et français sont tout à fait distincts des juifs polonais ou russes.

Leurs caractères propres n'ont d'ailleurs rien qui porte l'empreinte d'une nationalité. S'il était permis de prétendre avec Drumont que les juifs constituent une nation, ce serait une nation artificielle. Le juif moderne est le produit de la sélection antinaturelle à laquelle ses ancêtres ont été soumis pendant près de dix-huit siècles ; — quelque chose comme les races chevalines que les Anglais ont créées de toutes pièces et qui n'existaient pas il y a deux cents ans.

C'est là une vérité qu'avec une autorité tout autre que la mienne, celle de Bernard Lazare ou celle de Drumont, exprimait Renan dans son admirable conférence du 27 janvier 1883 au Cercle Saint-Simon sur « le Judaïsme comme race et comme religion ».

Les professions, disait-il, vers lesquelles une secte exclue de la vie commune est obligée de se porter, sont les mêmes.

Comme les juifs, les protestants n'ont ni peuple ni paysans ; on les a empêchés d'en avoir. *Quant à la similitude d'esprit dans le sein d'une même secte, elle s'explique suffisamment par la similitude d'éducation, de lecture, de pratiques religieuses.*

Et le savant exégète ajoutait en note :

Le travail sur les juifs de France dans la première moitié du moyen âge montre que jusqu'aux ordonnances de Philippe le Bel, les juifs de France avaient les mêmes métiers et professions que les autres Français.

Il complétait enfin sa pensée en constatant que :

Chez les juifs, la physionomie particulière et les habitudes de vie sont bien plus le résultat des nécessités sociales qui ont pesé sur eux pendant des siècles, qu'elles ne sont un phénomène de race.

Voilà pourquoi les juifs français, anglais et allemands, si même par quelques points ils se différencient encore de leurs compatriotes, le temps qui s'est écoulé depuis leur affranchissement ayant été insuffisant pour les faire complètement disparaître, se différencient plus encore entre eux. Ils sont le résultat d'un « élevage particulier » — qu'on me permette cette expression — qui a duré des siècles, et comme cet élevage n'a pas été le même en France, en Italie, en Allemagne et en Russie, les produits y sont distincts.

En Chine, où les juifs se sont établis deux cents ans avant l'ère chrétienne, et où jamais, selon l'expression du général Tcheng Ki Tong, « on n'a songé à leur interdire l'exercice de certains métiers, encore bien moins à faire des lois pour les forcer à vivre uniquement de la friperie ou de la banque », ils exercent toutes les professions et « sont laboureurs, ouvriers, commerçans et médecins, ce qu'ils veulent en un mot, comme les autres Chinois » (1).

Il s'est passé là ce qui s'est passé en France jusqu'à Philippe le Bel, ainsi que l'a constaté Renan dans la note que nous avons citée plus haut.

Nulle part les juifs actuels ne ressemblent à leurs ancêtres qui vivaient en Palestine avant Titus. La physionomie qui leur reste propre, comme à toutes les agglomérations humaines,

(1) *Les Juifs en Chine*, dans le *Gaulois* de 2 février 1890.

et que la liberté dont ils jouissent tend à effacer de jour en jour, n'est que la conséquence des conditions dans lesquelles on les a obligés à vivre.

Voilà pour la première proposition de Drumont, proposition qui prouve que ce prétendu sociologue ne connait pas un traître mot de la sociologie, et qu'il n'a jamais lu Renan ; sans quoi il n'aurait pas la témérité de le citer dans son article.

Quant à sa seconde affirmation sur l'insociabilité du juif, elle est tout aussi ridicule que l'autre. Et ici encore c'est par un passage de Renan, qualifié, lui, pour exprimer une opinion sur les grandes questions humaines, que je veux le réfuter.

Le savant et l'écrivain incomparable qu'acclamait l'autre jour à Tréguier la Bretagne républicaine, terminait ainsi, en 1883, la conférence à laquelle j'ai déjà fait quelques emprunts :

Réjouissons-nous que ces questions si intéressantes pour l'histoire et l'ethnographie n'aient en France aucune importance pratique. Nous avons en effet résolu la difficulté politique qui s'y rattache de la bonne manière. Quand il s'agit de nationalité, nous faisons de la question de race une question tout à fait secondaire, et nous avons raison.

Le fait ethnographique, capital aux origines de l'histoire, va toujours perdant de son importance à mesure qu'on avance en civilisation. Quand l'Assemblée nationale de 1791 décréta l'émancipation des juifs, elle s'occupa extrêmement peu de la race. Elle estima que les hommes devaient être jugés non par le sang qui coule dans leurs veines, mais par leur valeur morale et intellectuelle. C'est la gloire de la France de prendre ces questions par le côté humain. L'œuvre du dix-neuvième siècle est d'abattre tous les ghettos, et je ne fais pas mon compliment à ceux qui ailleurs cherchent à les relever.

La race israélite a rendu au monde les plus grands services.

Assimilée aux différentes nations, en harmonie avec les diverses unités nationales, elle continuera à faire dans l'avenir ce qu'elle a fait [illegible] pour [illegible] toutes les [illegible] de l'[illegible], elle contribuera [illegible] au progrès social de l'humanité.

Les juifs sont assimilés aux différentes nations, voilà ce que répond Renan aux sottises de Drumont et à une erreur qu'un noble sentiment de solidarité avec les juifs russes et roumains a dictée à Bernard Lazare en l'amenant au siopisme.

Je pourrais m'en tenir là. Je veux cependant m'arrêter un instant encore sur la péroraison de l'article de la *Libre Parole*. Dans quelques phrases venimeuses, sous forme d'éloges, Drumont accuse Bernard Lazare d'avoir été capable de brûler Paris pour sauver un seul juif.

Il se trompe et il attribue aux autres sa propre mentalité.

L'homme de l'Inquisition, des Dragonades et de la *chemise de soufre* devrait avoir soin de se taire sur la question des incendies confessionnels.

On ne doit pas parler de corde dans la maison d'un pendu.

ALFRED NAQUET.

Banquet protestataire du Yom Kippour (1er octobre 1903)

Citoyennes et Citoyens

Je tiens d'abord à vous exprimer ma gratitude pour le grand honneur que vous m'avez fait en m'appelant à la présidence de votre belle réunion ; et, conscient des devoirs d'un président, je voudrais mériter votre confiance en gardant le moins longtemps possible la parole et en laissant aux autres [illegible] le soin d'affirmer nos convictions humaines.

Je vous demande cependant la permission de vous entretenir d'un fait personnel qui me concerne et qui m'entraînera, j'en ai peur, à quelques développements d'ordre général. Je m'efforcerai d'ailleurs d'être bref.

Ma présence parmi vous pourrait, comme l'aurait pu la lettre que, dans l'impossibilité où je me trouvais d'y assister en personne, j'adressais il y a deux ans aux organisateurs du banquet de 1901, me faire accuser de contradiction. Jusqu'ici, il est vrai, cette accusation ne s'est pas produite, mais elle est dans les contingences possibles, et je veux la prévenir par de brèves explications sur les faits qui seraient de nature à la motiver.

A la date du 3 avril 1898, dans un article qui avait pour titre « [illegible] », je me prononçais contre une manifestation semblable à celle-ci.

Je soutenais — et notez que je le soutiens encore — qu'un homme fait preuve d'un esprit tout aussi peu philosophique en mangeant le jour de Kippour à cause du Kippour, en faisant gras un vendredi saint en raison du vendredi saint, qu'en se refusant à manger ou à faire gras pour les mêmes motifs.

Je considérais la liberté de l'esprit comme consistant

dans l'exclusion radicale de tout motif tiré des prescriptions religieuses.

Mais je serais là, est-il besoin de le dire, l'homme estimé celui qui, loin du public, et en dehors par conséquent de tout fait possible de propagande, se déterminerait uniquement par l'intention de contrecarrer la religion ou d'en observer les préceptes.

Tel n'est aujourd'hui le cas pour aucun de ceux qui sont ici.

Il nous importe fort peu qu'il existe pour les juifs croyants et pratiquants une fête qui implique le jeûne. Mais il nous importe au plus haut point de combattre des préjugés et des superstitions qui sont à nos yeux les pires obstacles au progrès humain.

Or la manifestation publique d'une idée, le fait rendu patent que l'on ne s'incline pas, par un respect déplacé, devant des absurdités que la raison condamne, sont quelquefois des moyens aussi puissants pour amener le triomphe du vrai que la propagande par la presse périodique ou par le livre.

Vous me direz sans doute que nos prédécesseurs de 1890 se trouvaient animés sur ce point des mêmes sentiments que vous. C'est exact. Mais les manifestations protestataires ne sont pas toujours utiles. Cela dépend essentiellement des circonstances, et les circonstances ne me paraissaient pas être en 1890 ce qu'elles sont actuellement.

Dans les époques de calme, si propices à l'élimination

du surnaturel, les intelligences se rendent facilement à l'évidence, parce que la passion ne met pas obstacle à l'exercice de la raison. A ces heures-là, les exhibitions théâtrales destinées à frapper les esprits, lorsqu'elles ne sont pas tout à fait naturelles, lorsqu'elles sont voulues et cherchées, peuvent comporter plus d'inconvénients que d'avantages. Elles risquent d'engendrer des mouvements passionnés qui, s'ils fortifient le libre-penseur dans ses convictions, amènent chez les croyants une irritation capable de fermer leur entendement à l'accès des démonstrations les plus claires et les plus rigoureuses. Il est préférable dans ce cas de ne pas surexciter l'opinion et de laisser la science accomplir son œuvre émancipatrice.

Quand au contraire un pays traverse une de ces périodes où la passion s'empare des âmes et les livre comme une proie — ainsi que cela s'est vu lors de l'affaire Dreyfus — aux auteurs des faux les plus criminels et des mensonges les plus perfides, les choses changent de face. Celui qui s'éloigne alors de l'action perd fatalement du terrain. Il devient nécessaire de rendre coup pour coup, et si l'adversaire organise des pèlerinages à Lourdes ou au Sacré-Cœur de Montmartre, il faut lui répondre en glorifiant les martyrs de la libre pensée, comme nos amis l'-

faisaient récemment au pied du monument d'Étienne Dolet, en opposant, ainsi que nous le faisons à cette heure, aux pratiques abêtissantes des cultes une énergique affirmation de la pensée affranchie.

Eh bien! en 1890 nous passions par un temps d'accalmie; le Boulangisme était vaincu; l'antisémitisme, malgré les efforts de Drumont, n'avait encore pris aucun développement sérieux; et le cléricalisme — qui préparait ses batteries dans l'ombre, mais ne les avait pas encore démasquées — semblait résigné à abandonner ses vieilles méthodes de combat, pour ne plus lutter que sur le terrain de la libre discussion.

De plus nous avions encore à cette époque à la tête de notre parti des hommes comme Schœlcher, [illegible], [illegible], Floquet, Madier-Montjau — comme Ferry lui-même malgré son opportunisme — qui maintenaient fièrement les droits de la libre pensée en face des prétentions des églises. Ces hommes eux-mêmes auraient considéré comme déshonorant de composer avec la superstition. Chez la plupart des radicaux et chez nombre de modérés, la rupture avec le culte était comme une espèce de dogme laïque, et chez eux naissances, mariages et décès ne donnaient lieu qu'à des cérémonies civiles. Lorsqu'on avait de si belles manifestations naturelles, les protestations que l'on pourrait opposer [illegible] seraient sans objet. Les actes individuels qu'en prenaient la place étaient infiniment plus impressionnantes qu'elles, tant à cause de leur caractère réfléchi, qu'en raison du retentissement que leur donnaient les personnalités éminentes qu'elles concernaient. Les obsèques civiles de Raspail, de Louis Blanc, de Gambetta, de Victor Hugo — et un peu plus tard de Renan — agissaient avec plus de puissance sur l'opinion que cent banquets du Vendredi Saint ou du Yom Kippour.

Mais hélas! ces temps sont loin de nous. Ce que nous voyons maintenant, c'est — ainsi que je l'ai fait observer l'autre jour — Doumergue, l'ex-président de notre République, introduire le prêtre dans sa famille par la première communion des siens; c'est le ministre d'un cabinet qui a fait de l'anticléricalisme sa plateforme — et que, à cause de cela, nous appuyons — mener ses enfants à l'Église; c'est enfin un homme, que je ne voudrais certes pas contrister dans ses affections de père, mais qui, élevé par la confiance des socialistes et des radicaux à l'une des trois plus hautes fonctions de ce pays, appelait naguère le clergé auprès du cercueil de la fille qu'il venait de perdre.

Ces tristes faits deviennent [illegible] par l'[illegible] que, ainsi que je le faisais ressortir il y a quelque temps dans les *Annales de la Jeunesse laïque*, [illegible] les catholiques sont catholiques, dans la vie pratique [illegible] ne le sont guère moins, s'ils ne tardaient pas à se révolter au dehors de la conscience si, devant les capitulations, des citoyens énergiques n'élevaient la voix pour interrompre la prescription.

[illegible] défendons [illegible], disaient nos ancêtres latins. Nous faisons notre cette devise; et puisque [illegible] de ceux qui prétendent à nous conduire s'inclinent devant des usages qui font toute la force de la réaction à laquelle ils fournissent ainsi des armes, montrons, nous, que d'autres sont là pour maintenir les traditions de la démocratie française, jeunes comme vous ou vieux comme moi.

J'entends bien qu'on prétend combattre le cléricalisme, c'est-à-dire la religion mise au service de la politique, et non l'esprit religieux. Comme si un tel départ était possible, comme si un croyant pouvait déposer au temps d'élection ses croyances au vestiaire pour les reprendre après.

Eh bien! ainsi que le faisait tout récemment avec courage M. Aulard, nous proclamons, nous, sans ambages, que le véritable ennemi n'est pas le cléricalisme mais l'esprit religieux.

Le cléricalisme n'est qu'un effet. La cause, c'est cet ensemble d'idées [illegible] que nous tenons [illegible] traditions [illegible] aux yeux des masses et qui déforment les cerveaux. Supprimez ces idées et le cléricalisme s'évanouit aussitôt faute de [illegible]

Combattez le cléricalisme sans toucher aux principes de la religion, et vous n'aurez rien fait : l'ennemi sera toujours là prêt à reprendre l'offensive au premier moment de défaillance de votre part.

O ! entendez moi bien : je ne fais pas appel au bras séculier. Je ne demande pas au Cabinet de M. Combes — que j'approuve d'expulser moines et nonnes, et dont j'espère la dénonciation du Concordat, — je ne lui demande pas de sévir contre l'idée religieuse, de persécuter les croyants, de fermer temples, églises et synagogues, d'interdire les cérémonies du culte, et de renouveler, contre les malheureuses victimes d'un état de choses qui dure depuis 2000 ans, les abus et les crimes de l'Inquisition. Non ! Je ne lui demande rien de pareil. La lutte contre les idées n'est pas son affaire.

L'œuvre du Gouvernement est de déblayer le terrain des obstacles qui l'encombrent, de laïciser complètement tous les services sociaux — enseignement et hospitalisation —, de donner à tous connaissance des vérités scientifiques certaines, et de ne pas plus permettre qu'on empoisonne en son nom les intelligences qu'il n'autoriserait des empoisonneurs publics à tuer les corps.

Mais là doit se borner son action. Il ne saurait aller au delà sans violer la liberté de conscience, le bien [illegible]prême dont nous a dotés la Révolution française et que nous devons défendre comme un patrimoine sacré.

En tant que dogme que principe, la religion échappe à toute autorité matérielle — et c'est pour cela que la séparation des églises et de l'État s'impose — elle est affaire de conscience; et si combattre le cléricalisme est du domaine de l'État, il appartient à l'action individuelle seule d'attaquer la religion dans son essence par la parole, la plume et l'exemple.

Ce que nous disons seulement aux membres du gouvernement, c'est qu'ils ne doivent pas plus s'abstenir de cette action individuelle que les autres citoyens. Les fonctions qu'ils exercent, si elles leur imposent des obligations nouvelles, ne les déchargent d'aucune de celles qui leur incombaient en tant que membres de notre grande famille républicaine.

Citoyennes, citoyens

J'ai entendu opposer à notre [illegible] affirmation antireligieuse une objection [illegible] [illegible] que je [illegible] de dire pour [illegible] me dispenser de répondre, mais que je ne veux cependant pas laisser passer sans réfutation.

Quel [illegible]

[illegible]

Qu'il n'existe pas actuellement de cléricalisme Juif, c'est exact. Il n'en existe jamais dans une religion de minorité. Mais tous les cultes sont intolérants au même degré, et si l'utopie, généreuse autant qu'absurde, du Sionisme était susceptible de se réaliser jamais, on verrait bien vite, dans la Judée ressuscitée, ressusciter aussi le cléricalisme qui existait jadis dans la théocratie de Palestine. Et qui n'était pas des moins oppressifs.

D'ailleurs, s'il n'existe pas actuellement en France de cléricalisme Juif, il existe un esprit religieux chez les Juifs, et comme, ainsi que je le proclamais tout à l'heure, c'est l'esprit religieux qui est le véritable ennemi de la Révolution, quel que soit le dogme sur lequel il s'appuie, nous avons le droit de dire que, quoique en lutte avec les dogmes chrétiens, les croyances juives concourent avec l'enseignement chrétien, à fausser les intelligences et à mettre des obstacles au libre développement de la science. Il importe donc tout autant de saper le Judaïsme que le Catholicisme.

Je crois qu'à un autre point de vue encore l'affirmation antireligieuse des libres penseurs d'origine juive me paraît nécessaire.

L'odieux antisémitisme, vous le savez, n'est pas, comme un instant on a pu le croire, le produit d'un cerveau en délire. C'est le résultat d'une tactique habilement com-

cinés par les cerveaux imbus des idées modernes pour abattre le socia-lisme en République le premier.

Drumont n'est qu'un outil des Jésuites.

Le vieux atavisme antijuif subsiste. Tout de géné-rations de l'histoire, il avait de trop profondes racines dans les esprits des masses pour qu'un siècle de révolution ait suffi à l'en extirper complètement. Il n'était qu'assoupi; et comme ces germes de maladies qui sont affaiblis, mais sont susceptibles de reprendre leur virulence par une cul-ture appropriée, il devait être possible de le faire renaître.

Les Jésuites l'ont compris, et sur ce mouvement antisémite ils ont fondé de grandes espérances. Ils pensaient qu'après avoir excité les passions populaires contre les Juifs, il deviendrait également possible de pousser les masses contre les protes-tants, les francs maçons, les libres penseurs, les républicains, les scientistes qu'on leur présenterait comme vendus aux Juifs, et que l'on parviendrait ainsi à détruire l'œuvre de la Révolution jusque là intangible.

Ce plan machiavélique a facilement réussi. On a pu s'en rendre compte lors du procès Dreyfus. Au moment de la campagne de Drumont il y a eu un terrain tout prêt dans l'âme répu-blicaine; et [illegible] vers 1895, l'un des hom-mes qui ont le plus énergiquement [illegible] plus [illegible] lutté depuis contre cette ligue de réaction, troublée par elle au point de ne discerner ni où elle conduisait, ni [illegible], s'il convenait ou non de la combattre.

Nous n'en sommes plus là.

L'antisémitisme et le nationalisme sont détruits, et nous savons tous maintenant qu'il n'y a dans ces prétendues doctrines qu'un moyen de combat mis en œuvre par la réaction cléricale et favorisé par quelques faux républicains.

Mais peut-être ces théories auraient-elles tourné autrement si ces antisémites n'avaient commis la faute de croire trop tôt la partie gagnée, et de se démasquer en trop se hâtant de joindre à leurs cris sauvages de " Mort aux Juifs" ceux de « Mort aux protestants! et mort aux francs-maçons! »

L'antisémitisme a donc été entre les mains de nos ennemis une arme dangereuse et perfide. La leur laisser serait imprudent, [illegible] moment opportun ils ne manqueraient pas de s'en servir de nouveau, et instruits par une première expérience, ils éviteraient cette fois les fautes qu'ils ont commises dans leur première tentative.

Ce n'est donc pas seulement en vue de la défense des Juifs qu'il faut veiller contre Drumont et ses séides. C'est aussi un devoir pour tous les fils de la Révolution. Ils le comprennent, et c'est ce qui fait que nous voyons à C [illegible] les mi[illegible] de la libre pensée et origine chrétienne qui ont tenu à se joindre à nous.

Pour nous, toutefois, qui sommes des Israélites, la doctrine est plus étroite encore, et nous avons en tant que Juifs vis-à-vis de la République une obligation de plus que les autres citoyens.

Le principal argument des antisémites consiste à nier le grand mouvement qui tend à affranchir le genre humain en groupant races et nations en un tout harmonique, et à entendre ce mouvement n'existerait pas : ce ne serait qu'un trompe-l'œil pour dissimuler une guerre du Judaïsme contre le Christianisme. De même ils [illegible] les nobles efforts faits en vue de la suppression des frontières comme une ruse d'agents soudoyés par l'étranger.

Ils cherchent à accréditer l'idée que les libres penseurs ne sont que des Juifs déguisés ou des [illegible] de Juifs.

C'est avec des sottises de cette nature qu'on a pu en 1897, ébranler les populations, et qu'on pourrait les ébranler encore dans l'avenir si nous n'y prenions garde.

[illegible]que absurde qu'il soit, il ne faut jamais laisser un argument sans réplique en comptant sur son absurdité même pour en faire justice, surtout lorsqu'il a fait ses preuves.

Or, des actes comme celui qui nous réunit en ce moment sont le puissant élément de démonstration pour prouver au peuple

l'inanité de l'argumentation par laquelle on cherche à capter la confiance.

Il importe, en effet, de montrer clairement à tous — et c'est pour cela que nous sommes ici — que l'armée de la libre pensée est vraiment l'armée de la pensée libre, que ce n'est ni une armée juive ni une armée protestante portant un masque. Et, pour atteindre ce but, il est nécessaire que les Juifs affranchis du mysticisme et du dogme s'élèvent contre la religion où le hasard les a fait naître, en même temps que Protestants et Catholiques agissent de même vis-à-vis de celles auxquelles ils sont censés appartenir. En un mot, il faut établir par notre conduite que nous ne poursuivons pas seulement la déchristianisation, mais aussi la déjudaïsation de la France; que ce que nous voulons, c'est soustraire notre pays et le monde à l'influence déprimante de tous les cultes sans exception.

En France, parmi les Israélites il y a certainement plus de non croyants qu'il n'y en a — proportionnellement s'entend — parmi les catholiques. Mais les juifs qui ne croient pas répugnent infiniment plus que les catholiques d'origine à l'affirmation publique de leurs idées. Et nous devons reconnaître que la cause de cette répugnance est des plus honorables. Ils constituent dans le pays une minorité en butte à des attaques ridicules et odieuses ; et ils craignent, en se séparant sur une question de foi de leurs frères ethniques, de trahir leur cause. Ils redoutent de voir leur indépendance [illegible] taxée de lâcheté.

Qu'ils se rassurent ! les Arthur Meyer et les Gaston Pollonnais ne sont pas dans nos rangs.

Et nous nous sentons juifs quand les Juifs sont attaqués. Et nous le disons sans ambages, comme nous nous sentons français malgré nos tendances cosmopolites (je choisis de préférence ce mot parce que c'est celui que nos adversaires prennent en plus mauvaise part) quand notre pays est menacé.

Nous défendons les Juifs comme nous défendons les Chrétiens d'Orient victimes des atrocités musulmanes ; mais notre action, qu'elle s'exerce en faveur des Juifs ou en faveur des Chrétiens d'Orient, sera d'autant plus efficace que nous ne pourrons être soupçonnés d'agir pro domo, pour une secte ou une autre, que nous ne pourrons être pris pour les soldats du judaïsme contre le christianisme ou du christianisme contre l'islamisme ; que l'on verra en nous ce que nous sommes : des hommes affranchis qui s'efforcent de libérer leurs frères de l'erreur, de faire disparaître les barrières religieuses ou nationales qui les parquent en groupes ennemis ; des champions de la vérité qui travaillent à acheminer notre espèce vers cet état d'harmonie universelle fondée sur la science, qui semble devoir être le point d'arrivée de toute civilisation.

Voilà ce qui fait, citoyennes et citoyens, qu'après avoir jugé inopportunes en 1880 des manifestations comme celle-ci, je les juge aujourd'hui non seulement opportunes mais indispensables. Voilà pourquoi malgré mon état de santé qui laisse tant à désirer, j'ai tenu à venir faire acte de présence, heureux si je puis mettre le nombre imprécis des jours qui me restent à vivre, et le peu de force physique... je ne parle pas de l'autre, la force morale, elle est entière — qui me reste au service de notre œuvre de propagande, qui est celle de la science, de la République, de la fraternité humaine, de la vérité.

Les annales de la jeunesse laïque, d'octobre 1903 (2me année n° 17)

LA LIBERTÉ

J'ai toujours été le partisan résolu de la liberté et j'en ai donné quelques preuves au cours de mon existence.

En 1889, à Tours, au risque de soulever contre moi l'opinion de mes amis, je prononçais un discours dans lequel je condamnais la politique suivie par Ferry contre les Congrégations ; et 6 ans plus tard, le 16 février 1895, longtemps après la chute du Boulangisme, j'exposais à nouveau les mêmes idées à la tribune du Palais-Bourbon.

A cette époque, la Concentration républicaine — à laquelle on a dû revenir depuis — n'existait plus ; on avait voulu créer un parti Whig et un parti Tory ; et si, comme on était en droit de l'espérer, les monarchistes désarmaient et se résignaient à la République sur les conseils de Léon XIII, il était à craindre que leurs trois millions de suffrages ne vinssent se porter sur les tories, éliminant pour longtemps, par l'appui qu'ils donneraient à ces derniers, les radicaux du pouvoir.

Dans ces conditions, j'avais pensé qu'il y avait intérêt pour nous à nous attirer les couches populaires de l'élément catholique en les séparant de leurs chefs par le double appât de la tolérance religieuse et des réformes sociales. Cette politique me semblait répondre à une nécessité de tactique, et présentait en outre, à mes yeux, le grand avantage d'être un hommage rendu aux principes.

Les cléricaux n'ont pas tardé à me faire perdre toute illusion. Pendant que je protestais contre des décrets que je jugeais vexatoires à leur égard, — alors qu'en réalité ils n'avaient été que des mesures de prudence auxquelles on ne pouvait reprocher que d'être restées inefficaces ; — pendant que je m'élevais contre les prétendues violences dont ils auraient été victimes, eux, groupés autour des jésuites et de la *Libre Parole*, leur organe, ils criaient : Mort aux juifs! mort aux protestants! mort aux libres-penseurs! mort aux francs-maçons! si même ils ne criaient pas encore : mort aux républicains, c'est uniquement parce qu'ils voulaient prolonger une équivoque dont ils se promettaient la division de l'armée républicaine et le triomphe de la réaction théocratique et monarchique.

On les vit, lors du procès Dreyfus, protégés par l'attitude louche de Charles Dupuy et par la trahison de Félix Faure, accumuler tous les efforts, tous les mensonges et tous les crimes pour maintenir au bagne un innocent dont la condamnation servait leurs intérêts ; on les vit provoquer dans les masses une agitation de nature à menacer gravement la sécurité des citoyens ; on s'aperçut enfin que la République elle-même était en péril.

Ces événements m'ont fait faire un retour sur moi-même.

Je veux bien être libéral ; mais je n'entends pas être dupe. Or, ce serait l'être que de laisser les cléricaux s'organiser et s'armer pour nous combattre.

On nous cite souvent, et dans bien des occasions, les Anglais et les Américains qui ont le culte de la liberté.

Ils l'ont en effet, mais parce que, jusqu'ici du moins, ce culte est commun à tous les partis dans la Grande-Bretagne et en Amérique : parce que les Tories peuvent arriver au pouvoir à Londres sans que les libéraux soient opprimés, parce que les démocrates peuvent conquérir la majorité à la Chambre des représentants et au Sénat de Washington sans que les Républicains soient dépouillés d'aucunes des garanties que la Constitution leur assure.

Le respect de la liberté ne peut exister que là où tous les partis lui sont également fidèles. Que demain il se formât, soit au delà de la Manche, soit au delà de l'Atlantique, une faction qui serait une menace pour les droits de tous : on verrait bien si les Anglais et les Américains, gens pratiques, et qui ne sont point esclaves de dogmes métaphysiques, hésiteraient à se défendre.

On connaît la phrase de Louis Veuillot disant en 1848 aux fondateurs de la République : « Nous vous demandons la liberté parce qu'elle est dans vos principes ; et si nous arrivons au pouvoir nous vous la refuserons parce qu'elle n'est pas dans les nôtres. » Quels seraient les républicains assez peu clairvoyants pour obéir à une pareille mise en demeure, et pour permettre ainsi l'écrasement complet de la liberté au nom de la liberté ?

Le parti socialiste est internationaliste, — c'est sa gloire. — Il poursuit la suppression des guerres, la constitution d'une fédération fraternelle des peuples. Croit-on qu'aucun de ses membres consentit à supprimer toute force nationale en présence de rivaux qui armeraient jusqu'aux dents et qui proclameraient sans ambages leurs idées de conquête ? Ce ne serait plus de l'internationalisme, ce serait du suicide : et je ne sache pas que jusqu'ici le suicide soit devenu la plateforme d'aucun parti vivant.

Or, il n'y a pas deux règles de conduite différentes, l'une pour la politique internationale, l'autre pour la politique nationale. Je ne veux pas être conquis par Berlin, c'est entendu. Mais je ne veux pas davantage être conquis par la Rome papale, par l'armée des encapucinés qui cherchent à s'emparer du pays, et qui pourraient bien y réussir, si ceux qui ont charge de veiller à la défense des principes de la Révolution Française n'y prenaient garde.

Les nationalistes nous accusent parfois, lorsque nous défendons l'internationalisme, de livrer la France à ses rivaux. Ils se trompent, ou mieux, ils mentent. Mais il leur suffirait, s'ils étaient sincères, d'un quart de seconde de réflexion pour s'apercevoir que nous commettrions à l'intérieur la faute qu'ils nous accusent de commettre à l'extérieur, si nous désarmions à leur égard en leur laissant la faculté d'armer contre nous. Ils peuvent être assurés que nous ne tomberons pas dans ce piège. Nous sommes conscients de leurs desseins, et pour qui connait les plans de l'adversaire, ne pas les déjouer est une trahison.

L'Angleterre et les Etats-Unis sont des nations en grande majorité protestantes.

Considéré dans ses dogmes, le protestantisme n'est pas supérieur au catholicisme : toutes les religions sont également absurdes vis-à-vis de la science et de la raison. Mais au point de vue politique les choses changent, et le protestantisme présente sur le catholicisme des avantages marqués. Il se divise en une infinité de sectes dominées chacune par des idées différentes, ne possède aucune hiérarchie sacerdotale, et ne réunit pas l'ensemble de ses fidèles en une armée susceptible à toute heure d'évoluer selon l'ordre qu'elle reçoit de ses chefs. La High Church anglaise elle-même, avec ses prêtres, ses évêques, sa liturgie quasi-catholique, reste bien loin du catholicisme romain : ses prêtres sont mariés et elle ne reçoit le mot d'ordre d'aucun pouvoir étranger. Si la Réforme avait triomphé en France, la liberté n'aurait pas subi les terribles éclipses que nous avons eu à déplorer en 1815 et en 1852, et nous n'aurions pas été obligés de la reconquérir deux fois par des révolutions dans lesquelles nous avons épuisé une partie de nos forces et de notre sang.

On nous parle de la liberté de l'enseignement. Elle existe chez les peuples anglo-saxons et elle n'y présente aucun danger. Elle n'a d'autre résultat que d'entretenir une saine émulation qui relève le niveau des études.

Chez nous, les circonstances ne sont plus les mêmes, et je ne crois pas pouvoir être sérieusement contredit si j'affirme que, à part quelques républicains absolus victimes des abstractions, tels que Clemenceau, la liberté d'enseignement n'est en réalité réclamé par personne.

La lutte qui se livre n'est point une lutte en faveur de la liberté; c'est, comme l'avait autrefois appelée Bismark en Allemagne, un kulturkampf, un combat entre deux monopoles.

Lorsque l'assemblée législative, en 1850, votait la fameuse loi Falloux qui a fait tant de mal à notre pays, M. Thiers avouait franchement qu'il s'agissait d'enlever la direction de la jeunesse à l'Université pour la confier à l'élément congréganiste. La situation n'a pas varié depuis lors.

Les laïques n'ont en France rien de ce qu'il faudrait pour engager la concurrence : ni l'argent, ni l'enthousiasme, ni l'unité de vues. Sur le terrain où l'on voudrait nous entraîner, nous serions infailliblement vaincus. Il ne se produirait aucune institution à idées modernes; et si l'on en essayait quelqu'une, elle s'effondrerait bien vite comme l'ont fait celles que l'on a tenté d'édifier depuis une trentaine d'années.

Le débat est entre l'université nationale et les jésuites : il n'est pas ailleurs, et si nous nous abandonnons à une quiétude coupable, ce n'est certainement pas l'université nationale qui l'emportera. Dans l'ordre de l'instruction secondaire surtout, la bourgeoisie a de nos jours une tendance croissante à confier aux congréganistes l'éducation de ses fils. Elle le fait par snobisme d'abord — c'est bon ton —, et aussi par peur des réclamations prolétariennes. Elle voit dans l'enseignement des bons pères une garantie de ses privilèges. Si nous n'y mettions ordre, nos lycées seraient de plus en plus désertés et le succès de la Congrégation serait fatal. Le permettrons-nous au nom de je ne sais quels principes abstraits que les jésuites auraient tôt fait d'ailleurs d'effacer de nos lois et de nos mœurs après leur triomphe ?

Ah ! ce n'est pas que le monopole universitaire me satisfasse ! loin de là ! et le cri de guerre de G. Téry : « Laïcisons la laïque », n'est que trop justifié surtout dans l'enseignement secondaire. Je n'oublie pas les faits qui se sont passés au lycée Buffon et au lycée Janson-de-Sailly.

Je sais que M. Syveton a été l'un des piliers de notre université, que beaucoup de ses pareils en font encore partie, et que notre gouvernement, prétendu oppresseur et révolutionnaire, se prépare à y donner d'excellentes places aux anciens professeurs de Stanislas.

Je n'ignore pas que l'on ne peut guère, avec notre constitution parlementaire, espérer qu'il en soit de longtemps autrement.

Les bureaux des ministères sont en général dévoués à la réaction, et lorsqu'on y introduit un républicain, il ne manque pas d'y prendre l'esprit de milieu, tel le bon vin qui s'aigrit aussitôt lorsqu'on le verse dans un tonneau de vinaigre.

Je reconnais sans difficulté qu'il est toujours aisé au plus réactionnaire de capter la signature d'un député républicain, que les ministres ne peuvent pas tout faire par eux-mêmes, et qu'il est facile à l'administration, dès qu'elle peut se retrancher derrière la recommandation d'un député de la gauche, de lui faire signer les nominations les plus scandaleuses.

Il m'est arrivé, en 1879, une chose qui m'a renseigné pleinement à cet égard, et que je ne résiste point au désir de raconter ici.

Un réactionnaire d'Aix avait su se

faire passer pour républicain, et avait capté la confiance de mon frère, — alors professeur de droit dans cette ville — qui m'écrivit en me priant de faire ce qui dépendrait de moi pour lui faciliter l'accès de la magistrature.

N'ayant aucune raison de me défier, j'écrivis à M. Le Royer, garde des sceaux. Huit jours s'étaient à peine écoulés que mon protégé était pourvu d'un poste de substitut. J'en fus à la fois étonné et content, parce que mon influence à ce moment-là n'était pas grande, et que cette nomination semblait indiquer qu'elle grandissait.

Au bout d'un mois, on m'avisait que, pour tenir compte de ma recommandation, le garde des sceaux avait élevé M. X... au poste de procureur de la République dans une ville du Midi.

Deux mois se passèrent encore et par une troisième lettre, le garde des sceaux m'apprenait que, — toujours pour tenir compte à M. X... de l'intérêt que je lui portais, — il venait de le nommer juge et de lui confier l'instruction.

Mais cette fois, l'avis de la chancellerie se croisait avec un avertissement de mon frère. Il avait été trompé ; le candidat pour lequel il avait sollicité mon appui était un pur clérical, et il me mettait en garde contre les nouvelles démarches qu'on pourrait me demander en sa faveur.

J'écrivis aussitôt à M. Le Royer que j'étais très fier de l'autorité dont je paraissais jouir au ministère de la justice, mais que ma religion avait été surprise et que je retirais mon appui à mon protégé de la veille, ne voulant pas que grâce à moi il arrivât presque d'un bond au sommet de la hiérarchie judiciaire.

Quelques mois encore, et le juge d'instruction dont l'avancement avait été si rapide se démettait de sa fonction pour ne pas participer à l'exécution des décrets de Ferry.

Cette histoire est instructive et elle se reproduit tous les jours.

Voilà pourquoi les cléricaux, avec leur habileté extrême à se déguiser et à se faire patronner par des parlementaires républicains, parviennent à peupler l'université de leurs créatures.

Sans compter qu'à côté des cabinets comme celui de M. Combes, il y a les cabinets des Ribot ou des Méline, qui font volontairement, consciemment, ce que les autres font sans le savoir.

Il est donc permis de craindre que des deux monopoles entre lesquels nous avons le choix, l'un ne vaille pas beaucoup plus que l'autre : des incidents comme celui du fils Tissier ne sont certainement pas pour nous rassurer à cet égard.

A tout prendre cependant, et puisque une expérience d'un demi-siècle a nettement établi que la liberté de l'enseignement est un leurre, un simple mensonge destiné à couvrir aux yeux des simples l'absorption de l'enseignement par le clergé ; puisque, d'ailleurs, entre les deux solutions, il n'existe pas de solution intermédiaire, j'avoue que je préfère le monopole universitaire à celui des congrégations. A la rigueur, le gouvernement pourra peut-être arriver, dans une certaine mesure, à modifier l'esprit du premier, surtout si la concurrence que font les établissements religieux aux lycées et aux collèges de l'Etat n'existant plus, ces établissements ne sont plus portés à disputer à leurs rivaux leur clientèle en renchérissant sur leur cléricalisme.

La solution est cependant fort imparfaite et, peut-être, est-ce vers la décentralisation du monopole qu'il conviendrait d'aiguiller.

La plupart des conseils généraux sont républicains à cette heure ; et je suis porté à croire que si, les lycées étant départementaux, le choix du personnel était abandonné à l'assemblée départementale, l'abus que j'ai signalé plus haut aurait plus de peine à se perpétuer.

Il est vrai qu'il reste encore des départements où nous n'aurions plus aucun moyen de donner à l'enseignement un caractère scientifique et moderne ; mais le mal serait moindre que ne l'est l'envahissement de la totalité de nos écoles par l'esprit clérical

Dans tous les cas, si le problème est délicat, difficile, qu'on l'étudie avec soin et qu'on cherche à le résoudre ; mais qu'on ne vienne pas mêler à cette étude de prétendus principes absolus qui ne sont qu'une duperie !

La liberté, je l'ai dit plus haut, suppose un contrat synallagmatique entre tous les partis également décidés à la respecter.

Si ce contrat synallagmatique n'existe pas, il n'y a plus de société normale et pacifique ; il y a un état de guerre, et en temps de guerre nul n'est tenu de préparer la victoire de l'ennemi.

Le cléricalisme est-il en guerre ouverte, déclarée contre la société moderne ? C'est incontestable. Si tel est le cas, la société moderne a le droit — que dis-je ? le devoir — de ne pas se laisser arrêter par de vaines formules et de le combattre sans merci.

Alfred Naquet.

La petite République du 14 8bre 1903 (28e année – no 10043)

DRUMONT (1)

Après la publication par la *Petite République* de mon dernier article : « Drumont et Bernard Lazare », j'ai, dérogeant à mes habitudes, lu pendant quelques jours la *Libre Parole*, dans la pensée que j'y trouverais une réponse; et je commençais à perdre toute espérance, lorsque, enfin, la réponse a paru.

J'avais appuyé mes affirmations sur l'opinion de Renan.

Drumont, dont l'érudition sociologique fait rire les vrais savants, voulait me répondre du tac au tac par une autre citation du même auteur, et il lui fallait le temps de la trouver. C'est long, lorsqu'on ne connaît pas ses classiques.

Il a fini cependant par découvrir les trois alinéas suivants, qu'il m'oppose, et avec lesquels il s'est peut-être flatté de donner le change :

> La race sémitique se reconnaît presque uniquement à des caractères négatifs : elle n'a ni mythologie, ni épopée, ni science, ni philosophie, ni fiction, ni arts plastiques, ni vie civile; en tout, absence de complexité de nuances, sentiment exclusif de l'unité.
>
> La moralité elle-même, ajoute-t-il, fut toujours entendue par cette race d'une manière fort différente de la nôtre.
>
> Le sémite ne connaît guère de devoirs qu'envers lui-même. Poursuivre sa vengeance, revendiquer ce qu'il croit être son droit, est à ses yeux une sorte d'obligation. Au contraire, lui demander de tenir sa parole, de rendre la justice d'une manière désintéressée, c'est lui demander une chose impossible. Rien ne tient donc dans ces âmes passionnées, contre le sentiment indompté du moi. La religion, d'ailleurs, est, pour le sémite, une sorte de devoir spécial, qui n'a qu'un lien fort éloigné avec la morale de tous les jours.

Le faux sociologue, comme tous ceux qui prennent une phrase au hasard dans un livre sans connaître l'œuvre complète à laquelle ils font leur emprunt, a commis une bévue.

Les quelques lignes reproduites par la *Libre Parole* sont exactes. Il n'y a qu'un malheur, c'est que cette description des caractères ethniques des sémites ne saurait s'appliquer aux juifs français..., par l'excellente raison que les juifs français ne sont pas des sémites.

Qu'on en juge d'après Renan lui-même :

> A l'époque grecque et à l'époque romaine, écrit l'historien d'Israel, il y a eu une foule de conversions directes au judaïsme; il en résulte qu'à partir de cette époque, le mot judaïsme n'a plus une grande signification ethnographique.
>
> Conformément à la prédiction des prophètes, le judaïsme était devenu quelque chose d'universel. Tout le monde y entrait. Le mouvement qui éloigna du paganisme, aux premiers siècles de notre ère, les personnes animées de sentiments religieux délicats, amena une foule de conversions. Le plus grand nombre de ces conversions se fit certainement au christianisme; mais un très grand nombre aussi se fit au judaïsme. *La plupart des juifs de Gaule et d'Italie, par exemple, durent provenir de telles conversions, et la Synagogue resta à côté de l'Eglise, comme une minorité dissidente.*

Et plus loin :

> *Il y a, dans l'ensemble de la population juive telle qu'elle existe de nos jours, un* APPORT CONSIDÉRABLE DE SANG NON SÉMITIQUE; *si bien que cette race qu'on considère comme l'idéal de l'ethnos pur se conservant à travers les siècles par l'interdiction des mariages mixtes* A ÉTÉ FORTEMENT PÉNÉTRÉE *d'infusions étrangères.*

Ainsi, les juifs de Gaule ou d'Italie sont pour la plupart les descendants d'aryens convertis, ou sont tout au moins considérablement mâtinés de sang aryen.

1) — L'article de Drumont auquel était la réponse est [illegible] plus haut. t. IX. pag. 163.

Ailleurs Renan établit que le type qui, de nos jours, caractérise les juifs est acquis, et qu'il suffirait de « déporter dans une île déserte des milliers de personnes prises au hasard », pour qu'au bout de quelques siècles cette population se trouvât physiquement marquée de certains signes distinctifs.

J'admettrai cependant, pour les besoins de ma discussion, quoique ce soit inexact, que les juifs sont tous d'origine sémitique.

Je concède que la mentalité du sémite pur, tel qu'on le rencontre chez les Arabes, est différente de la nôtre; et, parmi les différences qui s'offrent à l'observation, il en est une que le directeur de la *Libre Parole* se garde bien de relever.

Le sémite est un théocrate. Nulle part il n'a conçu de lui-même la notion — sans laquelle il n'est pas d'évolution progressive — de la séparation du spirituel et du temporel. Son esprit n'a pu s'y élever qu'en recevant pour ainsi dire une fécondation de l'esprit aryen.

Dans le siècle qui a précédé et dans celui qui a suivi notre ère — (je viens de montrer que Renan l'a nettement établi) — la tendance au monothéisme poussait les païens à adopter le judaïsme. Si les juifs avaient eu assez de largeur d'esprit pour abandonner la circoncision et les viandes consacrées, le monde serait devenu juif au lieu de devenir chrétien.

Cela, du reste, n'aurait rien changé à l'ensemble des choses. Le dogme sémitique, en évoluant dans les populations aryennes, aurait subi les mêmes transformations, et nous aurions le christianisme sous un autre nom. Nous n'aurions, il est vrai, plus de juifs distincts des chrétiens, et partant plus d'antisémitisme; mais cette différence serait la seule.

Ce que la masse des juifs s'est refusée à faire, une partie d'entre eux l'a fait sous l'inspiration de saint Paul; et le christianisme a triomphé. Mais le christianisme n'a été qu'un judaïsme accommodé aux mœurs des gentils et modifié par eux.

Ça été la conquête de l'esprit sémite sur l'esprit aryen, conquête dans laquelle, comme toujours, le vainqueur a reçu l'empreinte du vaincu, mais conquête quand même, — et combien régressive!

La Renaissance, premier acte de ce grand drame dont la Réforme est le second, la Révolution française le troisième, et dont nous attendons le quatrième, est la réaction de l'aryanisme contre le sémitisme.

En ce sens — qui est le vrai — c'est nous qui sommes les antisémites, et Drumont qui est le philosémite. Nous, libres penseurs, en effet, nous représentons l'aryanisme un moment interrompu dans sa marche par la victoire des sémites dont nous nous affranchissons; tandis que, en sa qualité de catholique militant, c'est sous le joug chrétien — c'est-à-dire sémite — que Drumont fait effort pour nous maintenir.

Je n'insiste pas, car tout cela est vraiment misérable, et je néglige les injures que le porte-parole des jésuites me décoche.

En m'accusant d'avoir été opportuniste — ce qui est d'ailleurs inexact, — radical et boulangiste, il démontre simplement qu'il n'a jamais connu ces crises qui découlent des hésitations d'une conscience droite. J'ai certainement commis au cours de mon existence des fautes, dont je me suis accusé moi-même, et dont mes amis avaient le droit de me demander compte. La haine antisémite m'en a peut-être valu l'absolution.

Je pourrais m'en tenir là. Mais il y a dans l'article de M. Drumont une affirmation que je ne résiste pas au désir de relever, parce qu'elle montre toute l'étendue de son ignorance en matière d'histoire.

De ce que, jusqu'à Philippe le Bel, les juifs exerçaient toutes les professions, il tire cette conséquence que les hommes du moyen âge étaient à leur égard pleins de tolérance et de mansuétude.

Ceci est une pure sottise qui ne mérite pas la discussion.

Mais quand il ajoute que le pape Innocent III est venu en 1131 en France, où il a parlé paternellement au rabbin des juifs, il commet une erreur grossière en attribuant à ce pape qui, en 1204, prêcha la croisade contre les Albigeois, ce qui est le fait d'Innocent II.

Un dernier mot.

Dans mon précédent article, j'avais pris pour exactes les assertions prêtées par Drumont à Bernard Lazare, sur le caractère insociable et inassimilable des juifs.

Je m'étais abstenu de vérifier les citations, d'autant qu'elles ne sont pas inventées, mais simplement truquées et dénaturées, et qu'elles n'étaient pas dès lors en opposition matérielle avec mes propres souvenirs.

J'avais tort; et puisqu'elles venaient de l'officine jésuitique du boulevard Montmartre, j'aurais dû me méfier.

Je me félicite toutefois de ne l'avoir pas fait, car cela m'a valu une admirable lettre du docteur Armand Bernard, frère du défunt, que selon le désir de son auteur nous publions plus loin. Bernard Lazare n'était pas le juif exclusif que la *Libre Parole* en a fait. C'était un homme comme nous, un libre penseur, un fils de la grande famille humaine, à qui rien de ce qui est humain n'était étranger.

ALFRED NAQUET.

UNE LETTRE D'ARMAND BERNARD
à *Alfred Naquet*

Voici la lettre du docteur Armand Bernard, dont Alfred Naquet parle plus haut :

Paris, mercredi, 23 septembre.

Monsieur,

Je tiens tout d'abord à vous remercier de l'article que vous avez, consacré en partie à mon frère Bernard Lazare.

Mais cette lettre a un autre but, et vous m'approuverez, je l'espère, monsieur, si je désire ne pas laisser subsister sous votre plume, et dans un journal aussi sympathique que la *Petite République*, des erreurs que ni moi ni les miens n'avions voulu relever quand elles émanaient seulement de Drumont, et perdaient par cela même toute portée.

Mon frère a bien écrit, dans le premier chapitre de son livre : l'*Antisémitisme, son histoire et ses causes*, que si le juif fut partout maltraité et haï, c'est que partout et, *jusqu'à nos jours*, le juif fut un être insociable. Mais il a, dans les chapitres suivants, repris, développé et commenté cette idée. Il y est revenu plus tard dans des articles que Drumont n'eût peut-être pas dû oublier, et je n'ai qu'à citer sa phrase : « J'ai constaté, dit-il, que le juif n'était insociable (de nos jours) que dans les pays comme la Roumanie, la Russie, la Perse, etc., où on le met hors la loi et où on l'oblige à se renfermer dans un ghetto qui lui crée un exclusivisme intellectuel et moral. »

Vous le voyez, monsieur, Bernard Lazare n'a jamais cru devoir se déclarer *insociable*. Il ne lui a pas plu davantage de se considérer comme *citoyen d'un peuple spécial*. Volontiers se fût-il déclaré plutôt citoyen du monde. Et au-dessus de l'idée de patrie il plaçait l'idée de l'humanité avant que d'écrire l'*Antisémitisme*.

Ses sympathies allaient naturellement à tous les opprimés, et plus particulièrement, parmi ceux-ci, à ceux qui sont en même temps les plus accablés et les plus oubliés parce que Juifs, à ceux de Russie et de Roumanie. Et s'il a mis une part de son activité à aider les Sionistes qui rêvent de créer quelque part sinon une patrie, tout au moins une terre d'asile pour les pauvres hères écrasés par la brutalité russe ou l'hypocrite férocité roumaine, il n'a pas dit *qu'il ne voulait pas renoncer à la nationalité juive*.

Il a porté hautement son titre de Juif, et en ceci Drumont lui a rendu justice. Il avait trouvé dans ses études et dans ses souvenirs du passé assez de motifs pour le porter fièrement ; aucun pour s'en cacher, — comme certains qu'il a dû stigmatiser. Il lui a paru que c'était une noble tâche, de relever ce titre aux propres yeux de ceux qui le portent en parias, et de les libérer, non seulement matériellement, mais aussi intellectuellement. « Le Juif s'ignore », a-t-il dit quelque part; il voulait lui apprendre à se connaître. Et, cette tâche, que d'autres reprendront, je veux l'espérer, il l'eût accomplie, si la maladie lui en eût laissé le temps.

Ai-je besoin d'ajouter — cela vous le savez et l'avez dit — qu'il n'eût jamais sacrifié un pays à un homme, cet homme fût-il juif. Mais il a su sacrifier ses intérêts et aussi un peu sa vie à une idée de Justice — qui a dirigé tous les actes de son existence et qu'il considérait comme l'essence de l'esprit juif.

Je pense, monsieur, n'avoir rien dit ici qui puisse vous désobliger, et je vous prie d'agréer l'expression de mes très respectueux sentiments.

Dr Armand Bernard.

DISCOURS

PRONONCÉ PAR

M. Alfred NAQUET

AU BANQUET DE PROTESTATION DU GRAND JEUNE ISRAÉLITE

YOM-KIPPOUR

Le 1er Octobre 1903.

Citoyennes et Citoyens,

Je tiens d'abord à vous exprimer ma gratitude pour le grand honneur que vous m'avez fait en m'appelant à la présidence de votre belle réunion; et, conscient des devoirs d'un président, je voudrais mériter votre confiance en gardant le moins longtemps possible la parole, et en laissant aux autres orateurs le soin d'affirmer nos convictions communes.

Je vous demande cependant la permission de vous entretenir d'un fait personnel qui m'entraînera, j'en ai peur, à quelques développements d'ordre général. Je m'efforcerai d'ailleurs d'être bref.

Ma présence parmi vous aujourd'hui pourrait, comme l'aurait pu la lettre que, dans l'impossibilité où je me trouvais d'y assister en personne, j'adressais il y a deux ans aux organisateurs du banquet de 1901, me faire accuser de contradiction. Jusqu'ici, il est vrai, cette accusation ne s'est pas produite; mais elle est dans les contingences possibles, et je veux la prévenir par de franches explications sur les faits qui seraient de nature à la motiver.

A la date du 6 avril 1890, dans un article qui avait pour titre : « la vraie libre pensée », je me prononçais contre une manifestation analogue à celle-ci.

Je soutenais — et notez que je le soutiens encore — qu'un homme ferait preuve d'un esprit tout aussi peu philosophique en mangeant le jour du Kippour à cause du Kippour, ou en faisant gras un Vendredi-Saint en raison du Vendredi-Saint, qu'en se refusant à manger ou à faire gras par les mêmes motifs.

Je considérais la liberté de l'esprit comme consistant dans l'exclusion radicale de toute considération tirée des prescriptions religieuses.

Mais je ne visais là — est-il besoin de le dire ? — que l'homme intime, celui qui, loin du public, et en dehors, par conséquent de tout fait possible de propagande, se déterminerait uniquement par l'intention de contrecarrer la religion ou d'en observer les préceptes.

Tel n'est aujourd'hui le cas pour aucun de ceux qui sont ici.

Il nous importe fort peu qu'il existe pour les juifs croyants et pratiquants une fête qui implique le jeûne. Mais il nous importe au plus haut point de combattre des préjugés et des superstitions qui sont à nos yeux les pires obstacles au progrès humain.

Or, la manifestation publique d'une idée, le fait rendu patent que l'on ne s'incline pas, par un respect déplacé, devant des absurdités que la raison condamne, sont quelquefois des moyens aussi puissants pour amener le triomphe du vrai que la propagande par la presse périodique ou par le livre.

Vous me direz sans doute que nos prédécesseurs de 1890 se trouvaient animés sur ce point des mêmes sentiments que nous. C'est exact. Mais si les manifestations protestataires sont souvent utiles, elles ne le sont pas toujours. Cela dépend essentiellement des circonstances, et les circonstances ne me paraissaient pas être en 1890 ce qu'elles sont actuellement.

Dans les époques de calme, si propices à l'élimination du surnaturel, l'homme se rend facilement à l'évidence, parce que la passion ne met pas obstacle à l'exercice de la raison. A ces heures-là, les exhibitions théâtrales destinées à frapper les esprits, lorsqu'elles ne sont pas tout à fait naturelles, lorsqu'elles sont voulues et cherchées, peuvent comporter plus d'inconvénients que d'avantages. Elles risquent d'engendrer des mouvements passionnels qui, s'ils fortifient le libre penseur dans ses convictions, amènent chez le croyant une irritation capable de fermer son entendement aux démonstrations les plus claires et les plus rigoureuses. Il est préférable dans ces cas de ne pas surexciter l'opinion, et de laisser la science accomplir son œuvre émancipatrice.

Quand, au contraire, un pays traverse une de ces périodes où la passion s'empare des âmes, et les livre comme une proie — ainsi que cela s'est vu lors de l'affaire Dreyfus — aux auteurs des faux les plus criminels et des mensonges les plus perfides, les choses changent de face. Celui qui s'éloigne alors de l'action perd fatalement du terrain. Il devient nécessaire de rendre coup pour coup; et si l'adversaire organise des pèlerinages à Lourdes ou au Sacré-Cœur de Montmartre, il faut lui répondre en glorifiant les martyrs de la liberté, comme nos amis le faisaient récemment au pied du monument d'Etienne Dolet, ou en opposant — ainsi que nous le faisons à cette heure — aux pratiques abêtissantes des cultes une énergique affirmation de la libre pensée.

Eh bien ! en 1890, nous passions par un temps d'accalmie: le Boulangisme était vaincu; l'antisémitisme, malgré les efforts de Drumont, n'avait encore pris aucun développement sérieux; et le cléricalisme — qui préparait ses batteries dans l'ombre, mais ne les avait pas encore démasquées — semblait résigné à abandonner ses vieilles méthodes de combat, pour ne plus lutter que sur le terrain de la libre discussion.

De plus, nous avions à cette époque à la tête de notre parti des hommes comme Schœlcher, Scheurer-Kestner, Floquet, Madier de Montjau — comme Ferry lui-même malgré son opportunisme — qui maintenaient fièrement les droits de la libre pensée en face des prétentions des Eglises. Ces vieux républicains auraient considéré comme déshonorant de composer avec la superstition. Chez la plupart des radicaux et chez nombre de modérés, la rupture avec le culte était comme une espèce de dogme laïque. Chez eux, naissances, mariages et décès ne donnaient lieu qu'à des cérémonies civiles; et lorsqu'on avait de si belles manifestations naturelles, les protestations que l'on pourrait appeler artificielles devenaient superflues. Les actes individuels qui en prenaient la place étaient infiniment plus impressionnants qu'elles, tant à cause de leur caractère réfléchi, qu'en raison du retentissement que leur donnaient les personnalités éminentes qui en étaient l'objet : les obsèques civiles de Raspail, de Louis Blanc, de Gambetta, de Victor Hugo, et un peu plus tard de Renan, agissaient avec plus de puissance sur l'opinion que cent banquets du Vendredi-Saint ou du yom Kippour.

Mais hélas ! Ces jours sont loin de nous. Ce que nous voyons à cette heure — ainsi que le faisait observer l'autre jour Edouard Drumont — c'est le président de notre république introduire le prêtre dans sa famille pour la première communion des siens; c'est le ministre d'un cabinet qui a fait de l'anticléricalisme sa plate-forme — et qu'à cause de cela nous appuyons — marier ses enfants à l'Eglise; c'est enfin un homme, que je ne voudrais certes pas contrister dans ses affections de père, mais qui quoique porté par la confiance des socialistes et des radicaux à l'une des trois plus hautes fonctions de ce pays, appelait naguère le clergé auprès du cercueil de la fille qu'il venait de perdre.

De tels faits déconcertent l'opinion. Le peuple finit par s'apercevoir, qu'ainsi que je le faisais ressortir il y a quelque temps dans les *Annales de la Jeunesse Laïque*, si les catholiques sont catholiques, dans la vie pratique des libres penseurs ne le sont guère moins; et il ne tarderait pas à en résulter un désarroi de la conscience si, devant ces capitulations, des citoyens énergiques n'élevaient la voix pour interrompre la prescription.

Uno avulso non deficit alter, disaient nos ancêtres latins. Nous faisons nôtre cette devise; et puisque certains de ceux qui prétendent à nous conduire s'inclinent devant des usages qui font la force de la réaction à laquelle ils fournissent ainsi des armes, montrons, nous, que d'autres sont là pour maintenir intactes les traditions de la démocratie française, jeunes comme vous ou vieux comme moi.

J'entends bien qu'on prétend combattre le cléricalisme — c'est-à-dire la religion mise au service de la politique — et non l'esprit religieux (comme si un tel départ était possible, comme si un croyant pouvait déposer en temps d'élection ses croyances au vestiaire pour les y reprendre après !)

Eh bien ! ainsi que le faisait tout récemment avec courage M. Aulard, nous proclamons, nous, sans ambages que le véritable ennemi n'est pas le cléricalisme, mais l'esprit religieux.

Le cléricalisme n'est qu'un effet. La cause, c'est cet ensemble d'idées grotesques qu'une longue tradition a rendues respectables aux yeux des masses, et qui déforment les cerveaux. Supprimez ces idées et le cléricalisme s'évanouit aussitôt faute de base; mais combattez le cléricalisme sans toucher aux principes de la religion, et vous n'aurez rien fait : l'ennemi sera toujours là, prêt à reprendre l'offensive au premier moment de défaillance de votre part.

Oh ! entendez-moi bien ! Je ne fais pas appel au bras séculier. Je ne demande pas au cabinet de M. Combes — que j'approuve d'expulser moines et nonnes et dont j'espère la dénonciation du Concordat — je ne lui demande pas de sévir contre l'idée religieuse, de persécuter les croyants, de fermer temples, églises et synagogues, d'interdire les cérémonies du culte et de renouveler contre les malheureuses victimes d'un état de choses qui dure depuis 2.000 ans, les abus et les crimes de l'inquisition. Non ! Je ne lui demande rien de pareil : la lutte contre les idées n'est pas son affaire.

L'œuvre du gouvernement est de déblayer le terrain des obstacles qui l'encombrent, de laïciser complètement tous les services sociaux — enseignement et hospitalisation — de donner à tous connaissance des vérités scientifiques certaines, et de ne pas plus permettre qu'on empoisonne en son nom les intelligences qu'il n'autoriserait des empoisonneurs publics à tuer les corps.

Mais là doit se borner son action. Il ne saurait aller plus loin sans violer la liberté de conscience, ce bien suprême dont nous a dotés la Révolution Française et que nous devons défendre comme un patrimoine sacré.

En tant que dogme, que principe, la religion échappe à toute autorité matérielle. — Et c'est pour cela que la séparation des Eglises et de l'Etat s'impose. — Elle est affaire de conscience. Dès lors, si combattre le cléricalisme est du domaine de l'Etat, il appartient à l'action individuelle seule d'attaquer la religion dans son essence par la parole, la plume et l'exemple.

Ce que nous disons seulement aux membres du gouvernement, c'est qu'ils ne doivent pas plus s'abstenir de cette action individuelle que les autres citoyens. Les fonctions qu'ils exercent, si elles leur imposent des obligations nouvelles, ne les déchargent d'aucune de celles qui leur incombent en tant que membres de notre grande famille républicaine.

Citoyens,

J'ai entendu opposer à notre belle affirmation antireligieuse une objection à laquelle, à la rigueur, ce que je viens de dire pourrait me dispenser de répondre, mais que je ne veux cependant pas laisser sans réfutation.

« Qu'on combatte le cléricalisme chrétien, m'a-t-on dit, rien de plus naturel ! Il menace nos institutions. Mais c'est s'attaquer à une chimère que de prendre à partie le cléricalisme juif par l'excellente raison qu'il n'existe pas. »

Qu'il n'existe pas actuellement de cléricalisme juif, c'est exact : il n'en existe jamais dans une religion de minorité. Mais tous les cultes sont intolérants au même degré ; et si l'utopie, généreuse autant qu'absurde, du Sionisme était susceptible de se réaliser jamais, on verrait bien vite, dans la Judée ressuscitée, ressusciter aussi le cléricalisme qui existait jadis dans la théocratie de Palestine, et qui n'était pas des moins oppressifs.

D'ailleurs s'il n'y a pas actuellement en France de cléricalisme juif, il y a un esprit religieux chez les Juifs ; et comme, ainsi que je le proclamais tout à l'heure, c'est l'esprit religieux qui est le véritable ennemi de la Révolution, quel que soit le dogme sur lequel il s'appuie, nous avons le droit de dire que, quoiqu'en lutte avec les dogmes chrétiens, les croyances juives concourent, avec l'enseignement chrétien, à fausser les intelligences et à mettre des obstacles au libre développement de la pensée. Il importe donc tout autant de saper le judaïsme que le catholicisme.

J'ajoute qu'à un autre point de vue encore, l'affirmation antireligieuse des libres penseurs d'origine juive m'apparaît nécessaire.

L'odieux antisémitisme — vous le savez — n'est pas, comme un instant on a pu le croire, le produit d'un cerveau en délire. C'est le résultat d'une tactique habilement combinée par les ennemis des idées modernes pour abattre la République, le socialisme, le progrès.

Drumont n'est que le chien des Jésuites.

Le vieil atavisme antijuif subsiste. Fruit de quinze siècles de barbarie, il avait de trop profondes racines dans l'esprit des masses pour qu'un siècle de Révolution pût suffire à l'en extirper complètement. Il n'était qu'assoupi ; et comme ces germes de maladie qui sont seulement affaiblis, mais sont susceptibles de reprendre leur virulence par une culture appropriée, il devait être possible de le faire revivre.

Les Jésuites l'ont senti, et sur le mouvement antisémite ils ont fondé de grandes espérances. Ils pensaient qu'après avoir excité les passions populaires contre les Juifs, il leur deviendrait également possible de pousser les masses contre les protestants, les francs maçons, les libres penseurs, les républicains, les socialistes qu'on leur présenterait comme vendus aux juifs. Ils croyaient qu'ils parviendraient ainsi à diviser l'armée de la Révolution jusque-là intangible.

Ce plan machiavélique a failli réussir : on a pu s'en apercevoir lors du procès Zola. Un moment la campagne de Drumont a jeté un certain désarroi dans l'âme républicaine; et il m'a été donné, vers 1896, de voir l'un des hommes qui ont le plus énergiquement et le plus consciencieusement lutté depuis contre cette ligue de réaction, troublé par elle au point de ne discerner ni où elle conduisait, ni, par conséquent, s'il convenait ou non de la combattre.

Nous n'en sommes plus là.

L'antisémitisme et le nationalisme sont dévoilés; et nous savons tous maintenant qu'il n'y a dans ces prétendues doctrines qu'un moyen de combat mis en œuvre par la réaction cléricale et favorisé par quelques faux républicains.

Mais peut-être les choses auraient-elles tourné autrement si les antisémites n'avaient commis la faute de croire trop tôt la partie gagnée, et de se démasquer en se trop hâtant de joindre à leur cri sauvage de « mort aux juifs ! » ceux de « mort aux protestants ! » et de « mort aux francs-maçons ! »

L'antisémitisme a donc été entre les mains de nos ennemis une arme dangereuse et perfide. La leur laisser serait imprudent. A un moment opportun ils ne manqueraient pas de s'en servir de nouveau; et, instruits par l'expérience, ils éviteraient cette fois les fautes qu'ils ont commises dans leur première tentative.

Ce n'est donc pas uniquement en vue de la défense des juifs qu'il convient de veiller contre Drumont et ses séides. C'est aussi pour sauvegarder les principes de la révolution. Les Républicains le comprennent, et c'est ce qui fait que nous voyons à ce banquet des militants de la libre pensée d'origine chrétienne qui ont tenu à se joindre à nous.

Pour nous toutefois qui sommes israélites, le devoir est plus étroit encore, et nous avons ici, en tant que juifs, vis-à-vis de la République, une obligation de plus que les autres citoyens.

Le principal argument de Drumont consiste à nier le grand mouvement qui tend à affranchir le genre humain en groupant races et nations en un tout harmonique. A l'entendre ce mouvement n'existerait pas. Ce ne serait qu'un trompe-l'œil pour dissimuler une guerre du Judaïsme contre le Christianisme. De même que les chauvins présentent les nobles efforts faits en vue de la suppression des frontières comme une simple ruse d'agents soudoyés par l'étranger, de même les antisémites cherchent à accréditer l'idée que les libres penseurs ne sont que des juifs déguisés ou des valets de juifs.

C'est avec des sottises de cette nature qu'on a pu en 1897 ébranler les populations, et qu'on pourrait les ébranler encore dans l'avenir si nous n'y prenions garde.

Quelqu'absurde qu'il soit, il ne faut jamais laisser un argument sans réplique, en comptant sur son absurdité même pour en faire justice, surtout lorsqu'il a fait ses preuves.

Or, des actes comme celui qui nous réunit en ce moment sont de puissants moyens de démonstration pour prouver au peuple l'inanité de l'argumentation par laquelle on cherche à capter sa confiance.

Il importe, en effet, de montrer clairement à tous — et c'est pour cela que nous sommes ici — que l'armée de la libre pensée est vraiment l'armée de la pensée libre; que ce n'est ni une armée juive, ni une armée protestante portant un masque. Et, pour atteindre ce but, il est nécessaire que les juifs affranchis du mysticisme et du dogme s'élèvent contre la religion où le hasard les a fait naître, en même temps que protestants et catholiques agissent de même vis-à-vis de celles auxquelles ils sont censés appartenir. En un mot, nous devons établir par notre conduite que nous ne poursuivons pas seulement la déchristianisation mais aussi la déjudaïsation de la France; que ce que nous voulons, c'est soustraire notre pays et le monde à l'influence déprimante de tous les cultes sans exception.

En France, parmi les israélites, il y a certainement plus de non croyants qu'il n'y en a — proportionnellement s'entend — parmi les catholiques. Mais les juifs qui ne croient pas répugnent infiniment plus que les catholiques d'origine à l'affirmation publique de leurs idées. — Et nous devons reconnaître que la cause de cette répugnance est des plus honorable.

Ils constituent dans le pays une minorité en butte à des attaques ridicules et odieuses; et ils craignent de trahir la cause de leurs frères ethniques en se séparant d'eux sur une question de foi. Ils redoutent de voir leur indépendance considérée comme de la lâcheté.

Qu'ils se rassurent ! Les Arthur Meyer et les Gaston Pollonais ne sont pas dans nos rangs.

Nous nous sentons juifs quand les juifs sont attaqués, et nous le disons fièrement. Nous nous sentons juifs, comme nous nous sentons français malgré nos tendances cosmopolites (je choisis de préférence ce mot parce que c'est celui que nos adversaires prennent en plus mauvaise part) quand notre pays est menacé.

Nous défendons les juifs, comme nous défendons les chrétiens d'Orient victimes des atrocités musulmanes; mais notre action, qu'elle s'exerce en faveur des juifs ou en faveur des chrétiens d'Orient, sera d'autant plus efficace que l'on ne pourra pas nous supposer l'intention d'agir *pro domo*, pour une secte contre une autre; que l'on ne nous prendra pas pour les soldats du Judaïsme contre le Christianisme ou du Christianisme contre l'Islamisme; mais qu'on verra en nous ce que nous sommes : des hommes affranchis désireux de libérer leurs frères de l'erreur, qui travaillent à faire disparaître les barrières religieuses ou nationales qui nous parquent en groupes ennemis, qui s'efforcent d'acheminer notre espèce vers cette harmonie universelle fondée sur la science, qui semble devoir être le point d'arrivée de toute civilisation.

Voilà ce qui fait, Citoyens, qu'après avoir jugé inopportunes en 1860 des manifestations comme celle-ci, je les juge aujourd'hui non seulement opportunes mais indispensables. Et voilà aussi pourquoi j'ai tenu à faire acte de présence, heureux si je puis, malgré mon mauvais état de santé, malgré le nombre imprécis de jours qui me restent à vivre, et le peu de force physique — je ne parle pas de l'autre, la force morale : elle est entière — au service de votre œuvre de propagande, qui est celle de la science, de la République, du socialisme, de la vérité.

The Independent — A weekly magazine —
New-York 130 Fulton Street
15 octobre 1903

Voir à la page 180 au verso de celle-ci

The French Republic and the American Constitution

BY ALFRED NAQUET

[For many years the author of this article was one of the most conspicuous figures in the radical wing of the Republican party as a member of the French Chamber of deputies and French Senate and the close friend of the leading public men who founded the Third Republic. He was one of the first to perceive the importance of revising the present Constitution of France, a question which is now more prominent than ever before in French politics.—EDITOR.]

THE present Constitution of France is the work of a monarchical and imperialist, but hopelessly divided, majority of what was once known as the National Assembly. The model taken was that of England, because it was hoped and believed that a king would soon replace the temporary President. All this happened some thirty years ago. But the foolish desires of these old fogies were not realized and poor France has been staggering on, for more than a quarter of a century, under a Constitution that was never fitted for it.

ALFRED NAQUET

There are Frenchmen, however, who have carefully studied the various constitutions of the world, especially those of the United States and Switzerland, and who, without proposing to copy them servilely, have striven to introduce into the French Constitution the fundamental features of these older instruments. But, unfortunately, all minds have not been agreed on just what to take from Washington or from Berne.

One of the best efforts to amend the Constitution of France was that made by M. Edouard Portalis, to-day exiled from his country, in his volume, which appeared in 1880, entitled "Two Republics," and which advocates the adoption by France of the whole American system, not excluding the federative feature.

About this same time, I myself began a vigorous campaign in favor of the "the American idea." One of my parliamentary speeches of 1882 closed with these words:

"In my opinion, if we are to have a really stable government, one of the crying needs of our country, we should resolutely turn our backs on the English system, and adopt in its stead the American system, thus clearly separating the executive and the legislative powers."

This declaration was warmly applauded by many of my colleagues.

From that moment, I began an active propaganda on these lines. In 1883 I published a pamphlet, which was rapidly sold out, in which I fully developed these ideas, and a copy of which I sent to every member of the Senate, where I then sat, and to the leading members of the other House. This was followed by a number of speeches delivered in various parts of France. In 1886 I continued the good work in the press by publishing numerous articles on the subject in the daily and periodical organs of the Republican party. When I perceived that no real headway was being made, and believing that General Boulanger would remain true to the Republic, I went over to "Boulangism," which step I profoundly regret to-day. I had hoped to get General Boulanger to play the same part in the revision of the Constitution that Gambetta had played in forcing the hesitating to found the Republic.

Unlike M. Portalis, my aim was not simply to put France under the American Constitution. I did not favor an executive elected by the direct vote of the people, lest the enormous cost of this sort of an election should place the chief magistrate in the power of an unscrupulous plutocracy. I wished to confide this choice to a widely-recruited electoral college, which would also have the power to depose the chief magistrate. Contrary also to M. Portalis's plan, I would have placed the law-making power in a single House, elected for six years, one-third going out every year. As in America, I selected the Cabinet officers outside of the legislative body, to which they were not responsible. They were to be responsible only to the Chief Magistrate, who nominated them, but whose nomination had to be confirmed by the legislative body. As in America, too, these Cabinet Ministers would not introduce bills and would not be subjected to interpellations. As regards the Executive, I would have preferred some sort of Directory, like that known in France at the end of the eighteenth century, rather then the personal Presidency which exists at Washington. But I was not set on this. I was opposed to the introduction into France of the American Supreme Court, for reasons which will be given further on in this article. I would have conferred the veto power on the President. When the veto affected a fundamental law of the land, a referendum, as in Switzerland, would decide whether the President should be sustained or no. In other cases a majority of the House, as in Mexico, could reverse the Presidential veto. A petition signed by half a million citizens could call for a referendum on a measure adopted by the Assembly, but not vetoed by the President. These views I preached before, during and after the advent of Boulangism.

A few months after the delivery of my speech quoted above, M. Andrieux, who had filled the responsible position of Paris Prefect of Police, and was then a prominent Republican deputy, introduced into the Chamber a bill drawn up on much the same lines as my own proposition and supported it by a strong speech. But his bill, like mine, was voted down by an enormous majority. His plan was especially opposed to an irresponsible President, such as exists in France to-day. He was also decidedly against taking Cabinet Ministers from Senate or Chamber.

Among persons outside of Parliament who have taken an interest in this important question of amending the French Constitution I may mention M. Pascal, who, tho now calling himself a Republican, reveals his old Imperialist associations in two pamphlets which he has devoted to this subject. He lays emphasis on ministerial irresponsibility, but does not provide for the guaranties for liberty contained in the American Constitution. He holds that the Second French Empire was more American than English. The truth it that, like Germany to-day, it combined the two systems in such a way as to exclude liberty.

About this same time, M. Carette, an ex-deputy and now a judge, published a solid Constitutional study and came out squarely for the American system, without, however, favoring, in the case of France, the federative form of government, which would, in fact, be meaningless in our country, where the geographical divisions are quite artificial, so that such a course would be simply a step backward.

M. Charles Boysset, formerly a deputy but now dead, has also contributed to the discussion a pamphlet in which he advocates selecting the Ministers outside of Parliament, having the President chosen directly by the people, giving the President a veto, etc.

At the present moment, M. Charles Benoist, one of the Paris deputies, stands foremost as the advocate of American ideas in the French Constitution. He has written articles in the venerable *Revue des Deux Mondes*, of which he is one of the editors, a pamphlet and a volume, and a few months ago he put the result of all his studies into a bill which he laid before the Chamber of Deputies. It has attracted considerable attention.

M. Benoist would have the Ministers taken outside of the Chambers, but would introduce an innovation in the person of a functionary whom he styles "the Minister-Speaker," who is to have access to the Chambers, to which he would be responsible, and where he would take part in the debates. He has evidently taken this idea from the part played by M. Billault and the famous M. Rouher under the Second Empire, when they would appear before the legislative body to defend the acts of the Executive power. M. Benoist favors also a strong President. But the prominent feature of the proposed reform is the attempt to limit the powers of the legislative body. With this in view, he advocates the creation of a Supreme Court, modeled after that of the United States.

But I think this is the weakest part of M. Benoist's bill. Such a tribunal as that which exists at Washington is perfect in a country like the United States, where the form of government is acquiesced in by all and where religious questions, thanks to the prevalence of Protestantism and the separation of Church and State, are foreign to politics, and where, consequently, there is little danger of the court deciding matters on party lines. In France, however, a Supreme Court of this kind would soon become retrograde, a tool of antiquated *régimes*, and would eventually be dominated by the Catholic Church, so that its decisions, far from being generally accepted, would cause greater confusion in the country than now exists. Suppose, for instance, the Chambers were to vote an income tax and the Supreme Court were to declare it unconstitutional—can one imagine the French people bowing quietly to the decision? Any one who thinks that such would be the case does not know France. Nor would the Chambers submit to see their work rejected. Every time the judges brushed aside a bill that had passed Parliament, the latter would reply by a revision of the Constitution, and the country would be kept in a state of continual agitation. In a word, a Supreme Court in France instead of being an element of peace would be a source of revolution. So I fear M. Benoist's bill does not exactly meet the situation.

But that the present Constitution should be revised there can be no doubt. Consequently a scheme for easily amending it should be introduced. The American procedure in this matter is too slow and too beset with obstacles for its adoption here. This has produced no evil results in the United States because Americans, like Englishmen, have a high respect for tradition and are adverse to radical changes. This is not the same in France, where, as in Switzerland, tradition exercises a secondary influence.

Siècle du [illegible] 1903

Patriotisme
ET
Internationalisme

Lettre ouverte à M. Clémenceau

Mon cher Clemenceau,

A la suite de la mémorable séance de la Chambre, où M. Georges Leygues a embouché la trompette guerrière, vous avez jugé bon de dire à votre tour leur fait aux *utopistes* qui poussent au désarmement et s'efforcent de préparer une paix définitive entre les nations.

Cette intervention de votre part m'a affligé. Il est toujours pénible de se trouver en désaccord avec une personnalité éminente de son propre parti ; et la peine qu'on en ressent est surtout grande lorsqu'il s'agit d'un homme dont, comme ça été le cas pour vous, la voix honnête et vigoureuse fut, pendant des années, un réconfort pour la conscience publique.

Mais un républicain n'a pas plus de maîtres que de dogmes ; et s'il aime, s'il respecte, s'il admire même ceux qui le servent avec éclat, il n'incline jamais devant eux l'indépendance de sa raison.

Ce n'est d'ailleurs pas à vous qu'il importe de rappeler ce principe : vous l'avez toujours pratiqué en montrant par votre exemple que l'on peut, sans cesser d'être fidèle à la démocratie, défendre ses convictions propres, même au prix d'un dissentiment passager avec ses amis les plus chers.

Vous avez fait un crime à de Pressensé d'avoir dit à la Chambre que la France ne doit pas s'hypnotiser dans l'idée d'une revanche dont *personne ne veut et dont personne n'a jamais voulu*. Vous lui déniez le droit de parler de la sorte au nom du pays qui, pendant si longtemps, a été dominé par la perspective d'une guerre avec l'Allemagne.

Oui, certes ! notre pays a cru à une nouvelle agression de la part de nos voisins de l'Est et s'est virilement préparé à y faire face. C'est même là ce qui l'a conduit à l'alliance russe, dont il est juste de rappeler que vous n'avez jamais été enthousiaste.

Crainte toutefois n'est pas désir, et il serait inexact de prétendre — vous le savez aussi bien que qui que ce soit — que, à l'exception de Déroulède peut-être, ceux qui redoutaient une nouvelle conflagration l'aient jamais appelée de leurs vœux.

Les paroles de de Pressensé n'impliquaient d'ailleurs pas l'oubli de la violation du droit accomplie en 1870.

Aussi, lorsque vous nous demandez si nous prêcherions encore la résignation, au cas où Guillaume II essaierait de nous démembrer à nouveau, et où s'arrêterait alors la patrie intangible, vous vous livrez à une argumentation qui n'est pas digne de vous. Ce n'est pas à un penseur et à un lutteur de votre trempe qu'il saurait convenir de prêter à ses adversaires des sentiments qui ne sont pas les leurs.

En vous répondant, de Pressensé vous a fait remarquer que les socialistes ont fait leur devoir en 1870 ; ajoutant, ce qui, vraiment, est presque banal à force d'être évident, qu'ils le feraient avec la même énergie si le malheur voulait que d'aussi tristes conjonctures se reproduisissent.

Mais ce qu'a dit de Pressensé, ce qu'a proclamé Jaurès, ce que nous déclarons tous, c'est qu'il faudrait renoncer à jamais à la paix universelle, si l'on persistait à attendre de la seule force des armes la revanche du fait brutal de 1870. Après une guerre, il y aurait toujours un vaincu, et le vaincu quel qu'il fût parlerait encore votre langage.

Dans cette hypothèse, la République des Etats-Unis d'Europe deviendrait une chimère, et la patrie européenne ne pourrait plus se réaliser que par la conquête.

Or, si tout républicain doit professer l'horreur de la conquête, cette horreur doit être ressentie plus encore par un républicain français. Car, chez lui, l'amour éclairé de la patrie s'unit pour flétrir l'emploi de la force à l'amour de l'humanité ! Etant donnée la différence qui va s'accentuant chaque jour entre la population française et la population allemande, l'unification par la force se ferait, en effet, évidemment contre nous.

L'unification par l'idée peut au contraire se faire en faveur de l'influence morale de la France et pour sa plus grande gloire, car en ajournant momentanément nos revendications, et en faisant cesser ainsi la principale des causes qui empêchent en Europe le désarmement et le rapprochement des peuples, nous accomplirions un acte d'une incomparable grandeur.

En 1792 et au cours des années qui ont suivi cette date mémorable, la nation française a lutté pour porter la liberté au-delà de ses frontières ; et sans la déviation dont Napoléon fut le triste héros, la fédération des Etats européens serait réalisée depuis un siècle.

La longue guerre qui va de 1792 à 1815 fut pour notre pays un lourd sacrifice dont il a le droit de s'enorgueillir quoiqu'il en souffre encore, parce que c'est là ce qui l'a placé si haut dans le monde.

Mais s'il est glorieux de la part d'un peuple de verser son sang pour affranchir le genre humain, combien n'est-il pas plus noble et plus beau de faire taire momentanément ses propres querelles en vue du bien qui doit en revenir à la collectivité humaine ?

D'autant que la formation des Etats-Unis d'Europe résoudra la question de l'Alsace-Lorraine tout comme les questions dont nous ne nous occupons plus guère de la Pologne, du Schleswig ou de l'« Italia irredenta ».

Car, ne l'oublions pas, si l'Alsace et la Lorraine ont été annexées à l'Allemagne en dépit de leur volonté, la Pologne ne subit pas à un moindre degré, l'oppression russe, allemande et autrichienne ; les Roumains et les Croates ne sont pas moins retenus malgré eux sous la lourde main de la Hongrie ; le Schleswig Holstein n'a pas moins été arraché par la force au Danemark sa patrie, les Italiens du Tyrol ou de Trieste ne protestent pas avec une moindre énergie de leurs désirs de s'unir à leurs congénères d'Italie, et les Tchèques ne protestent pas moins d'être soumis ~~contre leur gré.~~ contre leur gré à la domination des Allemands de Vienne.

Au milieu de tous ces conflits de nationalités, qui donc donnera le signal de la pacification générale ?

Nos chauvins ne veulent à aucun prix que ce soit la France, et ils ne se sentent rassurés que lorsqu'ils ont, selon leur propre expression, la main sur la garde de leur épée.

C'est ainsi que Cochin — M. d'Estournelles de Constant le rappelait l'autre jour dans un remarquable article du *Matin* où la question, dans son état actuel, est très clairement élucidée, — demandait aux Anglais de prendre l'initiative. « Messieurs les Anglais tirez les premiers », disait-il aux parlementaires d'outre-Manche.

Le député de la Sarthe lui a répondu qu'ils avaient tiré les premiers et que nous n'avions pas riposté.

C'est là, pour ma part, ce que je regrette. J'aime profondément mon pays ; et c'est parce que je l'aime que je désire lui voir prendre la tête d'un mouvement appelé à devenir glorieux entre tous.

Voilà pourquoi je suis marri de penser que vous, dont la mentalité est heureusement l'opposé de celle des nationalistes, vous soutenez une thèse par laquelle vous semblez donner la main aux pires ennemis du progrès.

Mais vous nous avez prouvé récemment que lorsque vous divergez de votre parti, vous savez rallier ses rangs au moment utile et le sauver.

H Savez

Je ne désespère donc pas de vous voir défendre avec nous, la grande cause de la paix qui est celle de la liberté, du socialisme, de la fraternité mondiale.

Au nom de la vieille amitié que j'ai pour vous, je vous en conjure, mon cher Clemenceau, ne vous laissez pas distancer par Deschanel.

Alfred NAQUET.

Revue philosophique des Croyances le 15 Xbre 1903

première année n° 1

Correspondance

Nous avons le regret d'apprendre à nos lecteurs que MM. Paul Bert et M. Alfred Naquet, nos éminents collaborateurs, ont été gravement malades. Quoique loin d'être satisfaisant, leur état de santé est mieux. Nos lecteurs seront heureux d'apprendre bientôt, nous l'espérons, de ceux qui ont largement contribué à la formation des intelligences. Ce sera, pour nous qui les affectionnons, une grande satisfaction.

La publication de la lettre que nous a écrite, malgré ses souffrances, M. Naquet fera plaisir à nos lecteurs:

Cher Concitoyen

Je considère comme éminemment utile l'œuvre de propagande que vous entreprenez. C'est en effet indispensable d'avoir un organe qui expose les principes créateurs de la pensée, et qui montre que nous avons un code de morale infiniment plus élevé que celui des anciennes églises.

Je m'associe donc de tout cœur à cette excellente entreprise. Malheureusement, la maladie, qui me réduit depuis plus de six semaines à l'impuissance, m'empêche de vous donner immédiatement un concours actif. Je le ferai avec joie dès que mon état me le permettra. En attendant, je ne veux pas tarder un moment pour vous adresser ma plus entière et ma plus cordiale adhésion.

Recevez, mon cher Citoyen, l'expression de mes sentiments dévoués.

Alfred Naquet

(Discours fait le 31 octobre 1903 au congrès des jeunesses laïques sur l'idée de paix, des États-Unis d'Europe et l'intransigeance Républicaine qui s'impose au Socialisme au nom d'Alfred Naquet empêché par la maladie de le prononcer

Citoyens,

J'ai quelque hésitation à prendre la parole après les brillants orateurs que vous venez d'entendre, moi qui depuis six ans bientôt ne fais plus partie du Parlement et qui suis, par suite, à cette heure, beaucoup moins qualifié qu'eux pour parler devant vous des grands problèmes dont ils vous ont entretenus.

Peut-être, cependant, le fait même que je suis désormais sans mandat est-il une raison pour moi d'exprimer ma pensée, parce que le point de vue auquel je me place n'est pas exactement celui où peuvent et doivent se placer les parlementaires.

Non que la qualité de député ou de sénateur éteigne jamais la pensée du philosophe, mais elle impose, à celui qui en est investi, certains devoirs spéciaux qui, tout en demeurant en harmonie avec ses convictions générales, l'obligent à de certaines réserves dont il ne peut pas, je dirai plus, dont il ne doit pas s'affranchir.

Le philosophe examine une question en soi, en dehors des contingences, sans se préoccuper ni du temps que nécessitera la réalisation de son idée, ni des phases par lesquelle elle passera. Il pose des principes, il montre un idéal et il laisse aux hommes d'action le soin de rechercher les moyens de s'en rapprocher le plus vite et le plus complètement possible.

L'homme politique, au contraire, a surtout les yeux fixés sur l'actualité. Sans doute il a son idéal qui sert de critérium à sa conduite. Mais dans la pratique, ce qui l'absorbe surtout, ce sont les possibilités d'application immédiate. — D'où entre le philosophe et lui, des différences qui, pour n'être en réalité qu'apparentes, n'en ont pas moins pour conséquence de faire négliger par chacun d'eux une partie de la question. C'est ce qui fait qu'après avoir entendu les parlementaires qui accomplissent au parlement, dans la mesure de ce que leur permet le milieu, une si profitable besogne, vous ne trouverez peut-être pas mauvais qu'un homme rentré dans la vie privée, et dont la pensée se trouve par cela même dégagée de [illegible] étrangères à son objet, s'attache à poser le problème de l'humanité et de la patrie sous un jour plus général.

M. Jaurès, M. d'Estournelles de Constans ne se préoccupent point, en ce moment, de ce que deviendront nos patries dans un temps déterminé. Ils ont un problème plus immédiat à résoudre : assurer la paix entre les grandes familles qui peuplent l'Europe. Toute guerre, en effet, toute conquête, toute revanche par la force, toute effusion de sang entraîne une rétrogradation mentale immédiate, fait revivre les haines, et retarde l'harmonie vers laquelle doivent tendre nos efforts.

Assurer la paix comme première étape ; comme seconde, travailler au désarmement, c'est une œuvre déjà assez compliquée, assez difficile, assez belle, et qui rencontre d'assez sérieux obstacles pour que les hommes d'État bornent là leur objectif. Faire effort pour amener tous les conflits au tribunal de la Haye ; préparer entre les peuples — et, pour commencer, entre les deux grands pays qui tiennent la tête de la civilisation parce que ce sont des terres de liberté — des contrats permanents d'arbitrage, comme celui auquel une pléiade d'hommes de bien travaillent des deux côtés de la Manche (1). Cela suffit pour le moment à leur tâche. J'ajoute que, s'ils réussissent, ils auront accompli une œuvre considérable et auront bien mérité du genre humain.

Mais s'ils peuvent à l'heure actuelle aborder le problème par le côté pratique, c'est que depuis plus d'un siècle des penseurs désintéressés l'ont abordé par le côté théorique, et ont ainsi créé une ambiance favorable, quoique encore trop restreinte.

Déjà au dix-huitième siècle, des hommes comme Schiller, comme Thomas Payne, comme Anacharsis Clootz, le citoyen du monde, avaient posé la question ; et quelques-uns avaient payé leur audace de leur sang.

Ce sang a germé, et malgré la terrible réaction chauvine que les deux empires ont fait succéder aux envolées généreuses de la Révolution française, la vérité se fait jour de nouveau avec assez de force pour sortir de la théorie pure et pour passer à la période d'application.

Lorsqu'en 1867, je me rendais à ce premier Congrès de la paix et de la liberté qui, faute de pouvoir se tenir en France, était allé demander l'hospitalité — hospitalité quelque peu tapageuse et malveillante — à la ville de Genève ; lorsque, jeune encore, je me trouvais là avec ces lutteurs : Schœlcher, Lemonnier, Barni, Émile Acollas, Chassin, Garibaldi, Bakounine, le docteur Vogt, et tant d'autres dont les noms ne se présentent pas actuellement à ma mémoire et aux mânes desquels je demande pardon de cet oubli momentané, j'avoue humblement que je croyais les temps proches. J'espérais une Révolution démocratique à Paris qui déborderait de la France sur le monde civilisé comme en 1848, et qui ferait une réalité de cette République européenne dont le journal que nous avions fondé « les Etats-Unis d'Europe » posait les premiers jalons.

Mais après les événements de 1870, — à jamais

(1) Le traité d'arbitrage entre la France et l'Angleterre signé depuis.

funestes : moins encore parce qu'ils ont eu pour conséquence la violation du droit dans les provinces qui nous ont été arrachées, que parce que ce triomphe de la force brutale a fait reculer la mentalité humaine, — il nous a fallu rabattre de nos espérances.

A la guerre succédait la paix armée. Prise entre l'obligation d'assurer la défense nationale contre les entreprises nouvelles que l'on pourrait redouter du vain peuple de la veille, et la nécessité de conjurer à l'intérieur les tentatives des anciens partis ligués contre la République, notre génération se trouvait dans l'impossibilité de reprendre l'étude des grands problèmes humanitaires.

Elle était forcée d'en léguer la solution à ses successeurs.

Mais le temps a marché ; et si nous n'avons pas reconquis la totalité du terrain perdu lors de la dernière grande guerre, nous en avons cependant rattrapé une grande partie. Aussi, en dehors des partis sans nom qui aspirent à une conflagration où sombrerait pour longtemps toute idée de progrès, personne ne songe plus aux revanches sanglantes. Nous voyons par contre des hommes comme M. Barclay et M. d'Estournelles de Constans, aidés d'un nombre considérable de membres des parlements de Paris et de Londres et même des ministres et des chefs d'État des deux pays, préparer un traité d'arbitrage entre l'Angleterre et la France, tandis que sur notre propre sol se tient un congrès de la paix, arrière-petit-fils du nôtre de 1867. Dans ce Congrès, comme dans celui de Genève, des Allemands et des Français se donnent la main ; et cette étreinte ne sera pas suivie, cette fois, il faut l'espérer, d'une catastrophe analogue à celle qui vint, en 1870, paralyser nos efforts et ajourner nos espoirs.

Laissons ces citoyens mener à bien leur entreprise : et, nous qui ne sommes pas du Parlement, qui ne pouvons pas agir efficacement à leurs côtés par les moyens que leur situation leur procure, travaillons au dehors : examinons en elle-même l'idée de patrie, et contribuons ainsi à modifier la mentalité de nos concitoyens, dans un sens chaque jour plus favorable à l'éradication de toutes les barrières religieuses, ethniques ou nationales qui divisent encore les hommes.

Citoyens,

Volontiers les écrivains superficiels font de l'idée de Patrie une espèce de dogme ; et facilement ils s'imaginent que cette notion s'est toujours présentée sous les mêmes aspects qu'aujourd'hui.

On nous parle de la patrie française au treizième, au quatorzième ou quinzième siècle comme s'il avait existé alors rien de semblable à ce que nous voyons actuellement.

A des époques même fort rapprochées des nôtres, sous Louis XIV, sous Louis XV, la France n'était encore qu'une expression géographique. Il y avait un roi qui gouvernait des provinces, mais qui les gouvernait comme un propriétaire foncier administre ses terres — avec cette seule différence que sa gestion était beaucoup plus défectueuse. Quant au mot patrie, il ne répondait à aucun concept général. Il n'a pris son sens actuel qu'avec la Révolution. Encore lui a-t-il fallu près d'un siècle pour s'implanter dans les esprits sous la forme que nous lui donnons aujourd'hui.

Sous Bonaparte un Moreau pouvait passer à l'ennemi, et un Vitrolles aller presser l'empereur Alexandre de marcher sur Paris, sans que pour eux aucun déshonneur s'en suivit ; et en 1815 on glorifiait les nobles qui avaient combattu dans l'armée de Condé.

Il résulte de là que les guerres qui ont précédé la Révolution ne furent jamais des guerres nationales, mais des conflits entre des maisons souveraines. Voilà pourquoi Condé passant aux Espagnols ne soulevait d'indignation d'aucune sorte. Il ne trahissait pas la patrie parce qu'il n'existait pas de patrie. La question était tout entière entre Louis XIV et lui. Quand Louis XIV pardonnait, personne n'avait plus rien à dire, et Bossuet pouvait prononcer l'oraison funèbre de celui qu'aujourd'hui tout le monde flétrirait.

En réalité, la patrie est un devenir ; et elle demeurera telle jusqu'au jour où elle comprendra l'humanité intégrale.

Elle a commencé par la famille en lutte avec les autres familles, par le clan en butte aux attaques des autres clans, par la cité ennemie des cités voisines, par la province armée pour combattre les provinces d'à côté.

Ce n'est qu'avec l'époque contemporaine que les provinces se sont fusionnées dans les nations et ont fait naitre, par cette fusion, l'idée de patrie qui a constitué un progrès incontestable.

Lorsqu'en 1789 on a brisé les trente deux petites patries qui s'appelaient des provinces, et que découpées en départements, elles ont cessé d'exister pour s'agglomérer dans une unité plus haute : *la France;* lorsqu'ainsi Provençaux et Bretons, Basques et Flamands ont cessé d'être des étrangers les uns pour les autres et ont commencé à se sentir frères; lorsque les douanes intérieures sont tombées et avec elles les haines de ville à ville ; lorsque enfin des transformations semblables se sont opérées en Italie, en Espagne, en Allemagne, le genre humain s'est trouvé avoir franchi une de ses étapes les plus difficiles. Mais ce n'est là qu'une étape, et nous sommes encore loin du but.

Les hommes de 1789 se sont dit : pourquoi des gouvernements provinciaux ? Ils les ont cassés en morceaux pour en effacer jusqu'au souvenir, et ils ont fait la France.

Les républicains de l'heure présente doivent se dire à leur tour : pourquoi les groupements nationaux qui s'appellent l'Allemagne, la Russie, l'Autriche, l'Angleterre, l'Italie, la France, l'Espagne...? Brisons-les et réunissons-les dans une patrie nouvelle qui s'appellera l'*Europe*. Réunissons Berlin, Paris et Londres dans une patrie commune et réconcillions-les dans l'Europe unifiée comme Gênes et Venise se sont réconciliées dans l'Italie une.

Ce jour-là plus de question d'Alsace et de Lorraine : l'Alsace-Lorraine est une fraction de l'Europe ; plus de question Irlandaise, plus d'Italie irredenta. Ce jour-là, plus de massacres d'Arménie ou de Macédoine ; la jalousie de puissances rivales ne maintiendra plus la tyrannie turque sur les populations actuellement soumises à ce joug exécré. Ce jour-là plus de guerres coloniales, car l'Europe confédérée sera assez forte pour imposer sa pénétration pacifique aux peuples attardés en civilisation sans avoir besoin de faire parler le canon. Ce jour-là enfin, ce sera une évolution rapide dans le sens du socialisme, nos patries actuelles étant trop petites pour la solution des problèmes sociaux — et c'est là la raison pour laquelle les défenseurs des vieux privilèges se raccrochent au nationalisme, au chauvinisme, au jingoïsme comme à une dernière branche de salut.

Il faut cependant qu'on le dise : cette grande transformation n'est pas prête. Tout élargissement de la patrie est un accroissement de bien-être, de liberté, de fraternité. Mais l'œuvre de M. **d'Estournelles de Constans et de M. Barclay**, n'est point l'élargissement de la patrie, c'est un simple acheminement vers cette conquête. Acheminement considérable, je le veux bien, car faire cesser la guerre et rapprocher les peuples c'est préparer leur union : mais ce n'est point encore jeter les patries au creuset, les fondre, les couler dans un nouveau moule d'où sortira la patrie nouvelle.

Qu'ils travaillent donc à nous donner par la paix, les traités d'arbitrage, la sécurité du lendemain; et travaillons, nous, à établir dans les esprits les Etats-Unis d'Europe en attendant qu'ils s'établissent dans les faits.

Ici laissez-moi aborder un point capital du problème.

L'humanité, comme la planète qu'elle habite, prend sa forme, sa contexture, par une série d'alluvions successives; et, par suite, il existe en sociologie, comme en géologie, des couches alluviales qui se succèdent dans un ordre logique, celle-ci précédant théoriquement celle-là qui elle-même en précède une troisième.

Mais cette succession n'a rien d'absolu dans les faits. Théoriquement les couches géologiques tertiaires précèdent les couches quaternaires, et dans les couches tertiaires le miocène précède le pliocène. Mais telle contrée est formée par des terrains pliocènes où le terrain miocène est absent; dans telles autres, c'est le terrain quaternaire qui s'applique immédiatement sur le granit; et ailleurs encore c'est le granit qui émerge.

Il en va de même en sociologie. En bonne règle, la théocratie doit précéder la monarchie : la monarchie constitutionnelle doit précéder la république : la forme républicaine est indispensable à l'élargissement des patries là où la méthode de la force et de la conquête est abandonnée; et l'élargissement des patries est une des conditions nécessaires au développement du socialisme, le socialisme étant nécessairement international.

Seulement cet ordre logique n'est pas toujours suivi. Telles contrées n'ont jamais connu le gouvernement théocratique; telles autres ont eu la République sans passer par la monarchie et sont au contraire passées de cette forme politique supérieure à la monarchie qui est une forme inférieure.

En ce moment-ci nous voyons le socialisme et l'anarchie se développer et lutter, dans les pays qui subissent encore le joug monarchique, sans autrement se préoccuper des étapes antérieures qu'ils entendent enjamber.

Si la Révolution de 1789 avait entièrement réussi; si la République s'était alors établie en France et en Europe; et si, à cette époque, où le sentiment de patrie était encore si peu développé surtout hors de chez nous, l'Europe s'était constituée en confédération démocratique, le socialisme serait à l'heure présente autrement avancé qu'il ne l'est.

Il en aurait été à peu près de même si l'incapacité et l'esprit rétrograde de nos hommes d'État n'avait laissé avorter l'admirable mouvement international de 1848.

Mais sur 1848 cinquante ans sont passés. Le socialisme a pris naissance. Il s'est même développé avec force, et il a détaché peu à peu le peuple des revendications politiques que jusque-là il avait confondues avec les revendications sociales.

Il en est résulté une interversion dans les alluvions naturelles. La démocratie politique, qui semblait devoir précéder la démocratie sociale dont elle serait comme le levier, est maintenant passée au second plan, si bien que ce qui semblait appelé à être la cause, risque fort de ne venir désormais que comme l'effet.

Ces phénomènes sont fréquents; mais ils ne sont pas sans de graves inconvénients; et à ce point de vue l'avortement partiel de la Révolution de 1789 d'abord, de 1848 ensuite, a été une véritable catastrophe.

On ne saurait cependant conseiller aux populations d'abandonner leur propagande socialiste, leur lutte de classes, pour revenir à la simple agitation politique qui précéda la chute de Louis-Philippe. D'abord parce que c'est impossible; ensuite parce que, fût-ce possible, il serait absurde de demander à un peuple devenu plus éclairé, plus conscient, de rétrograder vers un état d'inconscience relative.

Il n'en est pas moins vrai que, sans créer d'impossibilité au progrès, qui s'accomplira quoiqu'il advienne, par une voie ou par une autre, ce renversement des plans engendre de singulières difficultés et risque fort de prolonger la lutte au delà du temps qu'elle aurait duré, si les étapes logiques avaient été régulièrement parcourues.

La République établie partout en Europe, c'était à bref délai la constitution des États-Unis d'Europe; la constitution des États-Unis d'Europe c'était la fin du militarisme; la fin du militarisme c'était l'impuissance de la réaction, et la puissance chaque jour grandissante du prolétariat que rien, dès lors, n'entravait plus.

Mais la République ne s'est pas implantée partout révolutionnairement en Europe. Les rois sont encore debout; et les socialistes, tout en étant foncièrement républicains, n'en arrivent pas moins en Allemagne, en Angleterre, en Italie, en Espagne, en Hollande, en Belgique, à composer avec la monarchie.

Ne croyant plus à la révolution violente, la considérant comme un anachronisme, ils en arrivent à considérer la monarchie constitutionnelle, comme un milieu suffisant à l'élaboration de leurs doctrines.

Qu'importe, disent-ils, aujourd'hui Loubet ou Edouard VII ? Qu'importe, diront-ils demain, Loubet ou Guillaume II, lorsque, entraîné par la force des choses, Guillaume II sera devenu monarque constitutionnel ?

Si, au fait de socialisme, il n'y avait à considérer chez chaque peuple que la pression intérieure, ils auraient peut-être raison ; sans avoir la même puissance que chez nous, il est clair qu'en Angleterre l'opinion publique est la force dominante.

Malheureusement il y a la pression extérieure. Aussi longtemps que l'Europe sera composée de nations indépendantes et rivales, le désarmement absolu demeurera un leurre dont les traités d'arbitrage nous rapprocheront sans y atteindre jamais complètement. Le libre-échange — en ce moment battu en brèche dans sa patrie véritable, le Royaume-Uni, — sera aussi impossible que le désarmement.

Et tant qu'il y aura des armées et les guerres de tarifs, il subsistera un certain degré de chauvinisme qui est le meilleur bouillon de culture pour la réaction, et le plus violent antiseptique contre le socialisme.

Pour que le chauvinisme disparaisse avec les douanes et les armées, et pour que le socialisme puisse prendre vraiment son essor, la Confédération Européenne, cette nouvelle patrie d'un degré supérieur, est nécessaire. Or, la forme monarchique est incompatible avec l'unification de l'Europe sous forme fédérative et libre. Ce n'est que par la conquête que pourrait se faire cette unification sous la monarchie ; et la conquête, en surexcitant les esprits, substituerait les revendications nationales aux revendications sociales, portant au socialisme un coup mortel au lieu de le favoriser.

On me dit quelquefois que je suis pessimiste, et que la monarchie devenue constitutionnelle n'est pas absolument inconciliable avec la fédération de l'Europe, que les États confédérés seront

(1) Proudhon, *Du Principe fédératif*, 1863. — Paris, Dentu, éditeur, p. 71.

gouvernés par des parlements avec des présidents élus comme Loubet ou couronnés comme Édouard, sans qu'en somme l'ensemble de la Confédération cesse pour cela d'être républicaine.

C'est, je le crois, une profonde erreur. Aucune fédération ne peut exister là où un seul des éléments qui la composent est assez fort pour tenir tête à l'ensemble, et où deux de ces éléments réunis peuvent lui imposer leur loi.

« Une fédération entre grandes monarchies, à plus forte raison entre démocraties impériales », a dit Proudhon — et il aurait pu ajouter même entre Grands États républicains autonomes — « est chose impossible. Des États comme la France, l'Autriche, l'Angleterre, la Russie, la Prusse, peuvent faire entre eux des traités d'alliance ou de commerce : il répugne qu'ils se fédéralisent. » (1)

J'en concluais, dans mon livre *L'Humanité et la Patrie*, où j'ai cité ce passage, que tant qu'il existera une Russie, une Allemagne, une France, une Italie, une Espagne, il n'y aura pas d'Europe ; et que « la première œuvre des constituants européens devra donc être de briser les nations, de les diviser en petites républiques de l'importance de la Belgique, de la Hollande, de la Suisse, du Danemark, puis de les fédérer entre elles ».

C'est ce qui demeurera impossible aussi longtemps qu'il y aura des rois désireux de conserver l'intégrité de leurs possessions territoriales.

La monarchie est donc un *impedimentum* aux États-Unis d'Europe, et par suite au socialisme ; et si l'on se maintient sur le terrain exclusif des réformes sociales, ou des libertés intérieures, on pourra brider les monarchies, on ne les supprimera pas.

Instruits par l'expérience, les monarques de notre époque ne cherchent plus à entrer en conflit ouvert avec leurs sujets, comme Charles Ier, Jacques II, Louis XVI, Charles X ou Louis-Philippe. Tant qu'on ne leur signifie pas brutalement leur congé, qu'on se borne à leur demander soit de sanctionner quelques lois ouvrières, soit d'augmenter les prérogatives de la nation, ils ne résistent que si le mouvement d'opinion est faible. Dès qu'ils le sentent puissant, ils cèdent et la tempête s'apaise aussitôt.

Pour arriver à leur renversement, il importe donc de faire naître des conflits sur lesquels il leur soit impossible de céder, et ces conflits, à l'heure où nous sommes, ne peuvent porter que sur leur couronne.

Aussi longtemps qu'on se bornera à leur demander de gouverner avec le concours effectif du parlement par des ministres responsables, s'ils ne l'ont pas encore fait, ils le feront. Mais une fois la monarchie constitutionnelle établie, on sera plus loin de la République que sous le pouvoir absolu du monarque.

Si, au contraire, on met en demeure les rois, constitutionnels ou non de quitter leur trône et de jeter leur sceptre : si l'on se dérobe à toute compromission avec eux ; si l'on se refuse à les reconnaître, alors la question change de face. Le conflit pourra être long ; il faudra comme en 1830 ou en 1877 conquérir une majorité dans les Chambres. Mais dès qu'on l'aura conquise la période révolutionnaire sera ouverte, et la République ne tardera pas à surgir préparant les États-Unis d'Europe, et hâtant par eux l'avènement du socialisme.

Cette tactique ne nuira en rien d'ailleurs à la propagande socialiste. Les deux propagandes républicaine et socialiste se prêteront un mutuel appui, car les périodes révolutionnaires sont certainement les plus fécondes aux rénovations des sociétés.

Si vous avez bien saisi mon idée, Citoyens, vous comprendrez que j'établis une différence absolue au point de vue de la tactique à suivre entre les pays monarchistes et les pays républicains.

Je ne crois pas que la société puisse passer brusquement du capitalisme au communisme par une révolution. Non que je nie la nécessité d'une révolution finale qui balaie l'ancien monde lorsque le monde nouveau sera arrivé par une longue évolution à maturité. Mais cette évolution, qui marche rapidement aujourd'hui, je le reconnais, n'est pas mûre. Pendant qu'elle s'achève, une révolution sociale serait intempestive, et l'intransigeance est absurde. La collaboration du parti socialiste avec la fraction la plus avancée des partis bourgeois est dès lors non seulement acceptable, mais nécessaire. Elle ne l'est, toutefois, que parce que la méthode révolutionnaire est sur ce terrain pratiquement inapplicable jusqu'à ce jour. Si elle était immédiatement applicable, l'intransigeance s'imposerait et Jules Guesde aurait raison dans ses protestations.

Or, ce qui est faux dans l'ordre social est vrai dans l'ordre politique. Autant il est impossible de métamorphoser, par le coup de baguette de la fée Révolution, la société actuelle en la forme nouvolie que prépare le socialisme, autant les choses se trouvent renversées lorsqu'il s'agit de commuer une monarchie en République. Ici la baguette de la fée peut seule opérer le miracle, dont on s'éloigne par l'évolution graduelle, au lieu de s'en rapprocher.

Dans les pays républicains, les socialistes font donc bien de se prêter à tous les progrès de détail que leur participation de plus en plus active au gouvernement rend réalisables, sans se préoccuper de savoir s'ils ont ou non besoin pour cela du concours d'une fraction de la bourgeoisie.

Dans les pays monarchiques, ils n'ont pas non plus à se refuser aux réformes partielles qui sont susceptibles de s'accomplir; mais à leur action sociale ils doivent ajouter une action politique d'un caractère absolument intransigeant.

C'est ainsi que l'Allemagne pourra devenir républicaine (car c'est surtout en vue de l'Allemagne que je me livre à tous ces développements) déterminant une secousse analogue à celle qu'imprima à l'Europe la Révolution française de 1848; secousse qui, par cela seul qu'elle viendra plus tard dans un milieu mieux adapté, réussira là où le mouvement de 1848 a avorté.

L'Europe républicaine sera facilement entraînée à se confédérer; et le jour où une Convention Européenne sera réunie, elle verra vite la nécessité de briser les nations actuelles pour faire surgir la patrie nouvelle du vingtième siècle, comme les Constituants de 1789 virent la nécessité de démembrer les anciennes patries provinciales minuscules pour créer la patrie française.

Les Etats-Unis d'Europe formés, les armées permanentes disparaissent, les tarifs douaniers les suivent de près, le problème de la population qui n'a plus à compter avec les nécessités de la défense nationale se résout de lui-même; et le collectivisme, déjà préparé par toutes les réformes partielles, s'implante enfin parmi les hommes, nouvelle étape vers un communisme plus parfait.

Mais pour cela il ne faut pas que les socialistes des pays monarchistes entrent en composition avec la monarchie, et là où Guesde se trompe en France, Bebel voit juste dans son pays.

Voilà, citoyens, les quelques considérations que, d'un point de vue tout à fait général, j'ai cru pouvoir joindre à celles que d'autres, plus éloquents que moi, vous avaient déjà fait entendre.

Les orateurs qui m'ont précédé me pardonneront cette digression. Les œuvres de paix et d'arbitrage que préparent des hommes comme M. Destournelles de Constant et M. Barclay, aidés par leurs gouvernements respectifs, sont le prélude obligé de toute reconstitution européenne.

Dans l'état actuel, et de gouvernement à gouvernement, nous n'avons pas à faire d'intransigeance. Travaillons avec tous les gouvernements à des rapprochements entre les peuples sans nous inquiéter de leur forme intérieure. Les résultats acquis seront autant de pierres posées au piédestal du monument. Ils coopéreront puissamment à rendre possible le dernier acte du drame. En effaçant les préjugés qui, mieux que les armées, veillent à la conservation des vieilles barrières nationales, ils rendront possible la suppression des anciennes frontières. Saluons-les donc ! Par un effort continu, ils préparent le milieu où s'accomplira la Révolution finale. Mais sachons bien que, même après cette préparation indispensable, si les hommes de progrès ne complètent pas l'œuvre en déracinant partout la monarchie, nous n'arriverons qu'à des solutions bâtardes incapables de nous conduire au but.

Je me résume.

Les Etats-Unis d'Europe sont la condition obligée du socialisme.

Ils présupposent partout la République.

Nous devons y travailler : dans l'action internationale que permet la situation actuelle, par les ententes de nation à nation et par toutes les œuvres de paix : dans l'action intérieure, par toutes les lois qui relèvent la condition de l'ouvrier.

Mais en outre, et dans les pays monarchiques, une action républicaine intransigeante doit s'associer à l'action réformatrice, et toute reconnaissance en fait du pouvoir monarchique doit être sévèrement condamnée, quelles que soient les réserves dont on l'accompagne.

Malheureusement, je vois dans les pays monarchiques des socialistes qui n'envisagent pas les choses de cette façon, parce qu'ils se confinent trop étroitement dans la lutte sociale sans voir les répercussions fatales de l'état politique sur l'état social. Je me permets de leur crier gare.

En France, je ne condamne pas la tactique de Jaurès — loin de là. En Allemagne, je condamne celle de Wollmar et de Bernstein. Je crois qu'il était nécessaire d'établir nettement la différence qui les sépare, et qui réside dans ce fait capital que l'Allemagne est monarchique et la France républicaine.

Ce discours a paru dans un volume publié par les annales de la jeunesse laïque, renfermant le compte rendu du congrès des jeunesses laïques du 31 octob. 1903.

---

pages

, au moment de l'élection législative du 16 mai 1902 1

— quoique son ancien Confrère au Boulangisme il hait le nationalisme et ne peut voter pour lui. 1er février 1902 2

Il ne lui demandait pas sa voix, connaissant par Laguerre son opinion 1er février 1902 3

qui avait déclaré les méthodes scientifiques inaccessibles à la masse des humains, et qui ajoutait que jamais la science ne remplacerait la religion. — La petite République du 7 février 1902 (en réalité du [illegible]) ....

opinion de Naquet sur l'interdiction de mariage entre l'époux contre lequel le divorce est admis pour cause d'adultère et son complice — L'Eclair du 6 février 1902 (date du jour) 7

— au concours sans portée — celui d'un appareil à la portée de tous pour découvrir les fraudes du lait. L'aurore du 11 février 1902 ....

— à propos du projet de loi dont le Cabinet Zanardelli va saisir le parlement italien. Le projet aura les mêmes péripéties de lutte que chez nous, avec le triomphe final — Cimino — Il secolo decimo nono (de Gênes) des 14-15 février 1902 11

— article contre le Grec et le latin — [illegible]

 page

petite République du 20 février 1902

[illegible] Deuxième article contre le Grec et le latin en réponse à Roucanet. — La petite République du 24 février 1902 … 16

[illegible] à Roucanet. — La petite République du 24 février 1902 …

[illegible] en faveur de la République espagnole — l'établissement de la République en tous lieux étant le prélude obligé des Etats unis d'europe et de la fédération mondiale de l'humanité — texte français — El país (de paris) du 22 février 1902 …
et texte Espagnol — même n° de l'édition de paris de El país …

[illegible] — protestation contre l'interdiction du meeting républicain franco-espagnol, et contre la suppression de l'édition parisienne du journal « El país » — manuscrit — le 25 mars 1902 …

[illegible] Les Cernier de père en fils — Paris 1er mars 1902 …

[illegible] article bibliographique sur le livre du docteur Leven, La vie, l'âme et la maladie. — La Revue Socialiste du 15 avril 1902 — t. 35 — n° 208 page de la revue 411 … 9

[illegible] abandon de sa candidature au premier tour de scrutin aux élections législatives de 1902. La Raison du 20 avril 1902 … 42

[illegible] à propos d'un racontar de Charbonnel

pages

pages

pages

[illegible] Lettre à Robert Stein transmise par Lafontaine – sur l'idée d'échanger Metz contre le Congo français – rapports franco-allemands – États-unis d'Europe – fédération mondiale – Paris 24 Xbre 1902 [illegible] 97

[illegible] – Lettre à Honoré Moreau sur le rapprochement de la France et de l'Italie – États-unis d'Europe – unité mondiale – Monarchie et République – Paris, le 29 décembre 1902 – 1[illegible]

[illegible] Les petits Salons – Alfred Naquet article humoristique dans lequel Naquet reçoit des égratignures plutôt aimables, forme adaptée au Figaro pour lui demander de faire entendre sa voix dans la question du Divorce posée à nouveau par la pétition des frères Margueritte. – Le Figaro du 12 janvier 1903 – 49me année – 3me série – n° 12 [illegible]

[illegible] Chez M. Naquet – interview sur le divorce unilatéral posé par la pétition des frères Margueritte – union libre. – Le Figaro du 15 janvier 1903 49me année – 3e série – n° 15.

[illegible] Naquet lettre d'excuse de ne pouvoir présider la Conférence de Toulon en faveur du divorce par le consentement mutuel, et affirmation très nette en faveur du divorce élargi tel que le réclament les frères Mar-

 pages

Guerite – Cette lettre est précédée et suivie d'appréciations très-élogieuses pour l'auteur de M. Paul de Bellegarde, secrétaire général de l'union des étudiants républicains de France. La Jeune France du 22 janvier 1903 – 2e année – n° 6 — 116

[illegible] interview de Naquet sur les effets du divorce en France et le projet de Zanardelli sur le divorce et la recherche de la paternité en Italie — La Corrispondenza Italiana de Paris du 23 janvier 1903 — 117

[illegible] interview sur le dernier jugement rendu par M. Magnaud en matière de divorce. Son interprétation est-elle juste en doctrine ? oui ! a-t-il outrepassé ses droits et mal interprété la loi ? non. — L'Éclair du 19 février 1903 – 15e année – n° 5193 (le jugement auquel cette interview se rapporte est [illegible] 13 – 140) — 124

[illegible] partie d'un article sur l'intelligence et l'instinct des animaux renfermant l'analyse d'une lettre d'Alfred Naquet relative aux actes d'intelligence du chien de Dubisay Yellow. Le Matin du 23 février 1903 (vingtième année – n° 6938) — 126

Entrefilet nécrologique du Figaro sur la mort de Mme Alfred Naquet — Le Figaro du 24 février 1903 (49e année – 3e série – n° 55) — 127

[illegible] Lettre familière à M. Paul de Cassagnac le [illegible] nègre — article où à propos d'une attaque contre Alfred Naquet accusé par un rédacteur de l'Autorité, à la suite de son opinion sur Jeanne d'Arc, d'ignorer l'histoire de France, Tailhade développe à Cassagnac cette pensée : Et vous qui êtes nègre, de quel droit en parlez-vous ? L'action du 13 avril 1903 — première année n° 11 ......

[illegible] Veulerie de politiciens — article où à propos du vote de la chambre sur l'ordre du jour qui a suivi l'admirable discours de Jaurès sur l'affaire Dreyfus lors de la vérification des pouvoirs de Syveton, il accuse les républicains de n'avoir pas profité de cette belle affaire éminemment pour entraîner le pays dans la voie des réformes. — La jeune France du 10 mai 1903 - 2ème année - n° 21 ....

Deux lettres intéressantes à propos de [illegible] la loi du [illegible] — Élisée Reclus — A. Maurin. — La petite République du 16 mai 1903 — n° 9592 — [illegible]

Alfred Naquet. La politique de la Guerre et la politique de la paix. — en réponse à Charles Laurent — Alliance Russe et entente avec l'Angleterre. Alsace-Lorraine — États-Unis d'Europe. — La petite République du 13 7bre 1903 - n° 10017 - 139

Alfred Naquet. — Copie de la lettre adressée à M. Giuseppe Mosi, membre du Conseil des Soixante de la République.

page

www.ingramcontent.com/pod-product-compliance
Ingram Content Group UK Ltd.
Pitfield, Milton Keynes, MK11 3LW, UK
UKHW021056230726
13926UKWH00004B/1875